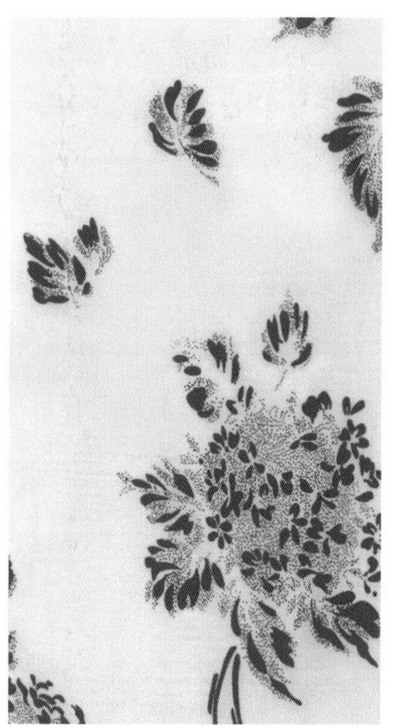

전성희 편 유민영 감수

차범석 전집 9

방송극

태학사

차범석 전집 9 - 방송극

초판 1쇄 발행 2019년 11월 11일

엮은이 전성희
감 수 유민영
펴낸이 지현구
펴낸곳 태학사
등록 제406-2006-00008호
주소 경기도 파주시 광인사길 223
전화 마케팅부 (031) 955-7580~2 편집부 (031) 955-7584~90
전송 (031) 955-0910
홈페이지 www.thaehaksa.com **전자우편** thaehaksa@naver.com

값은 뒤표지에 있습니다.

ISBN 979-11-6395-078-3 04680
ISBN 978-89-5966-991-2 (세트)

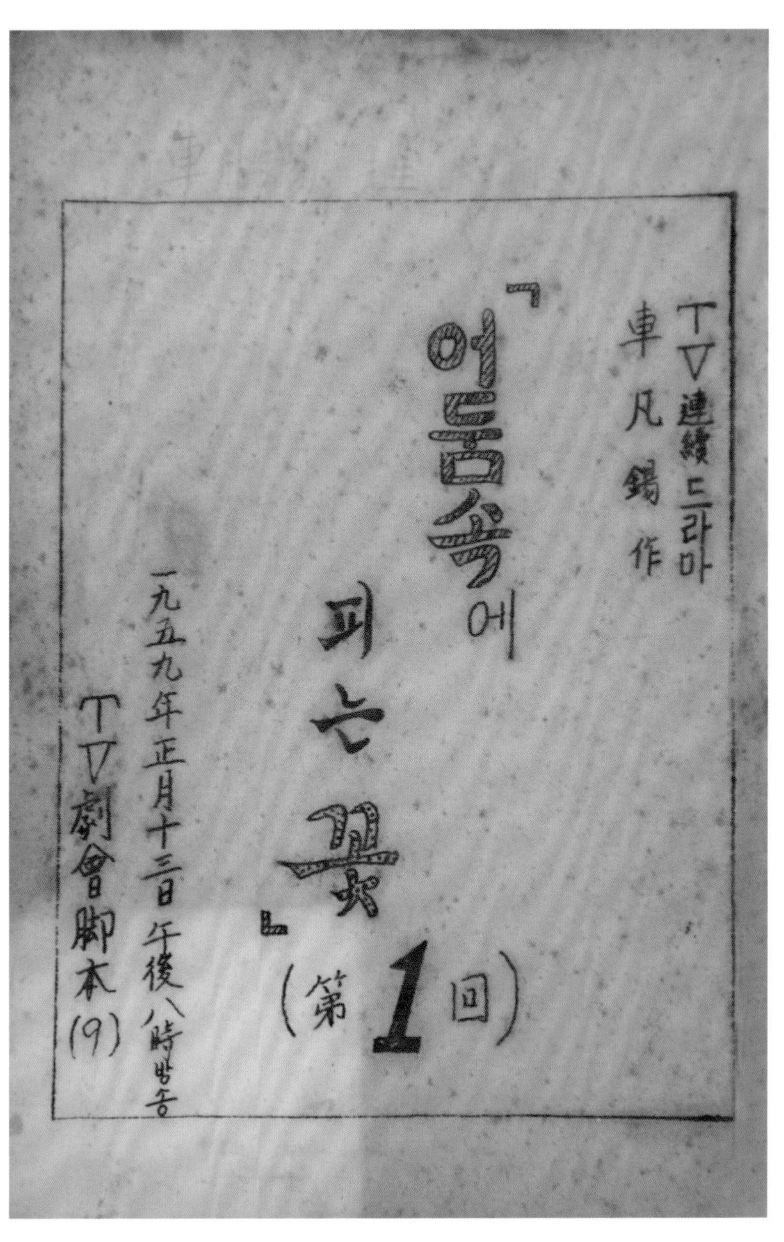

〈어둠속에 피는 꽃〉(1959년) 방송대본 표지

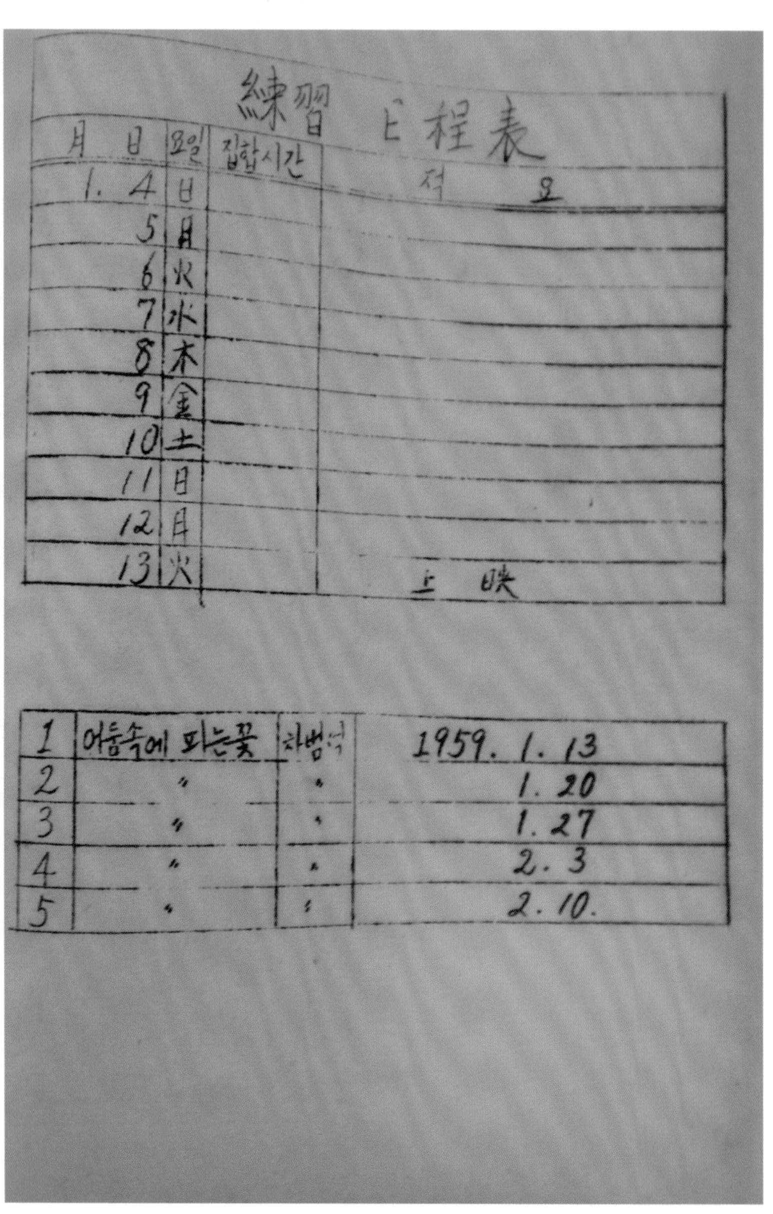

練習 日程表

月 日	요일	집합시간	적요
1. 4	日		
5	月		
6	火		
7	水		
8	木		
9	金		
10	土		
11	日		
12	月		
13	火		上映

1	어둠속에 피는꽃	차범석	1959. 1. 13
2	〃	〃	1. 20
3	〃	〃	1. 27
4	〃	〃	2. 3
5	〃	〃	2. 10.

〈어둠속에 피는 꽃〉 방송 연습 일정표

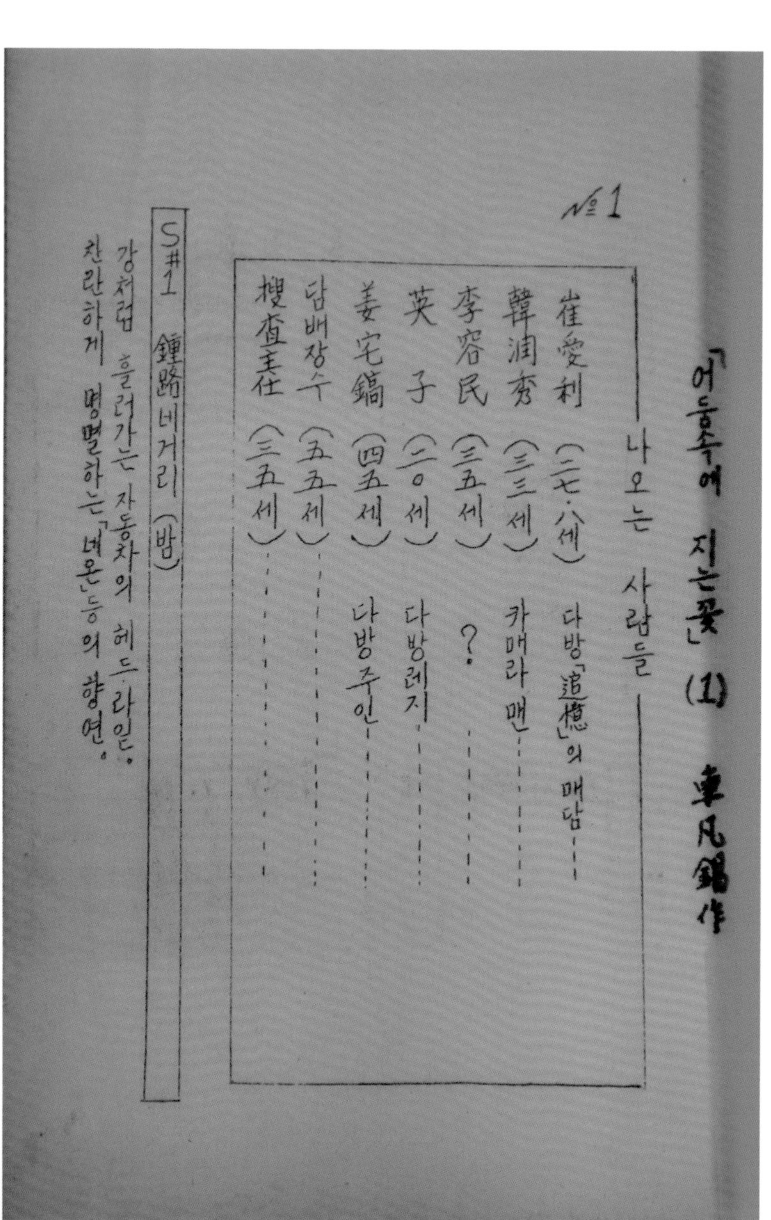

「어둠속에 지는 꽃」(1) 車凡錫 作

№1

나오는 사람들

崔愛利(二七·八세) 다방「追憶」의 매담
韓润秀(三三세) 카매라 맨
李容民(三五세) ?
英子(二○세) 다방레지
姜宅鎬(四五세) 다방주인
담배장수(五五세)
捜査主任(三五세)

S#1 鍾路네거리(밤)

강처럼 흘러가는 자동차의 헤드·라잍.
찬란하게 명멸하는「네온」등의 향연.

〈어둠속에 피는 꽃〉 방송대본

(일어서서 안으로 통하는 또아쪽으로 가려다가 애리를 본다)

2

姜~빨리 계산을 끝내게. 안집으로 들어와요 애리!

愛利~(여전히 화장을 하며) 예

姜~정말 내일 가겠나?

愛利~예……

姜~그럼 오늘 밤에 그 계산도 끝내야겠군……

(도아를 열고 사라진다. 英子는 커텐을 치고 타자대 의자를 바로 놓고는 「카운터」 앞으로 가서 화장하는 애리를 부러운 듯이 바라본다)

英子~(애띠게 웃으며) 마지막 이별을 누가 먼저 오실까.

愛利~망할 것!

英子~언니는 좋으시겠어……

愛利~그래도 실속은 없다나……

英子~그런데 난 연애 한번 못해보구 늙으려나 봐……

愛利~아니 누가 못하게 하던?

英子~하자니 남자가 있어야죠?

愛利~왜? 쓰레기통에 구데기 끓듯 하는게 남자인데……

英子~그렇지만 韓선생님이나 丁씨 같은 남자라야지……갑수

〈어둠속에 피는 꽃〉 방송대본

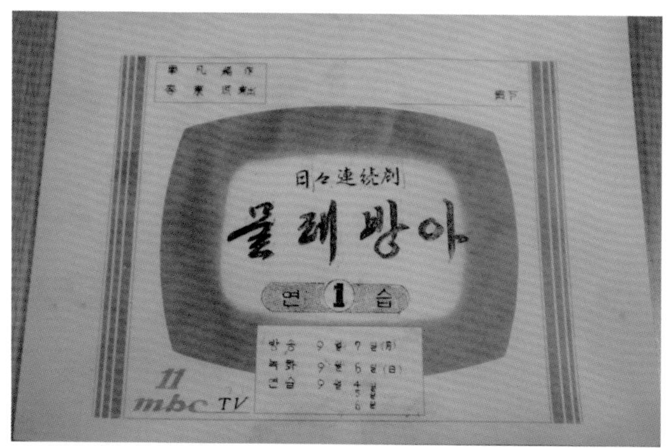

〈물레방아〉 방송대본 표지

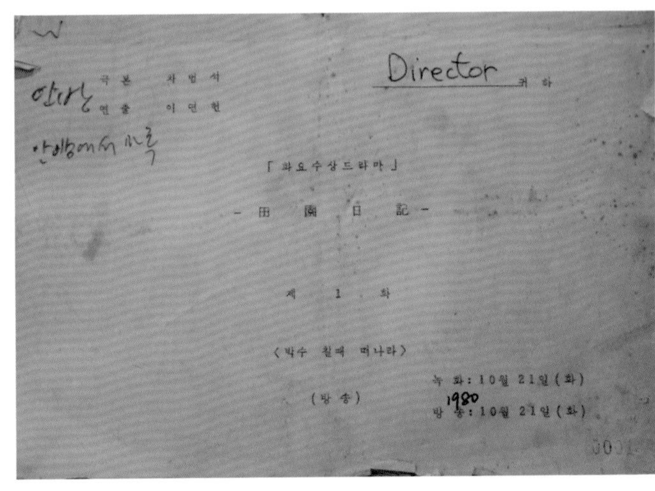
Director 귀하

극본 차범석
연출 이연헌

「화요수상드라마」

-田 園 日 記-

제 1 화

〈박수 칠때 떠나라〉

(방송)

녹 화: 10월 21일(화)
1980
방 송: 10월 21일(화)

〈전원일기〉 방송대본 제1화 표지

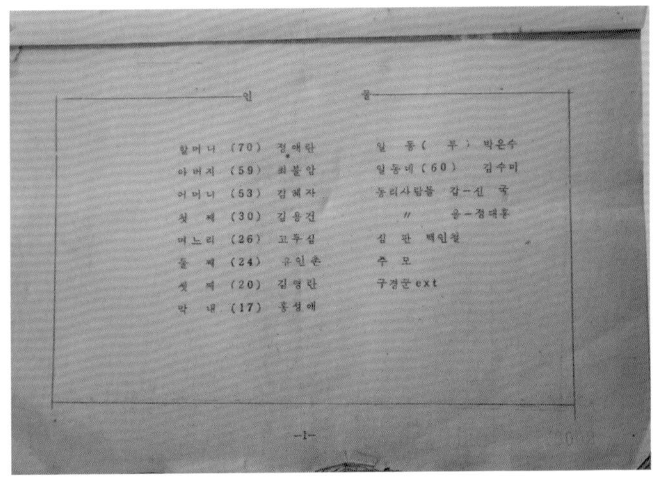
인 물

할머니	(70)	정애란	일 동(부)	박은수
아버지	(59)	최불암	일동네(60)	김수미
어머니	(53)	김혜자	동리사람들 갑-	신 국
첫 째	(30)	김용건	〃 을-	정대홍
며느리	(26)	고두심	심 판	백인철
둘 째	(24)	유인촌	주 모	
셋 째	(20)	김영란	구경군 ext	
막 내	(17)	홍성애		

-1-

〈전원일기〉 방송대본

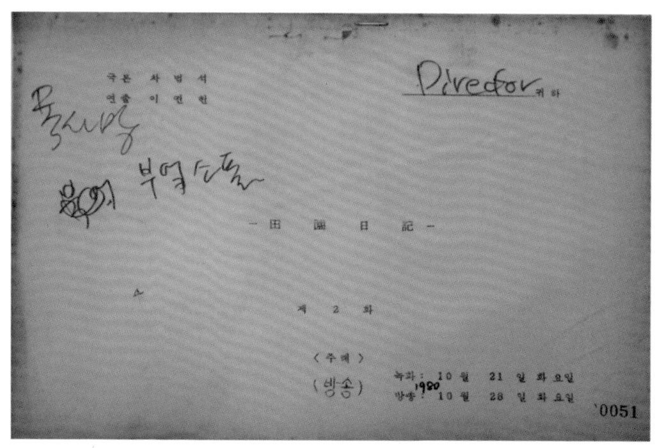

〈전원일기〉 방송대본 제2화 표지

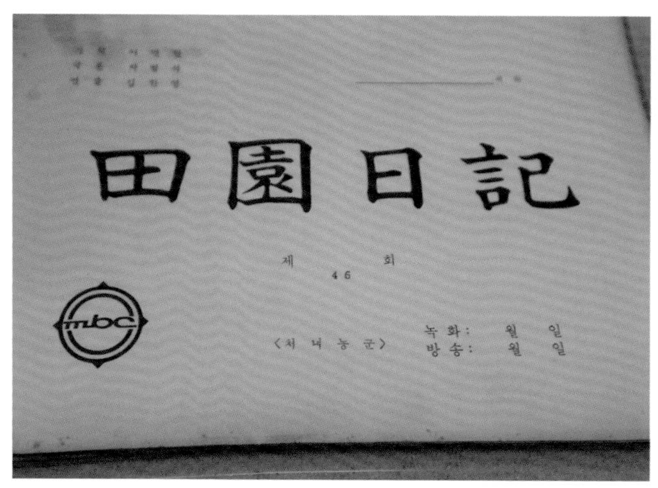

〈전원일기〉 방송대본 제46화 표지

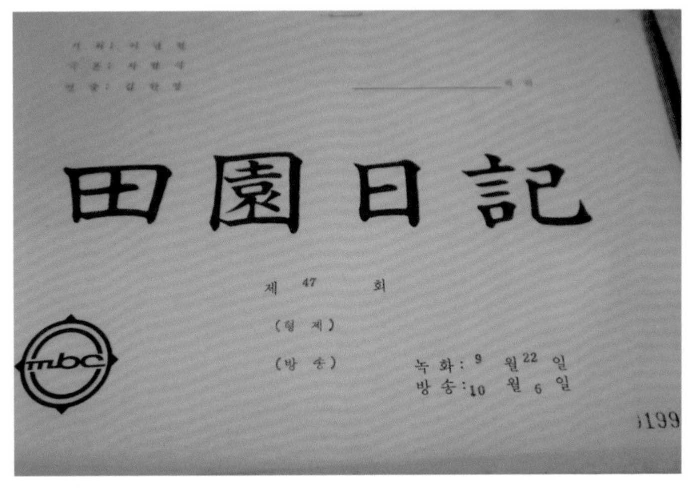

〈전원일기〉 방송대본 제47화 표지

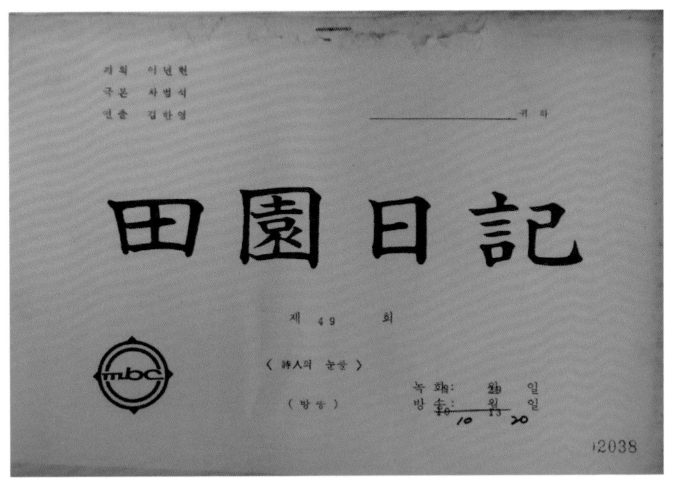

〈전원일기〉 방송대본 제49화 표지

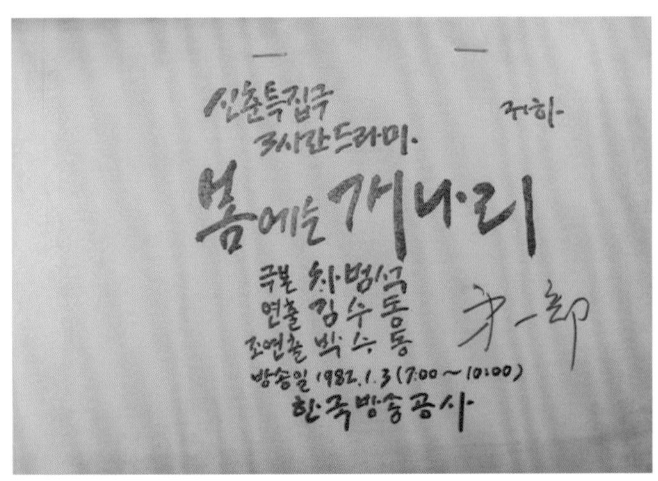

신춘특집극
3시간드라마.
봄에는 개나리
극본 차범석
연출 김수동
조연출 박수동
방송일 1982.1.3(7:00~10:00)
한국방송공사

〈봄에는 개나리〉 방송대본

3.1절 특집극

귀하

客舍 (제 1 부)

李台元 原作　車凡錫 劇本
崔相鉉 演出　鄭乙永 助演出

한국방송공사

3.1절 특집극

귀하

客舍 (제 2 부)

李台元 原作　車凡錫 劇本
崔相鉉 演出　鄭乙永 助演出

한국방송공사

한국방송공사 3.1절 특집극 〈객사〉(1984년) 방송대본 표지

발간사

유민영

차범석 선생은 생전에 감투 쓰는 것에 그렇게 연연하지는 않았지만 그의 비중에 걸맞게 문화예술계 인사들이 오르기 어려운 큰 자리를 모두 거쳤다. 가령 한국문예진흥원장과 대한민국예술원 회장, 그리고 예술대학장 등이 바로 그런 자리였는데, 그 외에도 각종 잘디잔 감투를 누구보다도 많이 썼었다. 그러나 그가 어디에 글을 쓸 때, 붙이는 호칭에는 언제나 극작가라고 적었다. 이처럼 그는 여러 가지 감투는 잠시 지나가는 자리고 자신은 어디까지나 극작가로서 자부하고 있었지 않나 싶다.

그럴 수밖에 없는 것이 그의 평생을 놓고 볼 때 교사, 방송국 PD, 교수, 그리고 문예진흥원장 등 고정월급으로 생활한 기간보다는 극작가로서 원고료를 받고 산 기간이 더 길 것이기 때문이다. 그만큼 그는 자신이 일생을 보내면서 역사 속에 남길 유산은 어떤 자리가 아니라 문화예술계에 던져놓는 방대한 작품이라고 확신했던 것으로 보인다.

따라서 그가 생전에 가장 갈망했던 것은 전집출판이었고, 사후에는 자신의 이름을 딴 희곡상 제정이었다. 그래서 그는 만년에 12권짜리 전집을 발간하려고 목차까지 다 짜놓고 출판사와 접촉하다가 출판사정이 여의치 않아 무산됨으로써 생전의 꿈을 이루지 못하고 소천했지만 사후의 꿈인 희곡상 제정만은 유족과 조선일보사의 협조로 잘 되어 유망한 후진을 계속 양성하고 있다.

저간의 사정을 가장 잘 아는 이는 유족이지만 필자 역시 선생과 가까이 지내면서 그에 관한 이야기를 많이 했던 터라서 항상 숙제를 안고 있었다. 그러다가 이번에 유족 측의 용단과 태학사의 호의로 그의 꿈인 12권짜리 전집을 발간케 되어 숙제를 푼 것 같아 기쁘다. 그런데 이번에 전집을 준비하면서 선생을 잘 안다고 생각했던 필자마저 놀랄 정도로 그가 방대한 작품을 남겼음을 발견케 되었다. 희곡사적으로는 유치진에 이어 소위 리얼리즘극을 심화 정착시킨 작가지만 그의 창작범위는 상상을 초월한다. 즉 희곡을 필두로 하여 무용극본, 오페라극본, 시나리오, 악극대본, 그리고 방송드라마 등에 걸쳐 편수를 헤아리기 어려울 정도로 엄청난 작품을 남긴 것이다. 그가 작품만 쓴 것도 아니고, 자전을 비롯하여 수많은 연극평론과 에세이도 남겼다.

그런데 더욱 놀라운 것은 그 많은 글을 그가 순전히 수작업 手作業으로 해냈다는 사실이다. 선비적인 기질 때문인지 그는 일평생 컴퓨터, 운전, 휴대폰, 카드까지 거부하고 만년필과 볼펜으로 수십만 장의 원고지를 메꾼 셈이다. 문제는 작품이 너무 넘쳐서 12권 속에 모두 주어 담을 수가 없다는데 있었다. 그래서 할 수없이 나머지 작품들은 다음 기회에 별도로 내기로 하였다.

이 전집이 순탄하게 나올 수 있도록 도와준 차범석재단 차혜영 이사장 및 유족, 작품을 열심히 찾아내고 교정까지 보아준 전성희, 이은경 교수, 지방에서 멀리 올라와서까지 도와준 김삼일 석좌교수와 홍미희 목포문학관 학예사, 그리고 박명성 대표 등에 감사하고 태학사 지현구 사장 및 직원들에게도 고마움을 표한다.

아버지의 전집 발간에 부쳐

차혜영

사랑하는 아버지!

아버지 가신지 12년이 지났습니다.

세월이 흘러도 아버지는 생전의 그 모습 그대로 카랑카랑한 목소리는 제 가슴에 남아 아버지의 못 다 이룬 이야기들을 들려주시는 듯, 문득 문득 부족한 제 자신에 죄송한 마음이 들곤 합니다.

쓰고 싶은 일 하고 싶은 일이 너무 많아 83년의 시간이 너무나도 부족하셨나요? 바람처럼 살다보니 시간조차 쫓아오지 못해서 늙지도 않는다는 아버지의 욕심이 사단이었나 싶습니다.

아버지 가신 뒤 우리는 그저 무력하게 아무것도 할 수 없었습니다. 그때 저희를 일깨워 준 '신시뮤지컬 컴퍼니'의 박명성 대표의 은혜는 영원히 잊지 못합니다.

머뭇거리지 말고 하루 빨리 '차범석 재단'을 만들어 다음 해 부터라도 아버지를 기리는 일을 해야 한다고 우리를 설득했지요.

참 복도 많으신 우리 아버지! 아버지의 양아들 박 대표는 우리가 해야 할 일이 무엇인지 아버지의 뜻을 알고 있었답니다. 거기에 평생 아버지의 행동대장이시던 어머니는 사시던 집을 팔아 부족하지만 결코 부끄럽지 않은 재단이 탄생되었습니다. 10여 년 재단을 운영하며 아버지께서 가장 안타까워하시던 『차범석 전집』을 숙제처럼 가슴에 지니고 있었습니다. 그러던 지난 2016년 6월 6일 아버지의 10주기 날 저녁 유민영 교수님께서 전화를 주셨습니다.

"『차범석 전집』을 내야지? 오늘 문득 그 생각이 나서 말이야. 더 늦으면 나도 힘들어" 교수님은 그 날이 아버지 기일인지 모르셨다며 놀라셨습니다. 저는 순간 아버지께서 교수님의 생각을 빌어 말씀해 주시는 것 같은 착각에 가슴이 떨렸습니다.

그때부터 유민영 교수님의 기획 하에 전성희 교수님의 집요한 열정은 폭풍처럼 아버지의 여든 세 해의 시간을 무섭게 파고 드셨습니다. 가끔 저는 교수님의 일 하시는 모습에서 아버지의 깐깐한 모습을 보는 듯 깜짝 놀라기도 했습니다.

세월이 지나도 변함없는 의리와 애정으로 저희를 지지 해주시는 포항의 김삼일 교수님, 아버지의 발자취가 모조리 남아있는 목포 문학관의 홍미희 학예사님의 아낌없는 성원, 또한 첫 작업부터 완성까지 무조건으로 힘든 일 함께 해 주신 이은경 교수님, 그리고 저희의 풍족치 못한 재정에 항상 고민 하시면서도 출판을 맡아 주신 태학사 지현구 대표님이 계셔서 꿈같은 『차범석 전집』이 세상에 빛을 보게 되었습니다.

사랑하는 아버지!

『차범석 전집』의 책 커버는 아버지께서 어머니께 선물하신 저고리를 모티브로 어머니의 영정사진에서 전성희 교수님의 기발한 아이디어로 진행되었지만 이 모든 것에서 또 하나의 기적을 보는 듯 합니다. 아버지께서는 저 세상에 계시면서 우리를 총지휘 하시는 것 같은 착각 말입니다. 저희는 아버지라면 어떠셨을까를 항상 염두에 두고 하나하나 조심스럽게 만들어 나갔습니다.

아버지의 흡족해하시는 모습을 훗날 만날 수 있기를 기대합니다.

아버지의 영전에 아버지 여든 세 해의 소중한 작품을 바칩니다.

차범석의 생애와 예술

전성희

차범석은 한국연극사에서 최고의 사실주의 희곡작가이며 64편의 희곡을 발표한 다작의 작가다. 한국에서 사실주의 연극의 시작은 유치진에 의해서였지만 찬란하게 꽃을 피운 것은 차범석이다. 그러나 무용, 뮤지컬, 오페라, 국극, 악극에 이르기까지 다양한 예술 분야뿐만 아니라 방송대본에 이르기까지 전방위적인 활동을 펼쳤던 차범석을 연극계의 인물로만 한정할 수는 없다. 그가 가장 애착을 가졌던 분야는 연극이었지만 그의 뛰어난 극작술과 다양한 예술에 대한 이해는 여러 장르의 대본을 창작할 수 있는 바탕이 되었고 그 결과 연극 이외의 분야에도 많은 작품들을 남길 수 있었다.

차범석은 1924년 11월 15일(음력 10월 19일) 전라남도 목포시 북교동 184번지에서 아버지 차남진(車南鎭) 어머니 김남오(金南午) 사이에서 3남 3녀 중 차남으로 태어났다.

일본 유학생 출신의 아버지는 중농 규모의 할아버지 유산을 잘 관리했을 뿐만 아니라 간척사업에 착수, 농토를 늘려 천석지기 지주가 되었는데 이는 아버지가 진취적이면서도 이재와 치산에 밝았기 때문일 것이다. 그 덕에 차범석은 유복한 가정에서 성장할 수 있었고 이러한 안정적인 가정환경은 차범석이 식민지의 궁핍한 상황에서도 교육과 일정부분 제도적 보살핌을 받을 수 있었다.

차범석은 외향적이며 저돌적인 형이나 소유욕이 강하고 고집스러운 아우의 성정과는 달리 말수도 적었고 자기주장을 하기 보다는 조용히 책을 읽거나 어머니의 곁을 지켰다. 보통학교 4학년 때 교지 「목포학보」에 〈만추〉라는 글을 실어 '예사롭지 않은 문재'가 엿보인다는 말을 듣고 소설가를 꿈꾸기도 했다.

이 무렵부터 차범석은 목포극장과 평화관을 드나들며 영화 관람에 빠졌고 1930년대 전후의 영화를 두루 섭렵, 극예술에 대한 이해를 넓힐 수 있었다. 6학년이 되던 해 그는 최승희의 무용 발표회를 보고 큰 충격과 감동을 받았다. 최승희는 차범석에게 '무대라는 세계, 막이 객석과 무대를 갈라놓은 공간, 보여주는 자와 봐주는 자 사이의 공존의 의미를 깨우쳐 준 첫 번째 예술가'였다.

어릴 적 차범석의 이름은 평균(平均)이었는데 중학교 입시를 앞두고 범석(凡錫)으로 개명, 이후 줄곧 범석이라는 이름으로 활동했다. 광주고등보통학교(후에 광주서중으로 개칭) 진학을 위해 목포를 떠나 광주로 갔지만 소극적인 성격은 변함이 없었다. 호기심이 많았던 그는 책방을 드나들며 하이네나 바이런의 시집, 일본 소설들을 읽고 장차 문학가가 되어야겠다는 꿈을 키웠다. 그러면서도 차범석은 어린 시절 목포에서 그랬던 것처럼 광주에서 보낸 5년 동안 약 4, 50편의 영화를 관람하고 영화잡지까지 사서 보는 등 적극적으로 영화의 세계에 빠져 들었다. 후에 연극으로 진로를 변경하기는 했지만 극의 세계라는 같은 뿌리의 영화에 마력을 느꼈다. 방학이 되면 목포 본가에 내려가서 골방에 있었던 세계문학 등을 독파했다.

아버지는 차범석이 의사가 되기를 원했지만 그는 의사보다는 문학과 예술에 뜻을 두고 있었다. 아버지와의 불화는 권위적인 아버지가 어린 시절부터 형과 차별 대우를 했던 것에서 비롯, 그를 내성적이고 비사교적인 반면 '회의적이고 반항적이면서 한편으로는 미지의 세계에 대한 도전성과 공격성'을 갖고 있는 사람으로 성장하게 했다.

학교를 졸업하고 진학을 위해 도쿄로 건너가 2년 동안 입시 준비를 하면서도 극장에를 드나들었다. 이 극장은 '예술적인 호기심에다 불붙인 하나의 매체이자 기폭제'였으며 차범석에게 '직접적으로 드라마가 무엇인가를 암시하고 시사하고 터득해 준 교실'이었다. 이 무렵 차범석은 영화뿐만 아니라 일본 연극에도 관심이 생겨 자주 관람했다.

연이어 입시에 실패한 차범석은 재수 준비를 하고 있었는데 전쟁으로 위험하니 귀국하라는 아버지의 명령으로 급히 돌아왔다. 차범석은 귀국하자마자 군대를 가야하는 징집의 위기를 맞았지만 병역면제의 혜택을 받기 위해 1년 과정의 관립광주사범학교 강습과에 입학을 했다. 교육에 뜻이 있었던 것이 아니었기 때문에 현실도피 생활에서 오는 자포자기의 심정과 허무는 그를 술로 이끌었고 이후 차범석의 건강과 삶에 큰 영향을 미쳤다. 교사 발령 4개월 만에 징집, 4개월간의 군대생활 중 해방이 되고 다시 모교에 복직하게 되었다.

그는 1946년 문학공부를 위해 연희전문학교 전문부 문과에 입학, 뒤늦게 사회적 정치적으로 개안을 하게 되었다. 친일세력에 대한 과거청산이 역사적 필연성에 있다는 것과 동학혁명정신이 광주학생독립운동이나 3.1운동 정신과도 맥을 같이 한다는 것이다. 이러한 역사의식의 재확인은 자아각성으로 연결되고 그 결과 문학이나 연극에 대한 인식과 태도도 달라질 수밖에 없었다. 그래서 차범석은 일제 말기에 폐간되었던 문학잡지 「문장」의 전 질을 구해 읽으며 다시 문학공부를 하는 등 문학의 참다운 뿌리를 찾기 위해 노력했다. 자신이 가야할 길이 문학과 연극에 있다는 신념으로 문학서클 '새마을회'에서도 활동하고 '연희극예술연구회'를 조직하기도 했다.

대학 시절 "우리가 처해있는 현실을 그대로 거울 속에 비춰보고 싶다"는 그에게 유치진의 강의는 사실주의에 대한 확신을 갖게 해주었고 이후 자신의 연극관으로 삼게 되었다. 그러면서 차범석은 직업극단의 공연과 연습장까지 찾아다니는 등 점차 연극 세계에 깊이 빠져들어 갔다.

1949년 유치진이 만든 제 1회 전국남녀대학 연극경연대회에 '연희극예술연구회'가 차범석 역/연출의 〈오이디프스 왕〉으로 참가, 우수상을 수상했다. 차범석은 연극경연대회에 함께 참가했던 각 대학의 연극인들을 모아 '대학극회'를 조직하는데 앞장섰다. 그리고 1950년 초 국립극장이 설치되자 당시 유치진 극장장의 배려로 전속단원이 되어 현장에서 활동할 기회를 가질 수 있었다. 그러나 그것도 잠시 한국전쟁이 발발하자 고향으로 피난을 갔던 차범석은 목포중학에서 교편을 잡았다. 교직생활 중에도 습작을 게을리 하지 않으면서도 '목중예술제'를 만들었다. 목중예술제에서 1951년 처녀작 〈별은 밤마다〉를 무대에 올리고 주연까지 맡았다. 이 시기에 〈닭〉, 〈제4의 벽〉, 〈전야〉, 〈풍랑〉 등의 습작품을 정훈잡지에 발표했다.

대학 다닐 때 방학이면 고향에 내려와 목포청년들과 주변의 섬들을 여행하며 얻었던 소재를 바탕으로 〈밀주〉를 창작, 1955년 조선일보 신춘문예에 가작으로 입선하였다. 가작 입상에 만족을 못한 차범석은 이듬해 조선일보 신춘문예에 재도전, 〈귀향〉이 당선되었다. 〈밀주〉는 흑산도, 〈귀향〉은 해남을 무대로 그가 나고 유년시절을 보낸 바닷가 마을이 배경이다. 차범석은 〈밀주〉에서 가난한 어민들의 찌든 삶을 그렸지만 〈귀향〉에서는 가난한 농민을 묘사하면서 그 이유가 사회의 부조리와 모순 때문이라는 것을 지적했다. 이 지점에서 그의 희곡의 특성, 즉 로컬리즘을 바탕으로 한 사실주의 출발을 확인할 수 있다.

신춘문예 당선을 계기로 서울로 이주, 덕성여고에서 교편을 잡고 중앙무대를 향한 열정을 불태우며 창작에 몰두했다. 그러면서도 대학극회에서 같이 활동했던 김경옥, 최창봉, 조동화, 박현숙, 노희엽, 이두현 등과 '제작극회'를 결성, 한국연극에 새로운 바람을 일으켰다. 이 시기에 차범석은 활발하게 희곡을 창작, 문예지에 〈불모지〉, 〈4등차〉, 〈계산기〉, 〈상주〉, 〈분수〉, 〈나는 살아야 한다〉 등을 발표했다. 앞서 발표했던 로컬리즘을 바탕으로 한 사실주의극과는 다르게 고향을 벗어나 전쟁으로 좌절한 사람들을 사실적으로 묘사했다. 특히 〈껍질이 째지는 아픔 없이는〉은 4·19 1주년 기념공연으로 제작되었는데 혼탁한 정치 상황에서 드러난 신, 구세대 간의 갈등을 형상화한 것으로 차범석의 정치, 사회의 비판적 인식을 확인해 볼 수 있는 작품이다.

이러한 창작 경향은 이후에 〈산불〉(1961년)로 절정을 이루었다. 차범석의 대표작이며 '한국 사실주의 희곡의 최고봉'이라고 일컬어지는 〈산불〉은 6·25전쟁을 겪은 작가가 전쟁을 객관화시키는 사유의 시간을 통해 이데올로기가 인간을 어떻게 파괴하는지를 리얼하게 보여주었다. 그러한 점에서 〈산불〉은 한국 사실주의 연극의 수준을 한 단계 끌어올렸다고 할 수 있다. 차범석은 당시의 연극들이 '답답한 소극장 응접실 무대' 위주였던 데에서 벗어나 대숲이 있는 마을을 무대로 "이념의 대립과 갈등이 동족 전쟁을 야기하고 궁극적으로 인간 그 자체를 파괴해 간다는 강렬한 메시지"를 전달, 차범석 전후의 대표작이 되었다.

〈산불〉은 국립극장 초연 당시 큰 인기를 얻었고 이후 영화로, 방송 드라마로, 오페라로, 뮤지컬로 다양한 매체의 전환을 통해 관객과 만날 수 있었다. 원 소스 멀티 유즈라는 측면에서 보면 〈산불〉은 원천컨텐츠로서의 가치가 충분한 작품이다.

차범석은 〈산불〉의 성공 이후 신협 재기를 위한 이해랑의 요청으로 〈갈매기떼〉를 집필, 국립극장 무대에 올려 〈산불〉 못지않은 인기를 끌었다. 목포 부둣가에 있는 영흥관이라는 식당을 둘러싸고 벌어지는 정치권력과 조직폭력배간의 갈등, 그리고 그로 인해 무구하게 희생당하는 서민들을 그려냈다.

〈산불〉과 〈갈매기떼〉의 성공으로 고무된 차범석은 전문적인 극단을 창단하기로 마음을 먹었다. 당시 연극계가 동인제 극단시대로 진입하기 시작했고 드라마센터의 개관이라는 연극상황의 변화가 일어나고 있었기 때문에 이전의 아마추어적인 '제작극회'로는 변화에 대처할 수 없을 것이라는 판단에서였다. '제작극회' 다른 멤버들의 반대를 무릅쓰고 1963년 연극의 대중화와 전문화를 지향하는 극단 '산하(山河)'를 창단했다. 현실과 동떨어진 번역극 대신 창작극을 주로 공연했고, 극단 창단 당시 의도했던 대로 지방공연도 가지면서 왕성하게 활동을 이어갔다.

이 무렵 차범석은 MBC로 직장을 옮겨 바쁜 와중에도 극단 '산하'의 일뿐만 아니라 창작에도 매진, 〈청기와집〉, 당시 유명 배우 강효실을 위해 집필, '산하'에 상업적 성공을 안겨준 〈열대어〉, 〈풍운아 나운규〉, 동성애 문제를 다룬 〈장미의 성〉, 〈대리인〉, 정치와 정치인을 풍자한 〈왕교수의 직업〉 등의 희곡 외에도 '산하'의 공연을 위해 여러 편의 각색 작업과 연출로도 참여하였다.

1969년 사단법인 한국연극협회 제 7대 이사장으로 선출되면서 협회 일에 열심을 냈고 원래 하고 있었던 방송국 일과 작품 집필, 극단 운영 등으로 건강에 이상이 생겼다. 1970년 봄 간염으로 병원에 입원, 방송국까지 그만 두었지만 발병 전에 국립극장에서 차기공연작으로 위촉한 장막극 〈환상여행〉을 집필했다. 그는 책임감 때문에 와병 중에도 약속을 지키기 위해 무리를 하면서도 완성을 했다.

차범석이 병원에서 퇴원 후 1년간의 요양생활을 하는 동안 같이 활동했던 사람들이 이런저런 이유로 그의 곁을 떠났다. 그는 인생이 철저하게 외로운 것이며 이 길은 자신이 원해서 가는 것이니 누구도 원망하지 않겠다는 결단을 내렸다.

1972년 차범석은 MBC-TV 요청으로 일일연속극 〈물레방아〉를 집필했다. 〈물레방아〉는 당시로서는 드물게 5개월 동안 방영, 100회를 넘겼으며 이러한 롱런은 MBC-TV 사상 최초였다. 이전에 라디오 드라마와 TBC(동양방송) 단막극, 〈태양의 연인들〉과 같은 특집극을 쓰기도 했지만 TV

일일연속극은 그로서도 처음이었지만 성공적이었다. 드라마의 성공은 차범석에게 경제적 안정을 가져다주었고 그래서 차범석은 연극 현장으로 돌아올 수 있었다.

1974년 6년 동안 맡았던 한국연극협회 이사장직을 이진순에게 내주고 그 해 봄 극단 산하의 사무실도 마련하고 연극현장의 기록이 소실되는 것이 안타까워 〈극단 산하 십년사〉를 펴내는 등 다각적인 연극활동을 펼쳤다. 그런데 1975년 동양극장과 '산하' 간의 전속 계약을 체결, 계약금과 중도금을 지불하고 의욕적으로 공연을 준비하던 차에 동양극장의 매각 사실을 알게 되었다. 속수무책 사기를 당한 차범석은 잔금은 안 털렸으니 다행이라고 스스로를 위로했다. 이러한 차범석의 긍정적 태도는 이후 창작태도에도 영향을 미쳤다.

유신의 시대를 거치면서 유신을 지지하기보다는 오히려 부정적인 시선을 견지하고 있었던 그였지만 〈약산의 진달래〉, 〈활화산〉 같은 새마을 극본을 쓰기도 했다. 그렇지만 새마을운동의 찬양이 아니라 "나와 함께 살아가는 이 시대의 이야기"로 가난과 싸우는 농촌여성의 "삶을 리얼하게 묘사함으로써 우리가 안고 있는 퇴영적이면서도 부정적인 행태를 드러내"려 했다. 이 시기에 그의 역사인식은 자연스럽게 개화기를 향했다. 〈새야새야 파랑새야〉에서는 동학도와 같은 민중의 저항을, 〈손탁호텔〉에서는 외세의 압력에도 불구하고 꿋꿋이 자존을 지키기 위해 투쟁하는 서재필과 같은 진보적 청년들의 연대를 그리면서 창작의 지평을 넓혀갔다.

1970년대 중반에 들어서면서 연극계는 상업주의가 팽배하고 있었는데 이것은 '산하'가 지향하는 연극 대중화와는 달랐다. 차범석은 연극에 있어 앙상블을 중요하게 생각했기 때문에 한두 명의 스타에 의존, 웃음을 파는 연극을 극도로 경계했다. 그런데 상업주의가 판치던 당시의 연극현실은 동인제 시스템을 고수했던 차범석에게는 절망적이었다. 그런 상황에서도 문학성과 연극성을 지닌 레퍼토리라면 승산이 있을 것이라고 판단,

1979년 〈제인 에어〉를 무대에 올렸다. 그러나 관객들의 외면으로 흥행에 실패하고 말았다. 일련의 일들로 차범석은 '산하'가 추구하는 대중성에 대한 회의가 일어나고 '산하'의 해산문제까지 생각하기도 했다. 그렇지만 차범석은 유신정권의 횡포와 비민주적 정권욕으로 급격하게 경색되어가는 시대에 연극을 통해서 이야기를 해야겠다는 결심을 했다. 연극대본의 사전심사제로 창작극의 공연이 어렵게 되자 숀 오케이시의 〈쥬노와 공작〉연습에 들어갔다. 1980년 5월 공연을 보름 앞두고 광주민주화항쟁이 일어나자 차범석은 공연중지를 선언했다. 그 이유는 사람들이 총칼에 쓰러지고 있는데 연극을 하고 있을 수 없다는 것이었다.

실의에 빠진 차범석에게 MBC-TV에서 농촌드라마 의뢰가 들어왔다. 옴니버스 형식의 농촌드라마 〈전원일기〉를 1년 동안 총 48회 집필했다. 1980년 10월 22일 '박수칠 때 떠나라'를 시작으로 1981년 10월 20일 '시인의 눈물'까지 꼭 1년을 썼는데 어수선한 시국에 농촌에 대한 향수를 자극해 최고의 드라마로 자리를 잡았고 이후 20년 동안 방송되면서 최장수 드라마로 남았다. 그런데 차범석은 연극을 하기 위해 방송국의 간청에도 불구하고 〈전원일기〉 집필을 포기했다.

'산하'에 돌아와 1980년에 준비하다 중단했던 〈쥬노와 공작〉을 무대에 올려 보았지만 흥행에 참패하고 말았다. 그리고 '산하'의 재기를 위해 옛 멤버들을 규합해 보려했지만 이마저도 여의치 않았다. 결국 〈산불〉공연마저 실패하고 1983년 '산하'를 해단하는 어려운 결정을 내렸다.

그를 무대로 이끌었던 유년시절의 최승희 공연의 영향과 대학시절 춤을 배우러 다녔던 경험 때문이었는지 1982년 조영숙무용단의 〈강〉을 시작으로 최청자무용단의 〈갈증〉 등 무용극으로 창작의 장르를 확대해 나갔다. 이후에 무용극 〈도미부인〉(1984년 국립무용단, LA 올림픽참가공연), 〈십장생도〉(1988년 홍정희발레단), 〈저 하늘 저 북소리〉(1990년 국립무용단), 〈고려애가〉(1991년 국립발레단), 〈꿈의 춘향〉(1992년 서울시

립무용단), 〈파도〉(1995년 국립국악원 무용단), 〈오데로〉(1996년, 국립무용단) 등 여러 편의 무용극 대본을 창작했다.

1983년 차범석은 청주대학교의 요청에 의해 연극영화과 교수로 부임했다. 조용한 곳에서 창작의 기회를 가질 수 있다는 점이 그에게 매력적으로 다가왔고 학생들과의 생활이 연극판에서 지친 그에게 활력을 주었다. 그러나 그가 예술대학장직을 맡으면서 휴식은 끝나고 말았다. 당시는 학원민주화 운동이 번지고 있었을 때였다. 누구보다도 민주화를 열망해왔던 그였지만 과격해진 학생들의 기물파괴 등의 파괴적인 행동은 받아들일 수 없었다. 목포 북교초등학교, 덕성여고에서 교사로 재직하고 있을 때 불의를 보면 참지 못하고 투쟁을 했던 그로서도 학생들의 그런 행동은 받아들일 수 없었고 결국 보직에서 물러났다.

그 때 '서울88예술단'이 조직되면서 차범석에게 단장을 맡아달라는 제의가 들어왔다. 단장직을 수락했지만 총체가무극이라는 것이 그가 생각했던 연극의 방향과 맞지 않았을 뿐만 아니라 관의 간섭이 싫었던 그는 창립공연으로 〈새불〉을 올리고 다시 대학으로 복귀했다. 생래적으로 구속을 싫어하고 자유를 추구했던 그로서는 이러한 상황이 견디기 어려웠을 것이다. 오죽했으면 목포북교 초등학교 시절 자신이 담당했던 학급의 급훈이 자유였을까.

대학으로 돌아간 그는 특정사회단체의 요청이기는 하지만 신채호를 다룬 〈식민지의 아침〉, 김대건 신부의 일대기를 그린 〈사막의 이슬〉 등 활발하게 창작활동을 이어갔다. 1989년 학교 측에서 총장으로 추대하려는 움직임이 보이자 교수직을 사퇴하고 이후 서울예술대학의 교수로 자리를 옮겨 창작에 몰두했다. 이 시기에 차범석은 창작방식에 있어 변화가 일어나 이전의 창작방식에서 벗어나 형식과 주제가 다양한 작품을 발표했다.

1992년 징용 노무자의 딸 야마네 마사코의 자전적 수기를 바탕으로 쓴 〈안네 프랑크의 장미〉는 '일본제국주의의 만행을 용서와 화해의 차원에서 접근' 하였으며, 〈통곡의 땅〉은 백범 김구의 삶을 작품화하면서 한국현대사에서 이념문제를, 〈나는 불섬으로 간다〉에서는 소작쟁의와 그로 인해 생긴 연좌제 문제를 제기하기도 했다. 작가적 연륜이 깊어가면서도 차범석의 의식은 언제나 날카롭게 깨어 있어 부당하거나 문제가 있는 것에 대해서는 비판적 태도를 취하는 스탠스만큼은 변함이 없었다. 이색적으로 〈바람 분다, 문 열어라〉에서는 여성들의 변화를, 〈그 여자의 작은 행복론〉에서는 어머니와 아들 간의 근친상간적 욕망을 그려내는 등 소재의 영역도 넓혀갔다.

차범석은 본래 대중예술과 고급예술을 경계 짓는 것에 대해 우려를 해왔다. 어떤 작가보다 사회의식이 있는 작품을 쓰면서도 대중성 또한 중요하게 생각했다. 노년의 차범석은 그 경계를 허물고 〈가거라 38선〉같은 악극의 대본을 쓰거나 의뢰를 받은 것이긴 하지만 뮤지컬 〈처용〉, 오페라 〈백록담〉, 〈연오랑 세오녀〉의 대본 등을 썼다. 그러면서도 〈옥단어!〉(2003년)와 같은 작품에서는 깊은 사유의 절정을 보여주었다. 이 작품은 '단순한 연극이 아닌 우리의 현대사와 그 아픔을 되돌아보자는 데에 그 의미를' 두고 있다. 차범석은 〈옥단어!〉에서 자신이 '평생 동안 삶의 방식으로 지켜온 자유정신을 투영'시켰으며 떠돌이 옥단이를 통해 인생의 허망함을 보여주면서 한국적 사실주의의 진전을 이루어 냈다는 평가를 받았다.

2006년 세상을 떠날 때까지 차범석은 다양한 장르를 경계 없이 넘나들며 많은 작품들을 발표했던 현역 작가였으며 연극인이었다. 자리에 욕심을 낸 적이 없었던 차범석이지만 한국연극협회 이사장, 한국문예진흥원장, 대한민국예술원회장 등을 지내 예술인으로서 영광도 누렸다.

차범석 전집 9

■

차례

일러두기

* 명백한 오자, 탈자 외에는 가능한 원본을 그대로 수록했음을 밝힌다.
* 신문기사 · 작품 〈 〉, 책제목 「 」로 표기했다.
* 잘 사용하지 않아 의미가 명확하지 않은 단어는 각주를 붙여서 설명했다.

어둠 속에 피는 꽃*

* HLKZ-TV 드라마. 〈공상도시〉와 함께 우리나라 최초의 TV드라마로 알려져 있음.

제1회

1959년 1월 13일 방송

· **등장인물**

최애리(27세)	다방 추억의 매담
한윤수(33세)	카메라맨
이용민(35세)	
영자(20세)	다방레지
강택호(45세)	다방주인
담배장수(55세)	
수사주임(35세)	

S#1 종로네거리 (밤)

강처럼 흘러가는 자동차의 헤드라잍.

찬란하게 명멸하는 네온 등의 향연.

화신의 탑시계가 아홉 시 삼십분을 가리키고 있다. 때마침 통행금지를 알리는 싸이렌이 길게 울려온다.

S#2 다방「추억」안 (밤)

난로 옆에 앉아서 졸고 있는 다방주인 강택호. 난로 위에는 물주전자가 혼자서 신이 나게 김을 내뿜고 있다. 전축은 애상적이며 회고적인 경음악을 울리고 있다. 영자는 한구석에서 잡지를 읽고 있고 애리는 화장을 고치고 있다.

마지막 손님이 돈을 꺼내서 놓고 나간다.

영자 (일어서서) 안녕히 가세요! 또 오세요.

탁자에 가서 찻잔과 돈을 가져다 애리 앞에 놓는다. 강택호는 잠에서 꿈벅 깨어 주변을 돌아다보더니 멋쩍은 듯 기지개를 키고 하품을 한다.

강 이렇게 장사가 안되서야 원… 이건 정말 살인적인 불경기인데…

영자 그만 문을 닫죠?

강 그래. 더 있어봐야 찾아올 손님도 없을테지… 자 오늘은 일찍 닫자.

일어서서 안으로 통하는 도아 쪽으로 가려다가 애리를 본다.

강 빨리 계산을 끝내게. 안집으로 들어와요 애리!

애리 (여전히 화장을 하며) 예.

강 정말 내일 가겠다?

애리 예…

강 그럼 오늘 밤에 그 계산도 끝내야겠군…

도아를 열고 사라진다. 영자는 커텐을 치고 탁자며 의자를 바로 놓고는 카운터 앞으로 가서 화장하는 애리를 부러운 듯이 바라본다.

영자 (앳띠게 웃으며) 마지막 이별을 누가 먼저 오실까?

애리 망할 것!

영자 언니는 좋으시겠어…

애리 그래도 실속은 없다나…

영자 그런데 난 연애 한번 못해보구 늙으려나봐…

애리 아니 누가 못하게 하던?

영자 하자니 남자가 있어야죠?

애리 왜? 쓰레기통에 구데기 끓듯 하는 게 남자인데…

영자 그렇지만 한 선생님이나 정씨같은 남자라야지… 아무나 붙잡고 매달릴 수 있어요?

애리 (호들갑스럽게 웃으며) 아이 가엾어라! 이렇게 순정을 바치겠다는 처녀를 알아주는 사람도 없다니…

영자 (일어서며) 흥! 말로는 동정하지 말고 정 씨를 소개해 주세요.

애리 매일같이 만나는 처지에 새삼스레 소개가 다 머니?

영자 그래도…

애리 홋호… 첫 싸이렌이 불었는데 빨리 돌아가! 또 언젠가처럼 깡패에게 걸려들지 말고…

영자 언니는?

애리 난 만날 사람이 있어 그래…

영자 내일 몇 시 차죠?

애리 9시 태극호야… (한숨) 몸조심하고 잘 있어라.

영자 언니두요…

애리 인연이 있으면 또 만날 날이 있겠지 뭐.

영자 이렇게 언니와 같이 지냈다가 이별할 일을 생각하니 마음에 구멍이 뚫리는 것 같아요.

애리 (허공을 바라보며) 뚫린 구멍을 또 메꾸고 또 메꾸고… 그렇게 살아가는 거지 뭐…

영자 (무슨 생각이 난 듯) 그런데 왜 갑자기 이곳을 떠나시려는 거에요? 더구나 그런 시골까지…

애리 (호소를 뱉으며) 그래뵈도 당당한 도시란다. 인구가 십오만이나 되고 다방이 스물이나 있다니까…

영자 그래도 서울만은 못하잖아요?

애리 서울 아니라 뉴욕이면 뭘 하니? 마음이 편해야지…

영자 이곳이 어때서요? 한 선생같이…

애리 (얘기를 가로채듯) 영자! 어서 가봐!

영자 (망서리다가) 그럼 언니! 틈나는대로 편지라도 줘요.

애리 그래… 너도 몸 조심하고… 그리고 좋은 애인을 빨리 골라봐! 호호호…

영자 (핸드백을 들고 돌아서며) 그럼 안녕히…

애리 (고개를 끄덕이며) 잘 있어…

영자는 손을 흔들며 나간다. 애리는 잠시 무엇을 생각하다말고 돈과 차권을 세기 시작한다.

S#3 다방 앞

담배장수가 물건을 챙기고 있다.

영자 아저씨 많이 파셨어요?

장수 말도 말아요… 오늘은 재수에 옴이 옮았나봐! 이럴 줄 알았드라면 일찍암치 들어가 잠이나 잘 것을… 날이 이렇게 추워서야…

영자 (허공을 쳐다보며) 어머나 눈이 내리네요.

눈송이가 가볍게 하나 둘 내린다.

장수 오늘밤은 눈이 쌓일 걸…

영자 아저씨 먼저 가요.

장수 조심해요.

영자는 오바 깃을 올리며 나가려 한다. 이때 저만치 서 있던 검은 그림자가 천천히 걸어온다. 얼어붙은 땅을 밟는 구두소리가 유난히도 귀에 차다. 영자와 마주치던 사나이 걸음을 멈춘다. 사나이의 얼굴은 알아볼 수가 없다.

사나이 (등돌아 선채) 말 좀 물읍시다.

영자 (경계하며) 예?

사나이 혹시 추억이라는 다방이 어딘지…

영자 바로 여긴데요?

사나이 아 그래요. 고맙습니다.

돌아서는 사나이의 뒷모습을 미심쩍게 바라보며 영자는 나간다. 다방 앞에 선 사나이의 발이 이리저리 거닐고 있다.

사나이 성냥 좀 빌립시다.

장수 (못마땅하게) 성냥이요?

사나이 미안합니다.

담배장수는 말없이 성냥을 내민다. 사나이는 담배를 부치고는 성냥을 돌려준다. 담배장수는 못마땅하게 쳐다보며 짐을 진다. 사나이는 어둠 속에 퍼져나가는 담배연기를 바라보더니 무슨 결심이라도 하듯 이윽고 담뱃불을 발로 부벼 끈다. 그는 오바 주머니에 손을 넣더니 권총을 꺼낸다. 그리고는 다시 주머니에 넣은 체로 다방 문을 방긋이 연다.

S#4 다방 안

천천히 걸음을 옮겨가는 사나이의 어깨너머로 콧노래를 부르며 계산하고 있는 애리의 아름다운 얼굴이 보인다.

애리 (쳐다보지도 않고 사무적으로) 문을 닫을 건데요.

용민 닫으시죠…

애리 (고개를 버쩍 들며) 예?

용민 (의자에 앉으며) 문을 닫으시는 편이 좋겠단 말이요.

애리 아니… 누… 구세요?

용민 (힘없이 웃으며) 벌써 나를 잊었나? 재미가 좋았나보군…

애리 (공포에 쌓이며) 뭐, 뭐라구요?

용민 애선이!

애리 (크게 놀라며) 예?!

용민　아니 지금은 애리라고 부른다지? 최애리… 멋진 이름이야.

애리　(비로소 사내의 정체를 알아차린 듯) 앗! 당신은.

용민　(깔깔대고 웃으며) 사람 얼굴을 알아보기에 이토록 힘이 들어서야…

애리　(부러 냉정을 꾸미며) 무엇 때문에 나를…

용민　찾아왔느냐 말이지?

애리　(앙칼지게) 나와 당신과는 아무런 관계도 없어요.

용민　그렇지만 꼬박 삼년동안을 찾아다녔는걸!

애리　나를 찾아다녔다구요?

용민　부산, 대구, 전주, 목포… 덕택으로 팔도강산 유람은 실컷했지…

애리　뻔뻔스런 소리말아요. 난 당신을…

용민　(시침을 떼며) 목이 말라 죽겠어! 위스키 티나 내와요!

애리　그런건 없어요!

용민　(무섭게 쏘아보며) 가져오라면 가져와!

애리　흥 그러면 누가 무서워 할 줄 알아요?

용민　(살기를 띠며) 그럴테지. 남편을 갈아대기를 헌신 벗듯 한 년이니까!

애리　뭐라고요? (하며 대든다)

이때 도아를 열고 들어선 한윤수가 멈칫해 서 버린다.

용민　내가 너를 살려둘 줄 알았지? 내가 너를… (하며 권총을 꺼낸다)

애리　(담대하게) 흥! 권총! 그까짓 게 무서웠으면 난 진작 죽었어요!

용민　닥쳐! 네년을 죽여버릴테니까!

애리　죽여요! 어차피 살기 싫어 내일은 떠나가야 할 몸인걸. 어서 쏴요!

용민 (권총을 겨누며) 옳지! 네 그 아가리에서 그 소리가 나오기를 기다렸지!

윤수 (뛰어들며) 안돼! 참아요!

용민 당신은 누구요?

윤수 (말문이 막히며) 누구면 어때? 어서 그것을 치우시요!

용민 (애리와 윤수를 번갈아 보며) 흥! 그렇게 되였군…

윤수 얘기는 나중에 하기로 하고 어서… (하며 권총이 들린 손을 떠밀려 한다)

용민 비켜! (하며 저만치 밀려나가더니 다시 덤빈다)

애리 한 선생님! 위험해요.

한수는 권총을 빼앗으려고 기를 쓰고 용민은 안 빼앗기려고 버틴다. 다음 순간 방아쇠가 당겨지며 한윤수가 쓰러진다.

애리 앗! 한 선생님!

용민 (장승처럼 내려다본다) 아니… 이걸…

애리 (윤수를 일으키며) 한 선생님!

윤수 (겨우 의식을 돌리며) 애리… 애리…

애리 선생님!

윤수의 가슴엔 새빨간 피가 번져간다.

윤수 내 주머니에… 차표가… 있어…

애리 선생님! 모두가 저 때문에…

윤수 (차표를 꺼내 쥐어주며) 잘 가요… 이렇게 쉽게 헤어질 줄은… 아…

애리 선생님…

윤수는 무슨 말을 하려다 말고 그만 숨을 끊는다. 애리는 공포에 싸여 시체를 놓고 일어선다. 그러나 자기 앞에 용민이가 서 있음을 보자 저주와 증오의 눈초리로 쏘아본다.

애리 악마! 악마!

용민 그렇지 네가 악마인 듯이 나도 악마야!

애리 (분노를 참지 못하여 용민의 뺨을 때린다) 철면피! 끝끝내 나를 못살게 하려고…

이 말이 떨어지기 전에 권총은 불을 뿜고 애리는 쓰러진다. 애리는 살려고 발버둥을 친다.

애리 나를 죽이면… 만사가… 끝이… 날 줄 아셨군요…

용민 그렇지! 너와 나의 숨이 끊어지면 이 세상은 다시 태고로 돌아가는 거지! (하며 천천히 무릎을 꿇는다)

애리 (의식을 되찾으려고 애쓰며) 여보… 여보! 당신은 너무해요. 나는 당신을…

용민 (차츰 진심으로 돌아오듯) 애선이! 애선이! (하며 품에 안는다)

애리 늦었어요… 다 늦었어요! (하며 숨을 끊는다. 애리의 손에 쥐어진 차표가 땅에 떨어진다)

용민 애선이!

다음 순간 용민은 양심의 가책과 절망에 사로잡히자 권총을 관자노리에 갖다 댄다. 또 한발의 탄환이 용민의 생명을 끊어버린다. 안에서 뛰어나오는 강택호. 쿡크의 당황한 표정이 공포 속으로 사라진다.

S#5 경찰서 수사계

탁자 위엔 범행에 쓴 권총과 소지품 몇 가지와 그리고 차표가 놓여있다. 수사주임은 영자에게 심문을 하고 있다. 영자는 아직도 가시지 않은 공포와 슬픔을 못 이겨 떨고 있다. 담배를 피우며 생각에 잠기고 있는 수사주임의 사려 깊은 눈동자.

주임 그럼 왜 한윤수라는 남자와 애리는 서울을 떠날 작정을 했단 말이야?

영자 그건 저도 모르겠어요… 다만 어젯밤에 그런 얘기를 하면서 연이 있으면 또 만나자구…

주임 음… 한윤수가 다방에 찾아오게 된 것은 언제부터?

영자 애리 언니를 그이가 다방에 소개했었나봐요. 그래 이따금 찾아오곤 하던데… 퍽 신사적이고 좋은 분이었어요.

주임 그걸 어떻게 알았지?

영자 어떻게라니요… UN군 종군 카메라맨으로 있을 때 휴가를 맡아 나오면 저의 사진을 찍어주기도 하고… 또…

주임 또?

영자 다방에 오셔도 이렇다할 말도 안 하는데도 정이 두터워졌어요…

주임 반한게로군?

영자 여자라면 누구나 반할만 했으니까요!

주임 애리와 단둘이서 지내는 일은 없었나?

영자 글쎄요… 애리 언니도 속으로는 사랑을 했을지 모르지만 그런 내색이라고는 조금치도…

주임 좋아! 그럼 이 가해자가 어젯밤에 다방이 어디냐고 물었을 때 수상적은 일은 없었나?

영자 낯선 얼굴이고 또 시간이 늦어서 별로 이렇다할…

주임 알겠어! 그럼 돌아가시오.

영자 그런데 애리 언니를 죽인자는 대체 누구에요?

주임 글쎄 차차 알게 될테지…

영자 (눈물을 씻으며) 애리 언니는 정말 성질이 너그럽고 좋은 분이였어요. 남들은 다방에 나오는 여자니까 하고 얕보지만 애리 언니만은 훌륭한 분이었어요. 누구보다도 저는 알 수 있어요.

주임 글쎄…

영자 그런데 이렇게 남의 손에 죽다니 정말 믿을 수가…

주임 알았으니까 어서 돌아가요. 그리고 이 다음이라도 호출이 있을 때 수고스럽지만 또 나와줘야 되요.

영자 (일어서며) 예…

주임 수고했어!

영자 공손히 허리를 굽히며 나간다. 주임은 서류를 이리저리 뒤지며 깊은 생각에 잠긴다.

주임 이건 꽤 까다롭게 되었군! (밖을 향해) 다음 들어오시오!

잠시 후 다방주인 강택호가 들어온다.

주임 어서 앉으시죠!

강 예! (조심성 있게 의자에 앉는다)

주임 바쁘신데 나오시래서 미안합니다.

강 처, 천만예요. 제가 도리어 죄송합니다. 이런 불미스런 일을 일으켜서 이렇게 괴롬을 끼쳐서…

주임 우리 직무니까 별 수 없죠.

강 (담배를 권하며) 태우시죠!

주임 고맙습니다. (하며 한가치를 뽑아 문다)

강 (라이터를 재빨리 켜서 대며) 정말 나도 이런 일을 당하기는 처음이라서요…

주임 그럼 이런 일을 자주 당해서야 되겠소? 핫하…

강 예? 예… 헷헤… (한숨) 내가 다방을 경영한지가 10년이 넘지만 글쎄 내 가게 근처에서는 쥐새끼 한마리도 죽는 꼴이라곤 없었는데 아 하룻밤에 송장을 셋이나 치다니… 아 이건…

주임 핫하하… 운수소관이겠죠!

강 맞았어요. 바로 운수죠. 글쎄 요즘은 다방 경기도 좋지 않고 해서 팔아버릴까 하던 차인데 그만… 이제 이런 일이 나고 말았으니 누가 살 사람이 나서겠어요. 이건 큰 손해봤죠! 큰 손해야!

주임 잠깐만… 난 댁의 영업 사정을 듣고 싶어서 나오시란 게 아닙니다.

강 예 알고 있습죠!

주임 (불쾌한 표정으로) 몇 가지 이 사건에 관련해서 묻겠는데…

강 예 말씀하세요. 전들 무엇을 감추겠습니까! 이런…

주임 잠깐만! 내가 묻는 말만 대답하시라니까!

강 예! 제가 아무래도 좀 흥분하고 있나봅니다. 예!

주임 에… 최애리를 어떻게 알게 되었죠?

강 예 그건 이렇습니다. 작년 봄인가요? (손 꼽아세며) 맞았어요. 3월 하순경이었나 봅니다. 매담이 글쎄 쿡크 녀석과 결탁을 해서 돈을 술술 잡수신 일이 있었죠.

주임 누가요? 애리가요?

강 아니죠. 그전에 있던 김매담 말씀이죠. 그래 당장에 쫓아버렸지만… 그래서 그 뒷자리가 나오질 않아서 제가 홀에 나와 일을 보곤 하던 날 아침이에요. 그날은 아침부터 비가 내렸던 기억이

나요. 맞았어! 제 3일요일이라 쉬는 날이었죠.

S#6 다방 안

잠시 후 군복을 입고 카메라를 걸친 윤수와 허수룩한 차림의 애리가 들어온다. 빗방울이 머리에서 떨어진다. 홀 안은 텅 비어있다.

윤수　일루 들어와요… 어서…

애리는 말없이 고개를 숙이고 한 구석에 앉는다.

윤수　(안을 향해) 강 선생! 계십니까? 아무도 안 계세요?

강　(소리만) 누구요?

윤수　저에요. 사진쟁이 한입니다. 핫하…

잠시 후 강 나온다.

강　어이구 이거 예술가 선생이시군! 웬일이십니까?

윤수　안녕하십니까?

강　아니 휴전선 근처에 계신다더니 언제 오셨습니까?

윤수　한 사흘됩니다. 장사 재미가 어떻습니까?

강　재미요? 말도 마시요! 장사를 하자니 오장 상하고 사람을 부리자니 죄다 도둑놈이고 정말 이젠 못해먹겠소!

윤수　핫하… 소식 들었습니다. 매담이 해먹었다면서요?

강　아니 그걸 어떻게?

윤수　어제 영자에게 들었어요.

강　글쎄 그 앙큼한 쿡크 녀석과 짜가지고 내 눈을 속여 자그만치

십만환 돈이나 잡수셨다오.

윤수 그렇게 없어지도록 몰랐어요?

강 아 그럴 줄 알았나요? 게다가 생김생김이 반듯했고 뭐 식자깨나 든것 같고 하기에…

윤수 하기야 요즘 세상엔 겪어봐야 사람 속을 아는 법이니까요.

강 담배 태우시지! (하며 담배를 꺼내서 권한다)

윤수 예… (담배를 뽑아물며) 그래 사람을 정했어요? 매담이 없으면 영업에 지장이 있으실텐데…

강 글쎄 사람을 쓰긴 해야 할텐데 어떻게 믿을 수가 있어야죠.

윤수 그럼 내가 한 사람 추천할까요?

강 아니 한 선생님이 직업 알선도 하실 줄 아시다니 원…

윤수 경우에 따라선 무엇이든 해야죠. 좋은 사람이 있습니다만…

강 한 선생이 인정한다면 틀림없겠죠.

윤수 감사합니다. (애리를 향해) 일루 와요…

강 아 같이 오셨나요?

애리 조심성 있게 와서 앉는다.

윤수 인사드리지… 다방 주인이신데…

애리 처음 뵙겠습니다.

강 예 나 강택호요… (윤수에게) 어떻게 되시지?

윤수 어떻게 되다니… 이분이 내가 추천하려고 하는 사람이죠. 핫하…

강 아 그래요… 음… (하며 새삼스럽게 애리를 훑어본다)

애리는 수줍어서 외면을 한다.

윤수 어떻습니까?

강 음…

윤수 며칠 둬보세요. 그럼 내가 강 선생님에게 거짓말을 하지 않는다는게 자연히 나타날테이니까…

강 다방에 경험이 있으시요?

애리 아뇨… 저…

윤수 다방엔 나간 일이 없지만… 저…

강 그럼 요릿집 같은데?

윤수 예 말하자면 그렇죠…

강 음… 식구는 몇 분이나 되죠?

애리 저 혼자에요.

강 그럼 실례지만…

애리 결혼하지 않았어요.

윤수 그러니까 대우같은 것은 별로 바라지 않으니까 2층에서 묵게 하고 둬보세요.

강 음… (만족한 듯) 그럼 한 선생님 말만 믿구 둬봅시다.

윤수 감사합니다. 이렇게 일이 쉽게 될 줄은 몰랐는데요… (애리에게) 자 어때? 이젠 용기를 낼 수 있죠? 응?

애리는 지금까지 참아온 걱정을 쏟으며 얼굴을 가리고 흐느낀다.

강 아니… 왜 이러시요? 응?

윤수 핫하… 둬 두세요. 기쁨이 크면 울음도 나오는 법이니까… 그럼 우선 목욕이나 하고 미장원에 가서 머리 좀 고치지…

강 그리고 옷을 갈아야지… 아무래도 이런 장사는 의복이 날개니까…

윤수 저 실은 나도 수중에 가진 것이 없는데… 어떠실까요? 얼마만큼 미리 융통을 해 주셨으면… 뭣하면 내가 빌려도 좋습니다만…

강 아 좋습니다. 이렇게 우리 다방을 위해서 늘 걱정해 주시는데 그것 쯤이야… 그 대신 이달 월급에서 제하면 될테니까요.

윤수 감사합니다.

강 저 2층으로 올라가서 쉬시지…

윤수 그렇게 해요. 그리고 우선 목욕이나 갔다와서 차분히 얘기하지…

애리 예…

애리는 백을 들고 2층으로 통하는 도아로 나간다. 윤수는 비로소 안심했다는 듯이 한숨을 내쉰다.

강 아니 한 선생!

윤수 예?

강 어떤 관계이십니까? 이거요? (하며 새끼손가락을 세워 보인다)

윤수 아닙니다. 저 자세한 이야기는 나중에 하기로 하겠지만 퍽 불행한 여자에요. 그건 그렇고 괜찮겠죠?

강 음, 마음은 어떨런지 모르겠지만 미인인데… 내일부터 우리 다방에 놈팽이들이 쏠릴걸. 핫하…

윤수 놈팽이뿐이 아니라 돈도 쏠릴걸요. 핫하…

강 자 우리 나가서 한잔 하십시다. 그리고 그동안 지내던 얘기나 하시지! (하며 일어선다)

윤수 예 감사합니다.

강 안에 들어가서 비옷 좀 가지고 나오겠소.

윤수 예.

강은 안으로 퇴장. 윤수는 카메라를 어루만지고 있다. 이때 애리는 목욕갈 준비를 하고 내려온다.

애리 선생님…

윤수 아…

애리 여러 가지로 감사해요… 정말 뭐라 감사의 말을 올려야 할지…

윤수 원 별 소릴… 어떻든 애선 씨가 다시 살아갈 의욕을 가지게 된 것만이 나는 기쁘오…

애리 모두 선생님 덕택이죠…

윤수 앞으로 살아나갈 희망만이 있다면 사람은 어떻게 해서라도 살아갈 수 있는 거요!

애리 선생님을 만나게 되었기에 말이지 만일 선생님의 힘이 없었던들 저는 지금도 그 악의 소굴에서… (괴로워한다)

윤수 또 그런 소리! 지나간 얘기는 안 하기로 했잖아요? 애선 씨…

애리 예…

윤수 자 오늘부턴 새 출발이요. 이제 저 비가 개이면 봄이 올테니까! 그건 애선 씨를 위한 봄이지!

애리 선생님!

두 사람 서로의 감정을 억제하며 바라볼 뿐이다.
강택호 비옷과 우산을 들고 등장.

강 내려왔군… 참 이름이 뭐지?

애리 저 애선이라고 해요.

강 애선? 애선? 저 이름이 좋지 않구먼… 애선!

윤수 그래 새출발한다는 뜻에서 오늘부터 이름을 갈도록 하지!

강 한 선생이 하나 근사하게 지어보시오! 아주 예술적으로…

윤수 최애리! 애리라고 부르지…

강 최 애리?

윤수 역시 이름도 남들이 부르기 좋아야 할테니까… 게다가 얼마 안 있어 벚꽃은 피게 되고… 영어로 벚꽃을 최리(Cherry)라고 하죠!

강 최애리… 애리… 응 좋은데! 아주 다정한 맛이 있어!

윤수 어때? 애선 씨 의견은?

애리 선생님이 좋으시다면 좋은거죠!

강 그렇지! 한 선생이 좋으시다면 여부가 있나! 핫하…

윤수 그럼 그 옛 껍질을 벗음과 동시에 이름도…

강 최애리라고 합니다. 애리 아주 멋진데…

윤수 애리 씨! 그럼 같이 나가실까요?

애리 예…

세 사람이 같이 나간다.

강 애리! 애리… 이건 멋진 이름이야! 손님이 따를거야! 핫하…

윤수 선생은 모든 일이 영업본위군이요. 핫하…

(F.O)

제3회

1959년 1월 27일 방송

· **등장인물**

어머니 (고은정)

최애숙 (김복희)

이용민 대학생(하숙생) (김순철)

임기철 고학생(하숙생) (배준용)

이웅 용민의 아저씨 상인

필공갑

의사

다방 추억의 매담인 최애리는 뜻한바 있어 봄이면 남쪽 어느 조그만 도시로 떠나기로 작정을 했다. 바로 그날 밤 협수룩한 이상한 사나이가 나타나서 애리에게 몇 마디 승갱이를 하더니 마침내 사나이는 권총을 겨누었다. 이때 한 씨라는 사람이 들어서며 두 사람의 위기를 말리려하자 사나이의 권총은 한 씨의 가슴을 향하여 불을 뿜었다. 숨이 져가는 한 씨는 애리에게 기차표 한 장을 쥐어주며 절명한다. 공포와 분노에 찬 애리는 발악을 지르며 대들자 사나이는 또 한번 방아쇠를 잡아당긴다. 두 시체를 내려다보던 사나이는 자기의 머리에다 세 번째의 방아쇠를 당기고 만다.

하루저녁에 같은 장소에서 세 사람의 시체를 발견한 수사당국의 눈은 긴장된다. 그런데 수사도중 애리의 일기를 입수하게 되어 수사진전의 핵심을 알 수 있게 된다. 즉 애리는 과거에 채봉이라는 기생이 우연한 연회석장에서 알게 된 최연호와 사이에서 태어난 사생아라는 것과 그녀의 아버지가 죽자 생활이 점점 어려워 갔으므로 채봉의 친구 농주의 권유로 애숙의 집에 하숙생을 치게 된 것 등을 알 수 있게 되었다….

S#1 애숙의 방

용민이가 애숙에게 영어학습을 지도하고 있다. 벽시계는 일곱 시를 가리키고 있다. 방구석에서 상보에 덮힌 저녁상이 놓여있다. 애숙이가 영어독본을 읽어나가면 용민이가 군데군데 발음을 교정해 준다.

용민 “리스펀시빌리티” responsibility

애숙 “리스펀시빌리티”…

용민 “피”(P)와 “비”(b)에다 액센트를 부쳐서 “리스펀시빌리티”

애숙 (따라 읽는다)

용민 됐어!! “리스펀시빌리티”가 무슨 뜻인지 아나?

애숙 (웃으며) 글쎄요. 뭐더라.

용민 책임!

애숙 오 참 책임! 맞았어요!

용민 애숙이도 이제 얼마 안 있어 대학생이 되면 잘 알게 될테지만… (약간 비꼬는 어조로) 한국 여성들은 대체적으로 책임감이 없거든!

애숙 (재빠르게 응수하며) 한국의 남성들이 책임감이 강하니까 양보해서죠!

용민 호… 애숙이의 익살도 이제 많이 늘었어! 핫하…

애숙 모두가 용민 오빠의 덕택이죠! 홋호…

용민 참 세월은 빠르기도 하지.

애숙 왜요?

용민 작년에 내가 처음으로 애숙이 집에 왔을 땐 내 얼굴도 똑바로 쳐다보지 못하는 소녀였는데…

애숙 흥! 그런게 지금은 아주 말괄량이가 되었다 이 말씀이신가요?

용민 아니지! 아주 눈치 빠른 다람쥐가 되었단 말이지.

애숙 어머나! 남의 인격을 무시해도 정도가 있지. (획 돌아앉는다)

용민 왜 다람쥐는 양에 안 차나? 그럼 큼직하게 노루라고 해둘까? 응? 노루도 청노루! 핫하…

애숙 몰라요!

용민 핫하… 우리 다람쥐께서 성이 나셨군! (하며 용민은 놀리듯 간지럽힌다) 이래도 안 웃어? 이래도?

애숙 (마침내 웃음보를 터뜨리며) 아이 몰라요! 아이 간지러워! 싫어! 오빠도…

용민 핫하…

애숙 홋호…

용민은 애숙을 등 뒤에서 정답게 안는다. 용민의 시선에는 차츰 열기가 피어난다. 애숙은 여린 소녀처럼 그대로 안겨 있다.

용민 애숙이!

애숙 예?

용민 (말없이 내려다본다)

애숙 왜 사람을 불러놓고 아무 말도 안 하세요? (하며 곁눈으로 쳐다본다)

용민 아무것도 아니야!

애숙 흥! 이렇게 한국의 남성들은 책임감이 없거든…

용민 책임감이 없다고?

애숙 남이야 어찌 되였든 자기하고 싶은대로 해 버리면 그만이라는 사고방식이 무책임하지 않고 뭐에요! 물론 우리 아버지 같은 사람은 그 대표적 인물이지만…

용민 애숙이 아버지가?

애숙 그래서 난 대학에 가게 된다면 법과를 전공할 작정이에요.

용민 왜?

애숙 남성 본위로만 되어 있는 법 때문에 그늘에서 우는 불행한 여성들을 구출하기 위해서요.

용민 좋은 생각이야.

애숙 흥! 오빠는 나를 비웃고 계시군요. 마치 너 따위 젖비린내 나는 애기가 뭣을 아느냐는 식으로…

용민 아니지! 난 애숙이가 장차 꼭 성공하리라고 믿고 기대하는 바가 많아!

애숙 적당히 놀리시는군요.

용민 애숙인 다 좋은데 그렇게 곧잘 비뚤어지는 버릇이 흠이거든!

애숙 나의 제2의 천성이죠!

용민　그럼 내가 고쳐줄까?

애숙　불가능할걸요…

용민　자신이 있어도?

애숙　어떻게요?

용민　(속삭이듯) 애숙이! (하며 애숙을 힘껏 당기며 키스를 한다. 애숙은 너무나 돌발적인 공세에 멍하니 쳐다만 보고 있다)

용민　애숙이! 내말을 들어줘! 이건 애숙이를 어린애로 취급하는 소리가 아니야! 애숙이는 이제 대학생이 될 나이니까 말이지만…

말없이 쳐다보는 애숙이의 눈에 눈물이 고여 넘친다. 애숙은 북받치는 울음을 참지 못하며 그만 밖으로 뛰어나간다.

용민　애숙이! 어디가! (하며 뛰어 나간다)

S#2 집 뜰

대문 가까이 한그루의 감나무가 서있다. 앙상한 가지에 지다 남은 잎이 한 두잎 떨고 있다. 그 아래서 애숙이가 흐느끼고 섰다. 방에서 나오는 용민이가 자책과 수치심에서 망설이며 가까이 온다.

용민　애숙이…

애숙　가까이 오지 마세요.

용민　(가까이 가려다가 제자리에 서며) 미안해… 아까는 내가… 허지만 난 애숙이를 놀리려고 한 짓은 아니야. 난 애숙이와 한집 식구로 지내 오던 동안에… 어느 때고 한번은 얘기를 할려고 했었어…

애숙　그런 얘기 싫어요…

용민　그러나 오늘은 내 얘기를 들어줘. 나도 이번 3월이면 졸업이야.

졸업하드라도 서울서 취직을 하게 되겠지만 난 시골에 계시는 아버지께 말씀드려서 애숙이의 학비는 내가 부담할 작정이야.

애숙 뭐라구요?

용민 그렇다고 오해하지는 말어! 사실인즉 아주머니께서 매일 같이 시장에 나가 가게를 보신다지만 그것으로 어떻게 애숙이의 학비를…

애숙 남의 동정을 받고 싶지는 않아요. 내가 고학을 해서라도 공부할 테니까요. 그것도 불가능하다면 학교를 단념하는 거지 남의 까닭없는 동정으로…

용민 까닭은 있지!

애숙 뭐라구요?

용민 애숙이! 난 애숙이가 대학을 나오면 결혼하겠어!

애숙 예?!

용민 사실 이런 얘기를 지금부터 말하자는 건 마치 교환조건 같애서 내 양심이 허락하지 않았지만…

애숙 오빠는 비겁해요!

용민 내 성심이야! 진정이라니까! (하며 애숙을 안으려고 하자 애숙은 뿌리친다. 이때 대문 밖에서 어머니가 부른다)

어머니 애숙아… 문 열어! 애숙아…

두 사람은 서로의 눈치만 본다. 애숙이가 눈물을 씻으며 대문을 열어 준다.

어머니 뭘하고 있어. 냉큼 나오질 않구… (어머니는 큼직한 보따리를 들고 들어오다가 마루에 걸터앉아 있는 용민을 보자 반색을 한다)

어머니 큰 학생이 있었구만…

용민 (난처하며) 지금 돌아오세요?

어머니 (마루에 걸터앉으며) 휴… 아이 어깨야… (하며 어깨를 친다. 애숙에게) 그래 저녁들은 지어 먹었니?

애숙 예…

어머니 작은 학생은?

애숙 아직 안 들어 오셨어요…

용민 아까 전차길에서 만났는데 프린트 사에 들려오겠다구요… 아마 일감이 생겼나 보죠?

어머니 작은 학생은 고생이야. 낮에는 학교에 나갈랴 밤에는 프린트 사에서 일할랴… 어유! 지금 세상은 아무리 사람이 잘 났어도 돈 없으면 쉬어빠진 술 항아리지 뭐야. (혼자소리처럼) 사람은 돈을 벌어야되! 남들은 사람 있고 돈 있다지만 역시 돈 있고 사람이거든… 홋호… (혼자서 지꺼리다가 애숙이와 용민의 풀죽은 태도를 눈치 채리자) 아니 너는 왜 거기 그렇게 장승처럼 서 있어? 응? 무슨 일이라도 있었니?

애숙 무, 무슨 일은요? (하며 마루 쪽으로 온다)

어머니 그럼. 아니 너 울었구나?

용민 (변명하듯) 저… 공부하다가 제가…

어머니 오 또 공부 못한다구 큰 학생에게 퇴박을 맞었니? 홋호… 암 못하면 퇴박 아니라 우박이라도 맞아야지. 큰 학생 그렇잖우?

용민 예? 예…

어머니 너는 그저 딴 생각말구 죽기 아니면 살기로 공부를 해서 이번에 대학교에 들어야지… 그것만이 이 애미의 소원이니까… 홋호… 그런 재미 부칠데라도 있으니까 내가 이 고생이지… 그렇잖우 큰 학생…

용민 예… 그렇죠…

어머니 참 큰 학생에겐 여러 가지로 미안해요…

용민 원 별 말씀을…

어머니 아니야 나도 말은 안했지만 속심으로는 어떻게 미안히 여긴지 몰라요. 남들은 보수를 받아가면서 가정교사를 하는 판에 큰 학생은 하숙비를 내가면서 우리 애숙이를…

용민 그게 한집에 사는 사람의 정분이죠…

어머니 그래 맞었어! 세상이란 그 인연과 정분으로 사는 거니까. 홋호… 정말 큰 학생은 경우도 밝으셔! 우리 애숙이가 대학에 합격되면 그땐 내가 한턱 톡톡히 쓰리라… 홋호…

용민 그럼 지금부터 굶어야 하겠네요? 핫하…

어머니 그래도 하숙비는 받을테니까… 홋호…

애숙 어머닌 말씀마다 돈이셔…

어머니 그럼 돈 없이 살 수 있니?

애숙 어서 들어가서 저녁이나 잡수세요… (하며 방으로 들어간다)

어머니 너도 참… 오늘은 웬일인지 밥 먹을 생각도 없구나…

용민 장사가 잘 되셨나보군요?

어머니 홋호… 그저 밑지진 않았으니까 그것도 큰 학생 덕이지 뭐유? 글쎄…

용민 제 덕이 아니라 우리 아저씨의 덕이죠.

어머니 그 아저씨도 큰 학생이 소개해 줬지 않수? 큰 학생의 아저씨가 이리저리 길잡이를 해주신 덕택으로 이젠 나 혼자 일어설 수 있게 되었지… 게다가 큰 학생이 자본까지 대주니…

용민 우리 아저씬 돈 벌이에는 귀신이거든요. 물건이 어디있다는 소식만 들으면 마치 진돗개처럼 물고 늘어지니까요…

어머니 정말이야… 참 아저씨가 그러던데 큰 학생 아버지께선 이번 민의원선거에 출마하신다면서?

용민 예…

어머니 (부드러운 듯) 학생은 얼마나 행복하우. 그런 아버지가 계시겠다 집안이 넉넉하겠다… 어유…

애숙 (방에서 고개를 내밀며 재촉하듯) 어머니!

어머니 오냐… 들어간다. 나도… 장사를 시작하더니 이렇게 잔소리가 늘었다우… 글쎄 장사치들이란 한마디로 될 일도 세마디 네마디거든… 홋호… (하며 방으로 들어간다)

뜰에 서 있는 용민은 허공을 쳐다보며 깊은 생각에 잠긴다.

S#3 동일 프린트사 간판

S#4 동일 프린트사 안

좁고 너절한 방에서 기철이와 필공(갑)이 원지를 긁고 있다. 기철이는 이따금 정신이 흐려지는 듯이 눈을 감고 심호흡을 한다. 퍽 피로하게 보인다.

필공 (돌아보며) 기철이 오늘은 웬일이야?

기철 응? 응… 컨디션이 좋지 않아…

필공 그럼 일찍 들어가서 쉬지 그래…

기철 아니 괜찮아…

필공 그러다가 진짜 병이 나면 어떻게?

기철 오늘 일은 마저 끝내야지… 별 수 있어? 살려니까. (하며 쓸쓸히 웃는다)

필공 참 자네의 고집도 여간 아냐… 난 지금까지 여러 사람과 같이 일을 해봤지만 자네같이 의지가 강한 사람은 못봤으니까…

기철　그래도 여자 앞에선 말 한마디 못하는 병신이니까… 핫하…

필공　하숙집 처녀에게?

기철　글쎄…

필공　그까지 것 문제 있어? 두말할 것 없이 두 귀를 붙잡고 늘어지면 되는 거지… 헛허…

기철　내가 개야 물고 늘어지게 핫하…

다음 순간 기철은 현기증이 나는지 손에 든 촉필을 떨어뜨리며 그만 책상 위에 쓰러진다.

기철　아…

필공　아니 이 사람이! 기철이! 기철이! 왜 이래? 응? 아니 이거 야단 났군! 의사를 불러야지. (하며 불쑥 일어나서 밖으로 뛰어 나간다)

S#5 병원 진찰실 앞

진찰실이라는 글자가 쓰여진 도아가 열리며 의사가 나온다. 뒤따라 필공 갑이 나온다.

필공　선생님!

의사　(사무적으로) 뭐 그렇게 걱정할 정도는 아니요. 과로에다 전반적인 허약에서 오는 뇌빈혈이니까…

필공　뇌빈혈이요?

의사　며칠 동안 안정을 시키면 되요. 가족이요?

필공　아. 아닙니다. 저 친굽니다.

의사　그래요. 그럼 가족에게 알려서 치료를 해야지 입원을 시킨다든가…

필공 (난처하며) 입원은 어려울겝니다. 객지에서 고학을 하는 처지라…

의사 어떻든 좋도록 하시요.

필공 예. 감사합니다.

S#6 기철의 방 ※ 애숙의 방을 장식만 달리 사용하여 겸해서 써도 가능함

자리에 누워있는 기철이의 머리맡에 애숙이가 앉아서 걱정스런 표정으로 내려다 보고 있다. 그녀는 옆에 놓인 대야에 수건을 적셔서 기철의 이마를 식혀준다.

기철 (눈을 가늘게 뜨며) 그만 나가봐요.

애숙 제 걱정일랑 말고 어서 일어나셔야죠…

기철 여러 가지로 미안해…

애숙 아이 참…

기철 오늘이 며칠이지?

애숙 2월 20일이에요.

기철 그럼 내가 누운지가…

애숙 나흘째에요… 허지만 그런 염려 마시고 푹 쉬세요…

기철 그렇지만… 아… (괴로운 듯이 눈을 감는다)

다음 순간 눈물이 흘러내린다.

애숙 (측은해지며) 너무… 상심마시라니까…

기철 (눈을 감은 채) 정말… 미안해… 요즈음 시험 준비도 바쁠텐데…

애숙 제 걱정을 다…

기철 난 정말 복도 없는 놈이야… 그것 좀 해서 돈을 벌려는데도 하나님은 나에게 그것조차 허락하시지 않으시니…

애숙 (울음을 참으며 일부러 명랑하게) 언제는 하나님의 허락을 받고 시작했던가요?

기철 애숙이…

애숙 예?

기철 (야윈 손을 내밀며) 미안해요…

애숙 작은 학생은 그저 미안하다는 말밖에 모르시나?

기철 난. 난… (하며 운다)

애숙 왜 이러세요? 네? (하며 기철의 손을 쥐어준다. 기철은 더욱 힘을 주어 애숙의 손을 쥔다)

기철 어머니께서 언짢게 여기실텐데 그만 나가봐요…

애숙 별말씀을…

기철 하숙비도 제대로 못 내고… 이 형처럼 애숙이 공부도 돌봐주지 못한 처지에 이렇게 병까지…

애숙 정말 작은 학생은 신경과민이세요. 그런 사소한 일까지 꼬치꼬치 캐 내시니 병이 안 나겠어요…

기철 천성인 걸… 할 수 없이… 난 이렇게 혼자서 속만 태우고 썩히다가 죽어 버릴꺼야… 아…

애숙 마음을 굳세게 가지셔야지. 이러시면 못써요… 네? 그리고 심부름 시킬 일 있으면 제게 말씀하세요…

기철 정말 미안해…

애숙 또 미안타령하셔… 홋호…

S#7 대문 앞

어머니가 들어오다가 창에 미치는 두 사람의 그림자를 보고 주춤선다. 두 그림자는 자츰 접근해간다. 어머니는 어찌할 바를 모른다.

어머니　(날카롭게) 애숙아… 애숙이 어디 나갔니? (하며 마루에 덥석 걸터 앉는다. 그 바람에 두 그림자 떨어진다)

애숙　(방에서 나오며) 어머니…

어머니　(일부러 태연하게) 너 거기서 뭘하고 있니?

애숙　저 작은 학생 약 좀 갖다 주느라구요… (하며 옆에 와서 앉는다)

어머니　약?

애숙　어머니 진지는요?

어머니　밖에서 먹었다… 얘, 애숙아…

애숙　예?

어머니　너 왜 작은 학생 방에 자주 들락거리니?

애숙　원 어머니두… 앓는 사람을 혼자 있게 할 수는 없지 않우?

어머니　일도 없구나 너는…

애숙　그럼 뭘 하란 말이에요 집에서…

어머니　시험준비는 언제 하려구…

애숙　저 대학엔 안 가겠어요!

어머니　뭐?! 아니 너 미쳤어!

애숙　여러 가지로 생각한 나머지에…

어머니　듣기싫다! 한두 살 먹은 어린애도 아니고…

애숙　어린애가 아니니까 그만 두겠다는 거에요.

어머니　뭐라고?

애숙　우리 형편에 내가 대학엘 가게 되었어요?

어머니　그게 이 애미의 소원이라니까…

애숙　허지만 빚을 지면서까지 공부할 필요는 없다고 봐요.

어머니　빚이라니?

애숙　어머닌 제가 아무것도 모르는 줄 아시지만 어머니가 장사를 시작할 때 자본이 어디서 나온 것이 쯤은 알고 있어요.

어머니 그래 큰 학생 아저씨에게 빚을 냈어!

애숙 큰 학생의 아저씨가 아니라 바로 큰 학생한테서죠!

어머니 (약간 당황하며) 그렇기로 어쨌단 말이냐? 갚으면 되지 않어.

애숙 (반항적으로) 어떻게 갚아요? 무엇으로 어떻게…

어머니 아니 이 애가 갑자기 산삼을 먹었나? 왜 이 야단이야 야단이?

애숙 (수그러지며) 어머니 저 이번에 고등학교를 나오면 취직을 하겠어요. 그래서 그 빚을 갚고 그 다음부턴 우리 힘으로…

어머니 (날카롭게) 애숙아!

애숙 예?

어머니 (턱으로 기철을 방을 가리키며) 너 작은 학생에게서 무슨 허튼 소리를 들은게로구나?

애숙 허튼소리라뇨?

어머니 흥! 요즈음 네가 부지런히 저방에 드나들더니… (갑자기 기철에 대한 분노를 돋구며) 아니 병을 앓으면 앓았지 왠 모사냐 모사가?

애숙 어머니 그게 무슨 말씀이에요?

어머니 남이 대학엘 가건 시집을 가건 무슨 상관이냔 말이야! 상관이…

애숙 어머니!

어머니 나 원 기가막혀서… 그래 식비도 꼬박꼬박 내주지도 못하는 주제에 그래 철없는 애에게 속삭거리다니… 싫으면 나가라지!

애숙 어머니! 작은 학생이 뭐랬다고 이리 역정을 내세요? 작은 학생은 지금…

어머니 너도 속 채려! 애미가 보따리 장사 하는 게 다 누구 때문인 줄 모르는 나이는 아닐텐데… 나는 이 세상에서 너 밖에 믿을 데라고는 없어! 이 살을 깎고 뼈를 갈더라도 너만은 문벌좋고 재산많은 집안에 시집보내서 편히 살리자는 욕심뿐이야! 그런데 제가 뭐라고…

애숙 어머니! 너무하세요! 그건 너무 하신 말씀이에요… (하며 마룻바닥에 엎드려 운다. 잔물결 치는 애숙의 등을 서서히 쓰다듬어주는 어머니의 뺨에 눈물이 흘러내린다)

어머니 (부드럽게) 애숙아… 그만 들어가자. 응? 너는 내가 성을 냈다고만 생각할지 모르겠지만 이 애미의 마음은 네 얼굴을 보고 자라나는 꽃이란다. 네가 웃으면 나도 피고 네가 울면 나도 시들어지는 꽃이야… (다시 분노가 커지며) 그러니까 너를 갉아먹는 벌레가 생겼을 땐 나는 그 벌레를 그대로 두진 못한단 말이다! 애숙아! 알겠니?

애숙 어머니!

어머니 자 어서 안으로 들어가자!

두 사람 일어서서 방으로 들어간다.

S#8 기철의 방

자리에 누워 있는 기철의 얼굴은 눈물로 젖었고 그는 소리를 죽여가며 울고 있다.

기철 (속삭이듯 중얼거린다) 알고 있어요… 아주머니… 난 다 알고 있어요… 그렇지만 내가 뭐라고 했어요? 나같은 못난이가 뭘 했다고… 난 불쌍한 놈이에요. 부모도 없고 돈도 없고… 허지만 사랑조차 갖지 말라는 법은 없지 않아요? 아! 애숙이! 고마워! 나는 애숙이를 동생처럼 아꼈어! 그러나 지금은 사랑하고 있어! 그렇지만 그늘에서 피는 꽃이 얼마나 연약하고 허망한 것인가도 알고 있어… 염려 마! 애숙이를 진정으로 사랑하기 때문에 나는 죽을 때까지 한마디도 못한 거야! 아!…

기철은 비로소 목을 놓아 울기 시작한다.

S#9 뜰과 마루

마루 앞 섬돌에 두 켤레의 남자 구두와 두 켤레의 여자 신이 가즈런히 놓여있다.

방안에 명랑한 웃음소리가 흘러나온다. 잠시 후 어머니, 이웅, 용민, 애숙이가 나온다. 이제는 말쑥한 청년신사가 된 용민이와 여대생이 된 애숙이는 어느 모로 보나 애인 같이 보인다.

이웅　헛허… 잘 먹고 잘 놀고 갑니다…

어머니　일부러 오십사고 청해놓고도 뭐 있었나요? 훗…

이웅　아닙니다. 그만하면 일류 요리집도 무색할 솜씨인데요… 핫하… 게다가 그 도미찜은 천하의 별미인데요… 거 다먹지 못한 게 유감이오…

용민　그럼 남은 것을 주머니에 넣어가지고 가세요!

이웅　에끼놈! 국물만 없어도 가졌가겠다만…

용민　염려없어요. '비밀' 보자기에 싸면…

이웅　'비밀' 보자기?

용민　밀수하는 사람들이 늘 한다죠? 물건을 가져오다가 들키게되면 그 '비밀' 보자기에다가 싸서 바다 속에 내 던졌다가 나중에…

이웅　너는 모르는게 없구나!

용민　아주머니 그걸 무어라 하는지 아세요?

어머니　글쎄…

용민　애숙이도 몰라?

애숙　모르겠는데요…

용민　그걸 밀수업자들 사이에선 설사라고 한데요… 그렇죠 아저씨?

이웅 헛허 네말이 맞았어! 설사야…

어머니 어머나…

애숙 아이 더러워…

일동은 소리높여 웃는다.

이웅 (시계를 보며) 아 시간이 다 됐군! 그럼 가봐야 겠는데…

어머니 저 그럼 언제쯤 올라오게 되나?

용민 이주일? 넉넉잡고 삼주일이면 올라오겠죠. 선거가 끝나면 곧 올라 올테니까요…

어머니 어르신께서 당선되는 일도 중하지만 우리 애숙이 얘기도 꼭 성사를 시켜주어야지.

용민 염려마세요. 게다가 아저씨가 오늘 이렇게 정식으로 아버지 대신 선을 보셨으니까 문제 없어요! 그렇죠? 아저씨.

이웅 암… 오늘 이렇게 진수성찬으로 대접을 받은 은혜를 생각해서라도 내가 유리하게 조언하죠!

어머니 감사합니다. 이 선생님께서 그렇게 말씀해주시니 저는 일이 다 된거나 다름없는 것으로 알고 기다리겠습니다.

이웅 염려마세요. 용민아! 가자…

용민 예… 아주머니…

이웅 이왕이면 '장모' 그러지. 핫하…

용민 애숙이 잘 있어! 내 곧 돌아올테니까…

애숙 예…

어머니 몸 조심해요. 그리고 내려가는 대로 편지하는 걸 잊지말고…

용민 예…

세 사람이 문밖으로 나가자 애숙은 허공을 쳐다보며 눈물을 짓는다.

(F.O)

제4회

1959년 2월 3일 방송

· **등장인물**

최애숙 (후반부엔 애선이라고 부름) 김복희

어머니 고은정

임기철 배준용

한윤수 최진하

매담 (빠아 피카소의 경영주)

담배장수

지나가는 사나이

이용민 김순철

다방 추억의 매담 최애리가 서울을 떠나 어느 시골로 떠나려든 밤에 어떤 허수룩한 사나이가 나타나서 애리와 몇 마디 승갱이를 하더니 사나이는 포켙에서 권총을 뽑았다. 이때 한윤수라는 사람이 마침 들어와 이를 말리려하자 사나이는 한윤수를 향하여 방아쇠를 잡아 당겼다. 쓸어지는 한윤수를 본 애리는 발악을 하자 두 번째의 총알이 애리를 넘어뜨렸다. 두 사람의 시체를 내려다보는 사나이는 끓어오르는 양심의 가책에선지 그 권총으로 자결한다. 하루저녁 같은 장소에서 세 사람의 시체를 발견한 수사당국은 긴장된다. 그런데 수사도중 애리의 일기를 입수케되어 사건의 전모를 알 수 있게 되었다. 애리는 과거의 어떤 기생이 낳은 사생아로서 생활난으로 애숙(애리의 본명)의 집에 하숙생을 치게 되었다. 하숙생으로 들어온 이용민과 임기철은 둘이 다 애숙을 사랑한다. 그러나 그녀의 어머니는 가난한 고학생 임기철보다 자기의 장사밑천까지 대주는 부잣집 아들 용민이와 결혼할 것을 강요한다. 그렇지만 애숙은 기철이를 사랑하였으나 어찌 할 수가 없었다. 그러던 어느 날 용민의 아버지가 국회의원으로 출마케 되어 용민은 선거운동 차 지방으로 내려가게 됐던 것이다.

S#1 애숙의 집 마루

애숙이가 마루 끝에 앉아서 육아법에 관한 그림책을 읽고 있다. 그녀의 차림이나 용모는 어딘지 고달프고 무거워 보인다. '임신 중에 주의할 일'이라는 타이틀이 뚜렷이 나타나 보인다.

애숙 (중얼거리듯) … 예를 들면 무거운 짐을 진다든가 정신적으로 심한 타격을 받게 되면 그것은 곧 태아에게까지 그 영향이 미친다. 따라서 임신 중에는 세밀한 점까지 주의해야 하며 하이힐을 신고 다니거나 높이 달린 전등을 끄는 따위도 삼가해야 한다….

(힐쭉 웃으며) (혼자소리로) 어머나… 이렇게까지 신경을 써야 하나? (다음 순간 어떤 음산한 그림자가 얼굴을 가리자 애숙은 깊은 한숨을 내뱉는다)

이때 대문 밖에 인기척이 나더니 "편지요!" 하는 소리와 함께 편지가 떨어진다.

애숙 편지? 아! 그이 한테서야! (하며 뛰어가 편지를 줍니다) 앗! 용민씨! (그녀는 반가움에 솟아오는 눈물을 씻으며 소녀처럼 편지를 꺼내 읽는다. 그러나 그녀의 표정은 차츰 어둠과 놀라움과 슬픔으로 변해간다) (용민의 목소리) "애숙이! 그동안 얼마나 나를 욕하고 원망했소! 아니 애숙이보다 어머니께서 더 심했을 거야. 그러나 나는 애숙이 이상으로 괴롭고 절망적인 시간의 연속 속에서 살다가 이제는 지쳐 버렸소! 애숙이 내가 편지 쓸 수 있는 자격이 있는지조차 모르겠소! 왜냐구? 그건… 아… 나에게는 이제 설명해야 할 친절과 용기도 없소! 결론부터 말하자면 나는 다른 여자와 결혼하게 되였소! 아버지는 지난 선거 때 낙선된 쓰라림보다 남에게 진 빚 때문에 집안이 엉망이요. 그래서…

애숙은 그 이상 편지를 계속하지 못하고 그만 마루에 쓰러져 운다. 이때 대문이 열리며 어머니가 들어선다. 시장에서 돌아오는지 보따리를 들었다.

어머니 아니 방에 들어가 누워 있쟎구… (하며 마루에 앉는다)

애숙 (반사적으로 울음을 그치고는 편지를 감추며) 이제 오세요…

어머니 왜 너 몸이라도 괴롭니?

애숙 예… 좀…

어머니 (긴 한숨) 어유… 빌어먹을 작자 같으니… 넉넉잡고 이주일이면 돌아온다는 소리는 고사하고 편지 한 장 쓰지도 못한담? 벌써 두 달째 아냐? 어유… 애숙아… 이거 아무래도 무슨…

애숙 어머니…

어머니 응? 왜?

애숙 (편지를 보일까 말까 망서리듯) 편지 왔어요…

어머니 (얼굴이 활짝 개이며) 뭐? 편지가? 큰 학생한테서 말이냐?

애숙 (고개만 끄덕인다)

어머니 그래 뭐라구? 응? 편지는 어디 있니? 언제 온다던? 말 좀해라 얘야…

애숙 어머니! (하며 편지를 어머니 앞에 내던지 듯 놓고는 뛰어 들어간다)

어머니는 불길한 예감에 사로잡히며 서서히 편지를 편다.

S#2 애숙의 방

책상에 엎드려 우는 애숙은 고개를 들어 울부짖듯 벽에 걸린 용민이의 사진에게 말을 던진다.

애숙 잘 하셨어요! 용민 씨가 그렇게 희생정신이 강할 줄은 몰랐어요. (차츰 증오에 찬 눈초리로) 부모와 집안을 위해서라면 사랑도 희생할 수 있는 용민 씨는 참 부럽군요! 그렇지만 나는 어떻게 되는 거에요? 나는 누구를 위해서 희생하란 말이에요? 게다가 내 몸 안에서 꿈틀거리는 또 하나의 생명은… 아…

이때 어머니가 방에 들어서다가 애숙의 말을 듣고는 크게 놀란다.

어머니 애숙아…

애숙 어머니…

어머니 (날카롭게) 그럼 넌 큰 학생에게 이미…

애숙 어머니 저를 죽여주세요… 전 죽고만 싶어요. 어머니!

어머니 아… 우리가 속았구나! 속았어…

애숙 아니에요. 어머니…

어머니 듣기 싫다. 내 이렇게 될 줄 알았지. 세상에 남자들이란 다 그렇다니까… 도적놈! 날강도 같으니…

애숙 어머니 그렇지만 용민 씨는…

어머니 흥! 독사에게 한번 물린 네가 또 물리다니… 어유 야박도 하지… 이 일을 어쩌면 좋단 말이야…

애숙 모두가 우리 잘못이었어요…

어머니 뭐가 잘못이란 말이냐?

애숙 어머니가 용민 씨를 믿은 것도 잘못이었고…

어머니 그래 이제 와선 애미 탓이냐?

애숙 그리고 제가 그 꼬임에 넘어간 것도 어리석었고요…

어머니 이 못난 것아! 그래 어쩌자구 그 놈에게…

애숙 어머니!

애숙이가 어머니 품에 안기자 어머니는 애숙의 등과 어깨를 쓰다듬어 준다. 그러나 다음 순간 애숙은 의식이 흐려지며 그만 실신상태에 빠진다.

어머니 아니 얘! 애숙아! 애숙아! 정신차려! 애숙아! 아 이걸… 의사를 불러와야지! (하며 급히 밖으로 뛰어 나간다)

벽에 걸린 용민의 얼굴이 크로스업 된다.

(F.O)

S#3 애숙의 방

(F.I)

애숙이가 자리에 누워있다. 헝클어진 머리와 옷매무새도 그녀의 모습이 더욱 처량하게 보인다. 어머니가 약그릇을 들고 들어온다.

어머니 얘 약 가져왔다.

애숙 어머니… 그만 두시라니까 또 약을 지어 오셨어요?

어머니 우선 살고 봐야지.

애숙 살면 뭘해요. 차라리…

어머니 애미 앞에서 잘하는 소리구나! 어떻든 약이나 마셔라. 자…

애숙 (마지못해 일어서며) 정말 이제 약 지어오지 마세요… (하며 약그릇을 받아 마신다)

어머니 잔소리 말고 어서 일어나도록 해라. 그리고 그 녀석 일은 깨끗이 잊어버려!

애숙 (허세를 부리며) 누가 생각이라도 하나요?

어머니 이젠 우리가 살아 나갈 일이 더 걱정이다. 게다가 네가 해산을 하게 되면…

애숙 알았어요. 어머니…

어머니 어휴 어떻게 되는 판인지 원…

애숙 어머니 시장엔 안 나가셔도 되요?

어머니 옆집사람에게 부탁하고 일찍 돌아왔다.

애숙 미안해요. 어머니…

어머니 듣기 싫다! (한숨 짓는다)

S#4 애숙의 집 마당

이때 대문 안에 임기철이가 들어선다. 전보다는 훨씬 건강하고 여유 있어 보이는 말쑥한 차림이다.

기철 아주머니. 아주머니 안 계세요?

어머니 (소리만) 누구 왔수?

기철 예. 접니다. 임기철이에요.

어머니 (나와서 기철을 바라보며) 아니 작은 학생 아니우?

기철 아주머니. 안녕하셨어요?

어머니 어이구 오래간만이군요… 자 어서 올라와요.

기철 마침 계셨군요. 난 혹시 안 계시면 어떡하나 하고…

어머니 자 어서 올라와요. 참 우리 애숙이가 몸이 편치가 않아서…

기철 예? 애숙 씨가요?

어머니 뭐 병이래야 다 아는 병이지만 서두… 어서 올라와요.

기철 예…

S#5 애숙의 방

밖에서 들려오는 소리를 듣고 있던 애숙은 머리를 쓰다듬고 옷섶을 여미고 앉아 있다. 방에 들어선 기철과 애숙이의 시선이 잠시 동안 말없이 부딪힌다.

어머니 자 앉아요.

기철 예… (앉으며 애숙에게) 그동안 어머니 모시고 염려가 많으셨죠?

애숙 아뇨…

기철 그래 어디가 편찮으신데…

애숙 (당황하며) 아니… 머리가 좀 아파서…

어머니　아마 감기인가봐…

기철　그래요?

어머니　참 작은 학생은 신수가 활짝 피었군요? 지금 어디 나가우?

기철　학교를 졸업한 후 무역회사에 취직했죠…

어머니　무역회사엘?

기철　예 진작이라도 한번 놀러 온다면서도… 그저 놀기에 바빠서요… (그렇게 말하는 동안에도 그의 시선은 애숙에게로만 간다)

어머니　참 얘기를 해요. 내 가서 과일 좀 사올테니까…

기철　괜찮습니다.

어머니　그래도 한때는 우리집 식구였는데… 홋호… (하며 밖으로 나간다)

기철　(열기를 띈 시선으로 속삭이듯) 애숙 씨! 만나보구 싶었소!

애숙　(소리없이 울기 시작한다)

기철　내가 찾아온 게 잘못일까?

애숙　저를 놀리시는군요!

기철　천만에… (다가 앉으며) 용민 군을 만나서 대강 소식 들었지요.

애숙　(놀라며) 예? 용민 씨를 만나셨어요? 언제요?

기철　5일 쯤에 명동 어느 다방에서…

애숙　명동서요?

기철　그 친구는 언제봐도 자신만만한 태도가 부럽더군요! 공부도 잘 했고 연애도 잘 했고 게다가…

애숙　아… (이불에 쓰러져 운다)

기철　아니 왜 이러시오? 애숙 씨! 내 말을 오해하지는 마오. 이렇게 말한다고 나는 과거의 우리 사이를 바탕으로 해서 말하는 건 아니니까요. 그때는 내가 어렸고 바보였으니까요. 그러나 지금은 나도 어느 정도의 자신이 생겨서…

애숙　기철 씨! 용서하세요!

기철 용서라니! 핫하… 아니 언제 내게 대하여 무슨 잘못이 있었나요? 도리어 내가 댁에 하숙하고 있던 시절엔 신세를 졌는데… 특히 애숙 씨에겐…

애숙 (엄숙할만치 침착하게) 기철 씨!

기철 예?

애숙 용민 씨와 만난 얘기는 좀 더 자세히 얘기해 주세요! 제 얘긴 안 하던가요?

기철 아 그 얘기도 왜 안 하겠어요… 졸업한 후 한 번도 놀러가지 못했다는 얘기며 아버지가 입후보했다가 낙선되자 어려서부터 잘 아는 사이의 부잣집 처녀와 결혼했다는 얘기도…

애숙 그럼 그게 사실이군요…

기철 뭐가요?

애숙 아무 일도 아니에요… 아무 일도…

기철 나도 그 얘길 들었을 땐 적지 않게 놀랬지요. 애숙 씨와는 어떤 일이 있더라도 결혼할 것 같은 그 열정이 그렇게 쉽사리 식을 수 있을까 하구요…

애숙 (슬픔을 억제하며) 열정만으로 결혼할 수 있나요?

기철 하긴 그렇기도 하지만… 또 나 같이 열정이 없어도 연애 한번 못 하지만 헛허…

애숙 (다시 울음이 북받치며) 용서하세요. 기철 씨가 나를 얼마나 경멸하셨을까 하고 혼자서 생각하노라면…

기철 별 말씀을… 모두가 지나간 꿈이라고 해둡시다. 어렸을 때의 달콤한 감상벽이라고요…

애숙 그렇지만 저는 그때…

기철 내가 좀 더 용감하고 뻔뻔스러웠던들 내 첫사랑은 꽃을 피웠을 겝니다만…

애숙 기철 씨! 저는…

기철 애숙 씨! 말을 안 해줘도 다 알고 있어! 서로 사랑하는 사람 사이엔 말이라는 게 필요하지 않은 때가 많으니까!

애숙 (하고 싶은 얘기를 속 시원하게 털어 놓지 못한 안타까움에서) 아니에요! 그건 제가…

기철 애숙 씨! (하면 애숙의 손목을 쥔다) 내가 오늘 찾아 온건 애숙 씨를 위해서가 아니라 나를 위해서요!

애숙 예?

기철 나는 과거를 묻고 싶지는 않소! 아니 과거를 물어도 내가 애숙 씨에 대한 사랑이 용민 군의 그것보다 약하지는 않았다는 것을 자부할 수 있소!

애숙 잘 알고 있어요. 기철 씨가 그때 아직 성하지도 못한 몸을 이끌고 하숙을 옮겨 갔을 때 저는 정말이지 죽고만 싶었어요. 그러나 시간이 흐름에 따라 그 상처도 아물어지는 것 같더니만…

기철 그러기에 시인들은 여자를 원망했는가 보죠. 헛허…

애숙 그럴지도 몰라요.

기철 애숙 씨! 제 청을 들어주겠어요?

애숙 청이라뇨?

기철 단적으로 말하자면 나와 결혼해 주십시요!

애숙 예?

기철 이미 일 년 전에 말해야 할 내 마음을 이제야 펴 보이는 셈이 되었습니다만… 받아주시죠?

애숙 그렇지만 저는 이미…

기철 용민 군과의 관계는 묻지 않겠다고 했잖아요? 더구나 그 문제는 솔직히 말해서 애숙 씨 어머니가 더 서둘렀던 것이고 보면 애숙 씨의 마음은 나도 어느 정도는 알 수 있지요. 어떨까요?

애숙　그렇지만 저는 그 누구하고도 결혼할 자격이 없어요.

기철　그건 애숙 씨의 너무나 청렴한 마음에서 나오는 말이죠. 요즘 세상엔 결혼해서 애를 가진 자가 또 다른 남자를 따라가는 판인데 애숙 씨가 한때 용민 군에게 사랑을 바쳤다는 그것이 뭐가 대견한 이유가 됩니까? 그렇잖아요?

애숙　아! (하면 엎드려 운다)

기철　(다가앉으며) 이것은 나의 진심이니까요. 자 대답을 해주세요.

애숙　기철 씨 저는 못해요. 그것만은 받아 드릴 수 없어요!

기철　그 이유는?

애숙　이유요?

기철　나를 사랑하고 있지 않소?

애숙　과거엔 사랑했어도 그러나 지금은 사랑할 자격이 없어요.

기철　사랑할 자격이 없다구요?

애숙　아니 내가 기철 씨의 사랑을 받아드릴 자격이 없어요!

기철　도대체 무슨 얘기요? 옳지! 아직도 용민 군을 못 잊겠다는 미련에서인가요?

애숙　좋을대로 추측해 주세요…

이때 과일을 사들고 온 어머니가 방문 앞에서 엿듣고 있다가 무슨 결심이라도 하듯이 방으로 들어선다. 두 사람은 재빠르게 떨어져 앉는다.

어머니　(앉으며) 뭐가 있어야지! 참 밖에선 야단이던데…

기철　뭐가요?

어머니　앞집 복덕방 할아버지가 그러던데 삼팔선에서 전쟁이 일어났다는구먼…

기철　전쟁이요?

어머니　글쎄 그렇대요. 빨갱이들이 제 마음대로 38선을 넘어왔다구… 어휴 어떻게 되어가는 속인지 원… 자 하나 들어봐요.

기철　거 불안한대요. 저는 이만 실례하겠습니다. 회사에도 좀 들려 보겠어요… 또 놀러오죠!

어머니　그럼 종종 놀러와요. 우리 애숙이도 심심한데…

기철　예… 그럼 안녕히 계세요.

기철이와 어머니가 나가자 애숙은 이불에 얼굴을 파묻고 운다. 잠시 후 들어선 어머니가 꾸짖듯이 말을 건다.

어머니　애숙아! 넌 무슨 쓸데없는 소릴 할려는 거냐?

애숙　쓸데없는 소리라뇨?

어머니　아까 너희 둘이서 하던 얘기 다 들었다만 일은 잘 됐잖니!

애숙　예?

어머니　잔소리 말고 이다음에 기철이가 와서 청혼을 하면 두말말고 승락을 해라. 그래서 빨리 결혼하도록 해!

애숙　어머니 그걸 말이라고 하세요?

어머니　내말이 그럼 술이란 말이냐? 그렇게 하는 것만이 너와 그리고 그 뱃속의 어린 것을 위한 길이다. 하늘이 무너져도 솟아날 구멍은 있다는 말 아니? 훗흐…

애숙　어머니…

인서트 (INSERT)

6.25전쟁을 알리는 「타이틀」과 작렬하는 폭탄.

강처럼 흘러가는 피난민의 무리.

부산 시가 풍경.

네온이 번쩍이는 환락가.

S#6 바아 피카소의 내부

바아에 걸터앉아서 용민이가 술을 마시고 있다. 만취가 되어서 혀가 잘 돌아가지 않는 소리만 지르며 영겊어 술을 마시고 있다. 그 옆에 한윤수와 매담이 술을 마시고 있다. 윤수는 군복에 카메라를 짊어졌다.

용민 술… 매담… 나에게 술 아니면 사랑을 다오! 헛허…

매담 (윤수에게) 잠간 기다리세요. 저 친구 좀 쫒아버리고 올게… 홋호… (용민 쪽으로 돌아앉으며) 여보… 이제 그만 하시고 돌아가세요…

용민 나보고 돌아가라? 헹! 갈 곳이 있어야 가지…

매담 그럼 여기서 주무시려구? 홋호…

용민 잔소리 말고 술!

매담 술도 좋지만 외상값 갚으실 것도 생각하셔야죠. 이제 잡힐 물건도 없으시면서… 홋호… 자 오늘은 이만 돌아가세요…

용민 돈 떨어지자 사랑도 떨어졌다. 아! 그리고 보면 우리 애숙이가 제일이었어… 애숙이… 애숙이…

매담 흥! 또 사랑타령이시군…

용민 이제 만나면 사랑을 할 수 있어! 내가 나쁜 놈이었지. 그렇지만 나는… 나는… 애숙이… (비틀거리며 나간다)

매담 흥! 애숙인지 애숭인지 알게 뭐람! (윤수에게) 자 드세요…

윤수 애숙이가 누구야?

매담 밤낮 하는 소리로 봐서는 애인을 찾아다니는가 봐요.

윤수 나는 누이를 찾아다니고 그는 애인을 찾아다니고…

매담　홋호… 이렇게 찾아다니기만 하고 찾아오는 사람은 없으니 세상은 불공평하죠?

윤수　그렇게 항상 손해 보는 편은 남자지! 핫하…

담배 파는 소년이 옆에 와서 선다.

소년　아저씨 담배나 껌 사세요.

매담　안사 저리가!

소년　사 주세요!

윤수　좋아. 껌 하나 내놔라. (바라보며 말한다)

소년　예, 여기 있어요. (껌과 돈을 바꾸며) 감사합니다.

윤수　얘. 너 부산에 있는 술집은 대게 돌아다니지?

소년　예?

윤수　그럼 너 혹시 이런 여자 못 봤니?

하며 사진을 내보인다. 애띤 여학생복의 사진이다. 애숙을 닮았다.

소년　(갸우뚱하며) 글쎄요… 모르겠는데요…

윤수　혹시 만나면 이 매담에게 전해 줘! 알겠니?

소년　예… 감사합니다. (하며 나간다)

윤수　나도 이만 일어설까?… (돈을 꺼내 주며) 또 들리겠소.

매담　고맙습니다. 또 오세요…

S#7 거리(사창굴)

어스름한 담벽 밑 희부연 가로등이 비추는 곳에 애선이가 누굴 기다리듯 오락가락 한다. 술 취한 사나이가 자전거를 끌고 지나간다.

애선 아저씨… 노시다 가세요. 네… (하며 매달린다)

사나이 놔! 이 밤중에 어디서 놀아! (하며 애선이를 떠민다) 빌어먹을 …

애선 흥! 꼴에 사납게 굴긴…

사나이 뭐야?!

애선 뭐는 뭐래요! 싫으면 싫었지 사람을 칠 필요는 없잖아!

사나이 아니 이게 어디서 굴러온 말뚱이랴? 응? 재수없게!

애선 별로 재수있게 생기지도 못하면서 도도하게 굴어!

사나이 뭣이? (하며 자전거를 세워놓고 덤빈다)

애선 때려요. 때려!

사나이 아니 이게!

이때 지나가는 윤수가 싸움을 말린다.

윤수 노형 왜 이러시요? 자 이손을 놓으세요!

사나이 글쎄 저게 마구 사람을 깔보지 않아요! 내 참…

애선 깔볼 건덕지도 없는 주제에…

사나이 뭣이?

윤수 참으세요. 이런 여자들이란 다 아는 속 아니요. 자 돌아가세요.

사나이 내참 꿈자리가 사납게 시리… (하며 간다)

애선 아저씨! 너무 빼기지 말아요!

윤수 나 말이야?

애선 그럼 도깨비 보고 말한 줄 알고 계세요? 담배 있으면 하나 피어 봅시다요!

윤수 담배? (담배를 꺼내 준다)

애선 아니 이이가 귓창이 이중으로 되었나? 말끝마다 되묻게… (하며 피어문다)

윤수 (뚫어지게 애선을 바라보며) 이름이 뭐지?

애선 이름이요? 애선… 최애선이에요.

윤수 고향은?

애선 아니 밤중에 호적조사 나왔수? 홋호… 서울이에요. 다음은?

윤수 아니 내가 찾고 있는 사람과 닮았기에…

애선 그래요? 그것 참 멋진 얘기군요. 같이 가실 가요?

윤수 어딜?

애선 어디든지… 호텔도 좋구 무허가 하숙집도 좋구… 난 집도 절도 없는 갈매기라니까요. 하룻밤 새면 그것이 내 집이에요. 데려다 줘요… 네?

윤수 몇 살이디?

애선 퇴니 화이브(twenty five) 흥 나이가 많아서 마땅치 않으세요?

윤수 (혼자 소리로) 그 애와 꼭 같은 나이야…

애선 어떻든 어디 들어앉아서 얘기해요!

윤수 어린애는 없어?

애선 하나 있었는데 날렸죠. 이제 내게 매달린 거라고는 하나도 없어요.

윤수 그래…

애선 아저씨 청대로 대답했으니까 이번엔 제 청도 들어줘야죠!

윤수 무슨 청?

애선 실은 저 배가 고파요. 점심 때 국수 한 그릇 먹었을 뿐! 저녁 사시겠어요?

윤수는 잠시 애선을 바라본다.

윤수 사지!

애선 오우 완다풀!(Oh! wonderful!) 정말 아저씬 젠틀맨이야! 홋호…

그렇지만 겁내실 건 없어요. 비빔밥 한 그릇이면 넉넉허니까요.

윤수 (명랑하게) 두 그릇쯤 살 용의는 있으니 안심해!

애선 오우! 몇 해만에 만난 기적이에요. 오늘밤은 선생님하고 얘기하고 싶어요.

윤수 아저씨가 벌써 선생님으로 승격했군! 핫하…

애선 어쩐지 그렇게만 느껴지는데요. 홋호…

윤수 핫하… 자 가지!

(F.O)

제5회

1959년 1월 20일 방송

· **등장인물**

수사주임

애숙(애리의 본명, 여고생)

채봉(그녀의 어머니)

최연호(그녀의 아버지)

김형사

농주(채봉의 친구)

주객(갑)

수사계장

서장

애숙의 어릴 때(오촌 정도)

S#1 수사주임실

수사주임이 신문을 읽고 있다. 화면에 다음과 같은 기사가 크로즈업 된다.

「치정? 원한? 다방 추억에 심야의 참극 가・피해자의 시신은 오리무중!」

주임 (담배연기를 길게 뿜으며) 신문기자란 그저 어마어마한 단어를 쓰기 좋아하건든…

이때 전화벨이 울린다.

주임 (전화를 받으며) 예… 예? 오 김 형사야? 응… 나야… (긴장을 하며) 뭣이? 음. 그건 정말 유력한 단서가 되겠는데… 아무튼 곧 가져오게… 응… 글쎄 오늘 석간신문 봤지? 사흘이 지나도록 사건의 진상을 파악 못한 우리를 비꼬는 듯한 기사가 아닌가… 음 기다리겠네! (수화기를 걸고는 용기를 얻으며) 그것만 있으면 사건의 진상을 봄 눈 녹듯이 풀릴 걸! (다시 전화 다이얼을 돌리며) 아. 여보세요. 계장님 좀 바꾸어 주세요. 여기 주임실이요. (사이) 계장님이세요? 접니다.

S#2 수사계장실 (전화)

계장 응? 여자의 일기가? 그거 잘 됐군! 그럼 수사의 진전이 되는대로 곧 보고하게! 음… 서장님에게는 내가 보고 할테니… 그래… 알았어! 수고하게. (전화를 일단 끊었다가 다시 바쁘게 다이얼을 돌린다. 사이) 아 여보세요. 서장님 계세요? 아 서장님이신가요? 수사계장입니다. 네! 다방 살인사건의 단서가 잡혔습니다.

S#3 서장실 (전화)

서장 무엇이? 피해자의 집에서 일기가 나왔어? 음! 그럼 수사가 진척되는대로 곧 알리게 이건 중대한 사건이니까! 그리고 무전실로 연락해서 수사망을 일층 강화하도록… 음… 수고하게!

S#4 수사주임실

김 형사가 한 권의 일기를 수사주임의 책상 위에 놓는다.

주임 수고했네. 이걸 어떻게 입수했나? (하며 책장을 한번 푸드득 펼친다)

김형사 살해당한 매담의 방을 뒤졌습니다. 그런데 츄렁크 맨 밑바닥에 이 일기가 소중히 감추어져 있었죠.

주임 음. 그래 읽었나?

김형사 처음 몇 장만 읽었는데 그 여자의 태생이 원래부터 불행한 것 같은데요. 이건 여학교 시절부터 쓰인 일기 같습니다.

주임 그래 아무튼 수고했네.

김형사 네! (하며 경례를 하고 나간다)

주임 (일기를 대강 훑어보더니 어느 페이지에서 긴장된 시선이 멈춘다) 십일월 십팔일 수요일…

S#5 애숙의 방

여학생인 애숙이가 책상머리에 앉아서 일기를 쓰고 있다. 그녀는 이따금 깊은 한숨을 내뱉기도 하고 북받쳐 오르는 눈물을 손가락 끝으로 지어 버리기도 한다. 그리고는 다음 일기를 마음속으로 읽어본다.

애숙 이렇게 우울해지는 것은 가을이라는 계절의 탓만도 아닌상 싶다. 나는 요즘 새삼스럽게 나라는 한 개의 생명을 비웃는 버릇이 생겼다. 어머닌 내가 그것을 눈치 차릴까 봐 별별 신경을 다 쓰시지만 나는 알고 있다. 그러나 무엇보담도 아버지가 누구라는 것을 모른다는 게 답답하다. 왜 어머니는 내게 아버지 얘기를 들려주시지 않을까? 아버지도 없이 내가 생겼단 말인가? 어머닌 성모 마리아였던 말인가? 정말 우스운 얘기다. 자식에게 비밀을 숨긴 부모가 어떻게 존경을 받겠단 말인가? 아… 이 세상에서 나 혼자만 저만치 버림 받은 것 같은 이 심정! 이것이 고독이란 것일까? 남들은 다 행복해 보이는데 왜 나만은…

애숙은 그만 책상 위에 엎드려 흐느껴 운다. 이때 그의 어머니가 들어온다. 손엔 과자 그릇이 들렸다.

어머니 저런… 난 네가 공부하는 줄 알았는데 졸고 있었구나… 홋호… 자 과자나 먹어라. (하며 옆에 가서 앉는다. 애숙은 죽은 듯이 말이 없다)

어머니 얘 애숙아! 아니 이 애가… 애숙아! (하면 어깨를 흔든다) 잘라거든 자리나 펴고 잘 것이지… 감기 들겠다. 응? (애숙의 어깨가 잔물결 치는 것을 발견하자 어머니의 표정이 긴장한다) 아니 너 울고 있구나? 음?

애숙 (비로소 소리를 내며 흐느낀다)

어머니 (잠시 말없이 앉아 있다가) 학교서 무슨 일이라도 있었니? (여전히 울고만 있다) 글쎄 말을 해야 알지. 응? 왜 우는 거야?

애숙 (엎드린 채로) 저리가세요. 아무 일도 아니에요…

어머니 (쓸쓸히 웃으며) 아무 일도 아닌데 운단 말이냐? 어디 말 해봐. 이 세상에 너와 나 사이에 못할 말이 뭐란 말이냐? 응? (하며 애숙의 머리를 쓰다듬어 준다)

애숙 (얼굴을 들며) 정말이세요?

어머니 원 애두… 정말이고 거짓말이고 어미가 딸의 말을 안 들어 주겠니… 더구나 너는 나의…

애숙 (반항적으로) 거짓말! 거짓말쟁이야!

어머니 아니 이 애가…

애숙 엄마는 내가 언제까지나 어린애인줄 아시지만 난, 난…

어머니 (타이르듯이) 글쎄 구멍에 든 뱀이 긴지 짧은지 어떻게 안단 말이냐? 하고 싶은 얘기가 있으면 해야 알지…

애숙 그럼 제가 묻는 말에 대답해 주시겠어요?

어머니 그럼 하잖구…

애숙 엄마 우리 아버지가 누구에요?

어머니 (당황하며) 응? 네 아버지라구?

애숙 거 보세요! 대답을 못하시지! 흥! 그러면서도 고금에 없는 내딸이다 눈에 넣어도 아프지 않은 딸이라구… 흥! 거짓말! 거짓말!

어머니 (매섭게) 애숙아!

애숙 엄마도 저를 속이고 있는 거죠? 좋아요! 그럼 저도 이제부턴 저도…

어머니 어떻게 하겠단 말이냐?

애숙 제 마음대로 살아갈테야!

어머니 뭣이?

애숙 입학시험이고 졸업이고 다 듣기 싫은 소리에요! 어디서 어떻게 생겨 난지도 모르는 주제에 무슨…

어머니 (빰을 때리며) 가만있지 못해!

애숙 (감전된 사람처럼 멍하니 쳐다보더니 어머니 무릎에 쓰러져 운다)

어머니 (애숙의 등을 어루만지며) 애숙아! 엄마를 괴롭히지 말아… 네가 이러면 차라리 내가 네 앞에서 약이라도 마시고 죽어버리겠다…

애숙　엄마가 죽으면 난 행복해 지나요? 네?

어머니　넌 엄마를 미워하고 있었구나…

애숙　전 누구보다도 엄마를 믿고 엄마를 존경해 왔어요. 하지만 저에게 모든 얘기를 안 해주시는 게 싫어요. 전 엄마일은 다 알고 있어요…

어머니　뭣이?

애숙　엄마가 예전엔 기생이었다는 것도…

어머니　애숙아!

애숙　그게 뭣이 부끄러워요? 기생은 사람이 아닌가요? 엄마는 저에게 그런 것까지 숨기실려고 했지만 전 다 알고 있었어요.

어머니　누가 그러더냐?

애숙　엄마 친구의 얘기를 듣고 짐작을 했어요.

어머니　농주가?

애숙　그렇지만 저는 그것을 조금도 수치라고 생각한 적은 없었어요. 다만 제 아버지가 누구라는 것을 안 가르쳐 주시니까 전 엄마가 다른 기생들처럼 그렇게…

어머니　아니다! 애숙아! 그건. 그것만은 결코 아니야… 난 이 세상에서 단 한 사람의 남자밖에 몰랐다.

애숙　그이가 저의 아버지신가요?

어머니　그렇단다!

애숙　그이가 누구에요? 네? 엄마! 말씀해 주세요!

어머니　무슨 말을 듣더라도 놀라지 않겠지?

애숙　예…

어머니　그리고 이 엄마를 미워하지도 않지?

애숙　(품에 안기며) 하늘이 무너져도요…

어머니　애숙아! 그럼 내가 얘기할게… 엄마는 어렸을 때부터 아주 가난한 집안에서 자랐었다. 네 외할아버진 집안이나 가족보다 약주를 즐기시고 밤낮 놀음으로 소일하셨더란다… 그래 집안이 형편없이 기울어지게 되자 나를 기생으로 내보내고 말았어. 그때 내 나이가 열여덟이었어. 그 후 4년이란 세월이 흘렀지. 그러던 어느 날 밤 연회석에서 어떤 남자를 알게 되었단다…

S#6 요정 복도

미닫이 너머로 사람들의 그림자가 뚜렷이 보인다. 손뼉을 치며 구식노래를 합창하고 있다. 그 앞마루 기둥을 붙잡고 최연호가 못 견디게 토하고 있다. 이때 방문이 열리고 친구 갑이 나온다.

갑 (이리저리 찾으며) 여보게 최 형! 어디 갔어!

연호 (가슴을 치며) 나… 여기 있네. 여기… 음…

갑 아 이 사람아 거기서 뭘 하고 있어. 오늘밤의 주빈이 자리를 떠나서야 되나 자 가세! (하며 잡아당긴다)

연호 아 이러지 말고 나 물 좀 줘…

갑 이 사람아 오래간만에 서울에 오더니 주량까지 줄었군. 거 아무도 없느냐. 얘 농주야! 산월아! 아무도 없어!

이때 방에서 예쁘게 단장한 젊은 날의 채봉이가 나온다.

채봉 부르셨어요?

갑 오 우리 채봉이가 제일이야! 어서 가서 물 한 그릇 가져와! 빨리!

채봉 예! (하며 다시 사라진다)

갑 헷헤… 여보게 자네 봤지?

연호 보긴 뭘 봐… 난 속 아파 죽겠는데…

갑 음 그런다고 누가 모를 줄 아나? 자네가 아까부터 저 채봉이에게 눈독을 올리고 있는 걸… 핫하…

연호 (당황하며) 이 사람이… 불난 집에 와서 숯불 빌리는 격이군… 아이구 가슴이야…

갑 아무튼 어서 들어오게, 2차회는 식도원이라니까…

연호 제발 2차회는 그만두게 난 못하겠어.

갑 이 사람이. 오래간만에 서울에 왔으니 실컷 놀다가 가세. (노래조로) "인생은 일장춘몽인데 아니 놀고 어떠리" (하며 방으로 들어간다. 방안의 그림자들은 제각기 일어서서 떠들며 나간다. 이때 채봉이가 물그릇을 들고 온다)

채봉 예 있어요.

연호 음… (하고 물그릇을 받아 마신다)

채봉 약주가 과하셨군요.

연호 글쎄 이 친구들이 오래간만에 만났다고 권하니…

채봉 권한다고 주는대로 다 받는 양반이 어디 있어요. 홋호…

연호 그렇다고 버릴 수도 없잖어?

채봉 참 남자어른들은 이상하셔…

연호 뭐가 말이요?

채봉 싫으면서도 싫다는 말을 못하니. 그야말로 울면서 겨자 먹기지…

연호 그게 남자들의 세계라오.

채봉 그럼 때로는 여자세계도 배우셔야죠.

연호 어떻게?

채봉 받는척 하면서도 적당히 흘려버리거든요. 홋호… 사람인즉 주석에서 맨 먼저 취하는 사람은 대개가 순진한 사람이죠. 꼬박꼬박 받아 마시니까…

연호 그럼 나도 순진한 사람인가?

채봉 지금 같아선 취할 정도는 아니니까. 순진하려다 만셈이죠. 홋호…

연호 이럴 줄 알았으면 아주 취해 버릴걸 그랬군 그래 헛허…

채봉 홋호…

연호 (새삼스럽게 훑어보며) 이름이 뭐랬지?

채봉 채봉이라고 불러주세요.

연호 채봉… 채봉 좋은 이름이군…

채봉 이름만 좋았지 실속은 없어요. 홋호…

연호 내가 보기엔 그렇지도 않던데… 친구들 얘기론 채봉이 마음을 사로잡은 남자는 이 서울 장안에 아직 없었다니까…

채봉 남자란 믿을 수가 있어야죠. 모두가 겉 다르고 속 다르니까…

연호 그럼 속과 겉이 같은 사람이 있으면 연애하겠어?

채봉 왜 영감께서 중매하시겠어요?

연호 응… 좋은 사람이 있는데…

채봉 흠. 영감이 중매하는 사람이라면 저도 한번 해볼만 한데요…

연호 왜?

채봉 영감은 속과 겉이 같으니까!

연호 핫하… 이건 시골 놈이 서울 왔다가 큰 벼슬하였군 그래! 그럼 오늘 밤은 나하고 같이 가지.

채봉 싫어요!

연호 그럼 내가 채봉이를 따라갈까?

채봉 좋아요!

연호 됐어! 핫하…

채봉 홋호…

인서트(INSERT)

카렌다가 한장 한장 찢겨진다.

S#7 채봉의 집

연호가 때때옷을 입은 다섯 살 난 애숙이를 무릎에 앉혀 놓고 이리저리 들여다본다. 애숙은 시무룩한 채로 별로 기뻐하지 않는다. 그 앞에 채봉이가 과일을 깎고 있다. 그녀는 기생시절과는 달리 수수한 차림새다.

연호 (애숙을 웃길려고) 몇 살이지? 애숙아…

애숙 ……

연호 그동안 엄마 말 잘 듣고 있었니? 응?

애숙 (사과만 먹고 있다)

연호 아니 이놈이 왜 대답이 없어?

채봉 오래간만에 오시니까 아버지 얼굴조차 잊어버린게죠. 홋호…

연호 그렇지만 지난 가을에 왔을 땐 그렇지도 않던데…

채봉 어린애들이란 단순한 것 같으면서도 예민하니까요… 애숙아 이것 가지고 나가 놀아라. (하며 사과를 한개 들려준다)

애숙 응. 엄마 어디 가지마…

채봉 오냐…

애숙은 춤추듯이 문밖으로 뛰어나간다. 연호의 얼굴에는 음산한 그림자가 스쳐간다.

채봉 (약간 풀 죽은 소리로) 이제 점점 발걸음이 뜨시군요…

연호 (계면적은 웃음으로) 좀 일이 바빠서…

채봉 일년 만에 오시건 이년 만에 오시건 저야 아무 상관없지만 애숙이가 불쌍해요… 어린것이…

연호 그렇지만 지금 형편으론 그렇게 자주 올라올 수 없는 걸… 게다가…

채봉 변명이 많으시군요.

연호 변명이 아니지. 나야 언제까지나 당신을… 그러니까…

채봉 그럼 왜 애숙이를 입적 안 시켜주시는 거에요.

연호 글. 글쎄 그게 바쁠게 뭐람. 천천히 하더라도 떳떳이 내 셋째 딸로 호적에 올릴테니까 염려말라니까!

채봉 벌써 오년이 되었어요…

연호 그럼 내 사랑이 식었다고 생각하오?

채봉 사람 속을 누가 알아요?

연호 헛허… 우리가 처음 만나던 날 뭐라고 했지? 겉과 속이 같다고 한 사람은 누구였는데…

채봉 (울음을 터뜨리며) 제발 우릴 저바리지 마세요. 나와 애숙인 죽는 날까지 당신의 것이니까요.

연호 그걸 누가 모른데… 참… (주머니에서 절수를 꺼내며) 이거 생활로 가져왔소. 애숙일 내년 봄엔 유치원에 보내야 하잖겠소?

채봉 (말없이 절수를 받는다)

연호 그리고 급히 돈이 더 필요할 땐 알려요. 내가 자주 올라올 수 있으면 모르되 이렇게…

채봉 여보…

연호 응?

채봉 저에게 무슨 하실 얘기가 있으신 게 아니에요?

연호 (당황하며) 아니… 그걸 어떻게…

채봉 저는 배운 것은 없어도 눈치는 알아요. 오년간을 남의 눈치보며 살아온 난데… 시골서 무슨 얘기가 있었죠?

연호 (깊은 한숨을 쉬며) 음…

채봉 알겠어요. 어느 때고 이런 일이 있으리라고 짐작은 했었으니까요.

연호 여보 사실은…

채봉 말씀 안 하셔도 안다니까요. 헤어지자는 거죠? 이젠 옛날처럼 남남으로 돌아가자는 거죠?

연호 그런 게 아니라… 경제적으로 두 집 살림이란 어렵게 되어서 그래서…

채봉 그럼 나더러 시골로 내려가자는 얘기신가요?

연호 그렇게 되었으면 좋겠지만 당신의 성격으로…

채봉 염려마세요. 당신의 힘에 겨운 일을 억지로 요구하지는 않을테니까요. 지금까지는 당신의 힘이 넉넉해서 대주는 돈이니까 받았지만 앞으로 그게 어렵다면 제 혼자 힘으로도 살아갈 수 있어요. 저에게 필요한 건 사람이지 돈은 아니니까요.

연호 (감격해서) 여보!

채봉 아직은 저는 돈을 벌 수 있어요. 정 어렵게 되면 또 요리집에 나가면 되는거고…

연호 여보 제발 그것만 말아줘요.

채봉 홋호… 누가 나간다고 했어요. 앞으로 자라나는 애숙이를 위해서도 그런 직업은 그만 둬야죠!

연호 그렇고말고! 나도 힘 자라는대로 당신을 위해서 힘을 쓸테니까… 용서해요…

채봉 별 말씀을…

인서트 (INSERT)

카렌다가 몇 장 찢겨간다.

S#8 채봉의 집

농주와 채봉이가 마주 앉아 있다. 채봉은 전보다 더 수척해 보인다.

농주 (담뱃불을 붙이며) 네가 병신이지 뭐야. 쯧쯧… 그래 그런다고 가만히 앉아 있으면 되니?

채봉 그렇지만 어떡허우 언니도…

농주 어떡허긴 그래도 어찌 되었든 너와 애숙인 최연호의 아내요. 딸 아냐? 그렇다면 최연호의 유산을 나누어 가질 자격이 있잖으냐 말이야…

채봉 그걸 저편에서 알아줘야지. 내가 가서 손을 펴 보일 수는 없잖아요.

농주 이런 바보! 어린애도 울어야 젖을 얻어먹는다고 이쪽에서 덤벼서 무슨 국물이 있지. 그래 누가 이거 잡수세요 하고 갖다 바치니?

채봉 거지처럼 얻으러가긴 싫어요.

농주 그렇게 도도하다고 누가 쌀 한 톨 줄줄 아니? 요즈음 세상에 그저 악착같이 살아야 하는 거야. 체면 차리다가 굶어죽고, 멋내다가 얼어 죽는다는 말은 너를 두고 한 말이다. 나 같으면 당장에 가서 유산분배를 받겠다!

채봉 게다가 이제 와서 다 자란 애숙에게 죽은 아버지 얘기를 꺼내기도 싫고…

농주 그럼 애숙인 아직도 그이가 죽었다는 소식 모르니?

채봉 어려서부터 아버지가 없는 걸로 알고 자랐으니까요.

농주 세상 남자란 다 그렇다니까. 그러니까 마음 변하기 전에 실속을 차려야지. 사람 하나 죽어지면 그만이지! 어유 네 팔자도 열두 고개구나… 그래 앞으로 어떻게 살 작정이니?

채봉 (한숨) 걱정이에요. 나이 사십 고개에 기생으로 나갈 수도 없구…

농주 참 이 집은 네 명의로 되어있니?

채봉 그럼요. 이제 우리에게 남은 거라고는 이 집뿐인걸요.

농주 그럼 좋은 수가 있다.

채봉 좋은 수라니요?

농주 하숙을 치면 돼!

채봉 하숙이요?

농주 그래. 이왕에 방은 비었으니까 둘은 네가 쓰고 둘은 학생을 서넛 들이면 네 식구 먹고 살긴 할 거 아냐!

채봉 정말 그렇군요.

농주 학생도 대학생이 좋지. 그래서 애숙이 공부를 봐 달라고 하면. 님도 보고 뽕도 따는 격이지 홋호…

채봉 정말 언니생각이 옳군요. 하숙은 우선 조용한 직업이라서… 게다가 애숙이도 내년이면 고등학교 삼학년이 되니까 지금부터 시험공부도 시켜야겠고…

농주 글쎄 내말이 그 말 아냐.

채봉 언니가 오늘 오셨기에 망정이지 저 혼자선 좀체로 그런 꾀가 떠오르지 않았을걸요. 홋호…

농주 오래간만에 칭찬이구나…

채봉 그런데 학생은 어떻게 들여요?

농주 정말 넌 병신이 되었구나. 아 복덕방에 부탁하든지 골목 전신주에다 「하숙생 구함」 이렇게 써 부치면 당장에 걸려들게 아냐.

채봉 그럼 이따가 우리 애숙이가 돌아오면 쓰라고 하겠어요.

농주 그럼 난 이만 가봐야겠어.

채봉 천천히 놀다가 저녁이나 같이 먹고 가요.

농주 싫다 애! 궁상맞게 홀어미끼리 마주 앉아서 무슨 맛이니… 님 생각만 더 날려고…

채봉 아이 언니두…

농주 (일어서며) 그럼 잘 있어.

채봉 또 놀러 나오세요.

이때 애숙이가 학교에서 돌아온다.

애숙 아주머니 안녕하셨어요?

농주 오냐… 어휴 우리 애숙이 키 큰 것 좀 봐!

채봉 키만 컸지 철이 없어요…

농주 이제 시집가도 되겠는 걸…

애숙 싫어요!

농주 처음엔 누구나 싫다지. 홋호…

애숙 아주머닌 밤낮 그런 소리만 하셔!

농주 얘 속 모르는 소리 말아. 그런 말 들을 때가 인생의 꽃이란다. 나나 네 엄마같이 늙어지면 그런 얘기 듣고 싶어도 못 듣는다. 호호… 난 간다. (나간다)

채봉 조심해요. 언니!

애숙 (사이) 저인 왜 또 왔수?

채봉 또라니?

애숙 난 어쩐지 저이를 보면 싫어…

채봉 왜?

애숙 말이나 하는 짓이 점잖지가 못해요. 꼭 무슨 기생이나… 그런 사람 같아서…

채봉 기생? (당황한다)

애숙 응! (어머니에게 응석을 부리듯) 우리 엄마처럼 고상하고 조용하고 아름답지가 못하다니까… 홋호…

채봉 네가 마구 애미를 놀리기냐?

애숙 정말이에요…

채봉 (마음의 동요를 감추듯) 참 애숙아!

애숙 예?

채봉　너에게 할 얘기가 있는데…

애숙　무슨 얘긴데?

채봉　저 아랫방에다 하숙을 칠까하는 데 어떠니?

애숙　하숙을? 누굴?

채봉　누가 올지는 앞으로 두고 봐야지…

애숙　남자? 여자?

채봉　그야 물론 여학생보다 남학생이 오기 쉽지.

애숙　어머나 우리 집에 남학생이 같이 살아요?

채봉　왜 싫으냐?

애숙　싫고 좋고가 있수? 엄마가 하시는 일이면 다 좋겠지만…

채봉　좋겠지만서도…

애숙　부끄러워서 어떻게 해요?

채봉　부끄럽긴! 대학생이면 오빠같은 나인데… 게다가 앞으로 네 공부도 돌봐 달라고 해야겠다. 너는 내년이면 삼학년이 되니까…

애숙　참 재미있겠네요. 엄마하고 둘이만 살다가 생판 모르는 남자가 들어들면…

채봉　그래. 재미있다니 다행이다. 그럼 어서 하숙생을 구한다는 쪽지를 써서 부쳐야지.

애숙　내가요?

채봉　나보다 네 글씨가 더 나을테지.

애숙　정말 재미난데. 누가 맨 먼저 나타날까! 홋호…

채봉　얌전한 학생이 와야지 홋호…

(F.O)

부채(負債)

작가의 말

하찮은 일에서 번득이는 빛을 발견할 때가 있다. 예기치 못했던 작은 일이 가슴을 출렁이게 하는 파문을 일게 할 때가 있다.
나는 그럴 때마다 그 작은 것을 두 손바닥으로 쓰다듬고 어루만지면서 작품으로 토해내곤 했다. 내가 써온 방송극은 대부분 그런 류의 작품이 많다.
여기 실린 작품의 모티브도 고등학교 때 제자가 보낸 빛바랜 한 장의 연하장에서 얻어낸 것이다.
평범하고 일상적인 것 속에서 보편성이 있고 교감이 가는 작품이 곧 방송극의 진수라고 믿었던 신조를 지니고 있었기 때문이다.
격렬하고, 충격적이고 이색적이라야 이목을 끌 수 있다는 근자의 추세로 본다면 낙제점일지도 모른다. 그러나 진실한 것에는 시가(時價)라는 게 없다. 그것은 어느 시대가 되어도 가슴 속에 남아 있어야 하기 때문이다.

· **등장인물**

오상석

광호

며느리

광숙

사위

은경

노인

사장

수위

사원 1, 2, 3

우체부

안내양

복덕방 영감

노인

동네아낙네

동네아이

직원 일동

S#1 제방길

타이틀 백.

멀리 K시의 풍경이 한눈에 보이는 제방길.

상쾌한 아침 바람을 받으며 신이 난 듯이 자전거 페달을 가볍게 밟고 가는 발.

S#2 시내

한산한 일요일 아침의 시내를 자전거를 타고 가는 오상석. 흰 노타이에 웃저고리를 입었다.

S#3 아스팔트 언덕길

저만치 큼직한 건물이 보인다.

상석이 안간힘을 쓰며 페달을 열심히 밟고 있다. 마치 인생의 고갯길을 넘기라도 하듯이.

여기까지 캐스트, 스탭이 소개된다.

S#4 회사 현관

상석이 자전거에서 내린다. 수위실에서 신문을 읽고 있던 수위가 냉큼 일어나며 경례를 붙인다.

수위 (의아하여) 웬일이십니까, 서무과장님?

상석 (자전거를 한구석에 세우며) 간밤에 별일 없었소?

수위 예…… 예…….

상석 사무실 열쇠는?

수위 예…… 예…… 여기 있습니다만…….

허리춤에서 열쇠 꾸러미를 꺼내 보인다.

상석 내 방 좀 열어 주겠소?

수위 예? 아니 오늘은 일요일인데…… 사무를 보시려구요?

상석 헛허…… 일요일엔 사무를 보지 말라는 법이 있나? 어서 열어요.

수위 예…… 예…… 과장님.

수위는 영문을 모르겠다는 듯 고개를 갸웃거린다. 상석이 담배를 피워 문다.

상석 (창공을 바라보며) 아…… 아침 공기가 유난히 맑군. 아…… 머지않아 가을이겠지?

상석 쓸쓸하게 웃는다.

S#5 상석의 집 마루와 뜰

광호가 마루 끝에 앉아서 조간을 읽고 있다. 러닝셔츠 바람이다. 며느리가 그 옆에서 다리미질을 하고 있다.

며느리 정말 아버님도 너무하셨다.

광호 (여전히 신문을 읽으며) 뭐가?

며느리 글쎄, 내일 모레면 정년퇴직하실 어른이 뭐가 안타까워서 일요일에도 직장엔 나가셔요? 나가시긴.

광호 이제 알았어? 아버지 고집.

며느리 예?

광호 아버진 내일 천지가 무너진다 해도 오늘 사과나무를 심으실 분이시라구.

광호 신문을 뒤집는다.

며느리 그런다구 누가 알아주나요?

광호 알아주고 안 알아주고가 어디 있어? 아버지의 철학이신 걸……. 그러기에 한 직장에서 35년간을 근속하셨지 뭐요.

며느리 에그, 당신 아버지 자랑 그만 좀 해요.

광호 헛허…….

며느리 책임감도 좋고 애사 정신도 좋지만 좀 도가 지나치시다구요, 아버님은…….

광호 도?

며느리 그렇죠! 35년간 근무하셨으면 진절머리도 나시련만 퇴직 이틀 앞두고 일요일에도 사무를 보실 게 뭐람! 우리 환이 데리고 낚시질이나 가시지.

광호 아버님께서 그 얘기 들으시면 기절하실걸, 허허…….

며느리 (다리던 셔츠를 주며) 다 다렸어요.

광호 응.

광호는 남방셔츠를 받아서 입는다, 며느리는 다른 옷을 다리기 시작한다.

광호 참! 모레 저녁엔 우리 식구끼리 아버지 위로회라도 차리지.

며느리 그러잖아도 그 일 때문에 과수원 동생더러 나오라고 했어요.

광호 광숙이 말이오?

며느리 음식도 어떻게 차릴지 의논도 해야겠구요.

광호 잘했소, 여보! 그 대신 이것저것 여러 가지 장만하지 말아요.

며느리 알고 있어요. 아버님 성질에 낭비한다고 꾸지람 하실 게 뻔하니까요, 흠…….

광호 아버지 생활신조는 그저 빚을 안 지는 거니까. 개인생활이건 사회생활이건 인간은 남에게 빚 안 지고 살아야 한다고…….

효과 초인종 소리.

며느리 누가 왔나 봐요.

광호 응…… 내가 나가 볼께.

광호가 뜰로 내려서 신을 끌고 가 대문을 열어 준다. 광숙이가 과일 바구니를 들고 들어온다.

광호 광숙이 오니?

광숙 아이구 팔이야.

며느리 여보, 어서 그 짐 좀 받아요.

광호 응? 응…… 일루 줘.

광숙이가 손에 든 과일 바구니를 광호에게 준다. 광숙은 호들갑을 떨며 마루에 앉는다. 이마에 땀이 맺혔다.

광숙 아이구 더워!

며느리가 재빨리 선풍기를 켠다.

며느리 어서 와요.

광숙 언니두! 오늘 같은 날 무슨 다리미질이우?

광호 손서방은 안 오니?

광숙 농협에 들러 비료값 치르고 온다나요…… 입추가 지났는데도 푹푹 쪄요.

며느리 (과일 바구니에서 포도를 한 송이 꺼내 들며) 어머! 잘도 익었다. 아가씨네 농장에서 딴 거죠?

한 알을 따먹는다.

광호 여보! 잘 씻어 먹어요. 농약 중독 조심!

광숙 에그 오빠는 그저 언니가 어떻게 될까 봐서 벌벌 떨지…… 홋호.

며느리 내가 죽으면 새장가 들고 오죽 좋수?

며느리 장난기 어린 시선을 던진다.

광호 방정맞게 무슨 소리야? 어서 가서 포도나 씻어와요.

며느리 예, 예!

며느리가 과일 바구니를 들고 부엌 쪽으로 간다.

광숙 오빠! 아버진?

광호 회사.

광숙 예? 일요일에도?

광호 누가 아니라니? 이제 좀 잊어버리셔도 되련만.

광숙 그럼, 우리 아버지는 저승에 가셔서도 일을 하실 거야…… 홋호.

광호 홋흐.

S#6 사무실

책상 서랍 안을 정리하고 있는 상석. 윗저고리를 벗고 안경을 썼다. 책상 위에 산더미처럼 쌓여 있는 편지들. 상석은 차례로 봉투를 집어, 버릴 것과 보관할 것을 분류한다.

수위가 사무실 안에 들어선다.

수위 과장님, 책상 정리 하시러 나오셨군요?

상석 (빙그레 웃으며) 응…….

수위 그런 일 같으면 내일이라도 사환애를 시키시지…….

상석 떠나기 전에 말끔히 정돈해야 다음에 오는 사람도 기분이 좋을 게 아닌가…….

수위 내일 하시면 어때서요, 과장님?

상석 부하 직원들이 보는 데서 이 짓을 하기란 어쩐지 쑥스럽게 여겨져서 말이야.

수위 쑥스럽긴요?

상석 35년 동안 근속해 온 직장을 떠나자니 섭섭하기도 하지만 어쩐지 남에게 밀려나가는 것 같아서 말이야. (힐끗 쳐다보고 부러 크게 웃는 듯) 핫하.

수위 밀려나가다니…… 누구한테요?

상석 그렇다고 꼭 누구한테라고 지적할 수는 없지만 말이야. 아 나도 늙었구나 하는 생각이 갑자기 드는군, 훗흐…….

수위 늙기는요, 과장님은 지금도 40대로밖엔 안 보이는 걸요.

상석 글쎄, 나도 전혀 나이라는 걸 느끼지 못했었는데 이렇게 막상 정년퇴직을 하게 되니까 갑자기 나이를 먹은 것 같아서 말이야. 헛허…….

수위 정말이지 과장님은 우리 회사의 터줏대감이셨지요……. 6.25 때 그 중요 서류를 피난시킨 것도 그리고 이 새 청사를 지을 때 일만 해도…….

상석의 얼굴엔 어느덧 지난날에 대한 향수와 야릇한 감상이 그늘처럼 내려앉는다.

상석 정말이야……. 나는 그동안 그저 일만 하다가 세월을 보냈지만 많이 변했지.

수위 그럼요! 제가 여기 온 지도 벌써 10년이 넘은걸요.

상석 벌써?

수위 예, 관리부에서는 이래배도 제가 세 번째로 선임자입니다. 헛허…….

상석 핫하, 그러나 사람에게 나이를 먹는다는 것처럼 쓸쓸한 일은 없어!

수위 그럴까요?

상석 물론 우리 같은 사람이 물러나야만 또 젊은 일꾼들이 진출도 한다는 것은 잘 알지만 말이야……. 아직도 일을 할 수 있는데도 하룻밤 사이에 늙은이 취급을 당하는 게 어쩐지 남에게 패배를 당하고 만 것 같아서 말이지……. 지금도 난 일을 해나갈 자신이 있다구! 우리 집 아들놈하고 팔씨름을 해도 나는 이길 자신이 있어요…… 헛허…….

수위 헛허, 그렇지만 과장님은 복이 많으시죠!

상석 복?

수위 자제분들 대학교육시켜 시집 장가 다 보내셨겠다, 집도 있으시겠다, 이제 퇴직금도 적잖이 나올 테니 그걸로 얼마든지 여생을 즐겁게 보내셔야지요.

상석 즐겁게? 헛허…… 이거야말로 늙은이라고 마구 놀리긴가?

수위 아니죠. (눈치를 보며) 과장님도 그동안 일만 하시느라 홀아비 신세로 지내셨으니 이젠 참한 마나님을 맞이하셔서…….

상석 에끼, 이사람! 헛허.

수위 허허.

상석은 담배를 끄고 다시 편지를 정리하기 시작한다. 수위도 빙그레 웃으며 나간다. 다음 순간 상석의 얼굴에 긴장의 빛이 감돈다. 손끝에 연하장이 들려 있다.

상석 ?

그는 유심히 연하장을 들여다본다. 손수 그림을 그런 연하장. "새해 복 많이 받으세요. 1966 새아침 이선영 올림"이라고 쓰인 글귀가 눈 안에 뛰어든다.

상석 (반사적으로 낮게 중얼대며) 이선영…… 이선영……?

잠시 생각에 잠기다가 문득 무슨 생각이 난 듯 편지 더미를 해치기 시작한다. 무엇을 찾는 눈치다.

상석 또 온 게 있었는데.

상석은 열심히 편지 더미를 헤친다.
다음 순간 또 한 통의 연하장이 나온다.
역시 서투른 판화가 박혀 있다.

"댁내 만복이 깃드시기를 비옵니다. 새아침 서울특별시 성북구 정릉동 산 266 이선영 올림."

상석 (혼잣소리) 음…… 이 주소가 분명하겠지? 산 266…….

상석이 깊은 생각에 잠긴다. 그것은 어떤 집념과 의지를 나타내 주는 것 같다. (F · O)

S#7 사장실

사장을 위시해서 여러 중역사원들이 에워싸고 있다. 사장이 퇴임하는 상석에게 기념품을 선사한다.
모두 박수를 친다.

상석 감사합니다, 사장님.

사장 오 과장의 그동안의 수고를 이 하찮은 물품으로나 상쇄하자는 건 아니지만 이건 우리 직원 일동의 성의니까 받아 주시오.

상석 정말 감사합니다.

사장 그리고 이건 (흰 봉투에 든 퇴직금을 꺼내 주며) 얼마 안 되지만 퇴직금이오.

상석은 뭉클해지는 감정을 꾹 깨물고 있다.

사장 받아요, 오 과장.

상석 (눈을 지그시 감은 채 서 있다) …….

사장 오 과장 왜 그러시오. 응?

상석 …….

사장 ?

모두들 의아한 표정으로 서로 마주본다. 웬일인가 하고 묻는 표정들.

상석 (떨리는 목소리로 낮게) 사, 사장님!

사장 (자기도 모르게 감동되며) 오 과장!

그는 봉투를 든 채로 두 손으로 상석의 손을 꼭 쥐어 준다. 두 사람의 손등에 혈관이 지렁이처럼 불거져 오르며 떨린다.

상석 (목매인 소리로) 나 절대로…… 절대로 울지 않으려고 몇 번이고 다짐을 했는데도 사장님…… 이렇게 떠나가게 되니 윽…….

상석은 사장의 손등에 자기 뺨을 대고 소리 죽여 흐느낀다. 모두들 콧등이 시큰해지자 손수건을 꺼내서 눈물을 닦는다. 사원1이 손수건을 꺼내서 상석에게 주자 상석은 재빨리 자기 수건을 꺼내 눈물을 닦고 가까스로 울음을 삼킨다.

상석 죄송합니다, 사장님. 이렇게 여러분들이 모이신 자리에서 눈물을 흘리다니. (억지로 웃어 보이려고 하나 입가에 경련만 인다) 역시 …… 저는 나이만 먹었지 아직도 사회생활엔 낙제생이지요.

사장 오 과장 무슨 소릴 하나? 사실이지 우리 회사에서 오 과장 같은 분이 떠난다는 건 열 사람 아니 백 사람을 한꺼번에 잃는 기분이오. 그러나 사규가 사규이니만큼 어떻게 하겠소?

상석 사장님 저는 결코 이 직장에 미련이 있어서가 아닙니다.

사장 ?

상석 (씁쓰레 웃으며) 내일부터라도 늙지 않았다는 증거를 무엇으로 나타내 보이는가가 그게 답답하고 궁금해서예요. 내가 물러가도 유능한 친구들이 나보다 더 열심히 그리고 창의적으로 일해 주리라 믿습니다.

사장 그렇게 생각해 주니 고맙소. 앞으로도 틈나는 대로 회사를 찾아주시고 또 좋은 얘기도 들려주시오.

상석 그럼요, 사장님께서 귀찮다고 여기실 정도로 들르겠습니다. 헛허.

일동 헛헛…….

사장 (직원들을 향해) 오늘 저녁 송별연은 어떻게 되었나?

사원 2 예, 준비시켜 놨습니다.

사장 그래? 오늘밤에는 나도 참석해야겠소.

사원 3 사장님께서요?

사장 물론이지, 원님 덕분에 나팔 분다더니 나도 오 과장 덕으로 오늘밤엔 마시겠소, 어때? 핫핫.

모두들 유쾌하게 웃는다.
상석은 일일이 악수를 나눈다.

S#8 상석의 집 마루와 뜰

마루에 음식상이 차려 있다. 시계가 여덟 시 사십오 분을 가리킨다. 광호와 사위는 장기를 두고 있고 광숙은 백지로 덮인 상을 열어 보고는 전을 집어먹는다.

광숙 아버진 왜 안 오실까? 아이 배고파.

사위 (장기 말을 옮기며) 아까부터 잘도 집어먹으면서 엄살은 또…….

광숙 (종이를 덮고 돌아서며) 어머머! 여보 내가 먹긴 뭘 먹었다고 그래요. 음식간이 맞나 안 맞나 봤지, 누가?

광호 (역시 장기 말을 옮기며) 간을 보려면 우리도 함께 보자꾸나.

사위 옳소, 누군 음식간을 볼 줄 몰라서 안 먹나?

모두 웃는다.
부엌에서 며느리가 음식 접시를 들고 나온다.

며느리 웬 웃음 폭탄이유?

광숙 글쎄 언니, 내가 음식간 보기 위해서 전 조각 하나 집어먹었더니 글쎄 나를 그렇게 구박하지 뭐유, 글쎄. 아이 뵈기 싫어.

며느리가 종이를 들추고 음식 접시를 놓는다.

며느리 여보, 전화 좀 걸어 봐요. 송별연이 끝났는지.

광호 곧 오신다고 했어. 아까 전화 걸었잖아.

광숙 언니 몇 번이에요? 내가 걸어 보겠어요.

광숙 수화기를 든다.

사위 여보 관둬!

광숙 왜요, 몇 시쯤 송별연이 끝나는가 하고 물어 보는 게 어때서요?

사위 장인어른 성질 몰라서 그래? 송별연도 공무라구! 그러니, 공무집행 중인데 웬 주책이냐고 역정을 내시면 어떻게 해.

광숙 그렇다고 언제까지 기다려요? 난 배가 고파서 지금 천지가 노랗게 보인단 말이에요.

광숙, 그러면서도 수화기를 내려놓는다.

사위 젠장 식량 사정도 각박한 세상에 식성 하나는 잘도 타고났지.

며느리 어머나! 지금 홀몸이 아니잖아요? 임신 중에는 식욕이 나는 법이에요.

사위 그 음식을 태아가 먹는다면 또 모르죠.

광숙 어머머! 뭐, 뭐요? 아니 뭐요? 내가 먹는 게 그렇게 아까워요?

사위 아야…… 아야……!

광숙이가 남편 허벅지를 꼬집어 비틀자 질겁을 하고 넘어지는 바람에 장기판이 엉망이 된다.

광호 아니, 이 친구 보게! 장기를 질 성싶으니까 이젠 꾀를 부려?

사위 처남! 그게 무슨 억지야! 지금 내가 이 사람한테 당하는 걸 보고도 그러긴가?

광호 좌우간 약속대로 맥주는 자네가 사야 해! 어서 돈 내게!

그러면서 장기 말을 챙긴다.

사위 은행원이 짜다더니 역시 예외는 아니군! 헛허!

광호 사위가 장인 퇴직 위로하는 뜻에서 맥주 사는 건 당연하지.

광숙 어머! 우린 과일하고 닭하고 야채를 부담했잖아요!

광호 그건 너희 농장에 있는 걸 가지고 왔지 어디 돈 주고 사왔니?

모두 웃는다.

효과 이때 초인종 소리.

광숙 아! 오셨나 봐요!

며느리 여보! 어서 나가 봐요!

광호 응.

모두들 자리에서 일어난다. 광호와 사위가 대문 쪽으로 나가 문을 열어 주자 상석이 약간 휘청거리며 들어선다.

광호 아버지!

상석 응…….

사위 이제 오십니까?

상석 응, 농장 일이 바쁠 텐데 왜 왔어? 오긴…….

상석, 마루 끝에 걸터앉는다.

광숙 아버지! 약주가 과하셨나봐!

상석 응? 응…… 좀 마셨다. 아, 고단하다…….

며느리 아버님…… 어서 몸 씻으시고 식사를…….

상석 나…… 저녁은 먹었다. 어서 너희들이나 먹어라.

상석이 마루로 올라와 건넌방으로 들어간다.

광숙 어머! 아버지 오시면 먹는다고 모두들 기다렸어요.

상석 글쎄 난 생각 없으니 너희들이나 먹어…….

상석이 방으로 들어가자 모두들 의아한 표정.

광숙 (낮은 목소리) 오빠! 밖에서 무슨 일이 있으셨나봐.

광호 글쎄……?

며느리 무슨 일이 있긴요, 이해가 가요.

광호 응?

며느리 (낮은 소리지만 강조하며) 심리적인 충격!

사위 맞았어요, 그럴 수도 있지!

광숙 에그, 당신은 또 뭘 안다고…….

사위 장인어른의 성격을 그럼 몰라? 35년 동안의 생활을 오늘로 종지부를 찍는 그 심정이 얼마나 착잡한가쯤은 알아야지.

광숙 에그…… 이젠 사람의 마음까지 뚫어보시는군!

사위 농사를 짓게 되면 자연의 모습 속에서 말을 얻는다네. 헛허!

며느리 게다가 돌아가신 어머님 생각도 나실 거예요.

광호 글쎄…… 그러나 아버지답지 않게 심각하시다.

상석 (목소리) 광호야, 나 좀 보자.

며느리 여보! 아버님께서 부르세요.

광호 응? 응……. (크게) 예.

상석 (목소리) 다들 들어와! 얘기가 있다.

S#9 상석의 방

상석이 와이셔츠 바람으로 앉아서 담배를 피우고 있다. 광호, 광숙, 사위, 며느리가 마치 입학시험 면접실에 들어가듯 서로 눈치를 보며 들어간다. 무거운 침묵. 서로 눈짓을 하며 앉는다.

상석 나…… 너희들에게 부탁이 있다만.

광호 예?

상석 그것보다…… 먼저…… 이거…… (양복 주머니에서 퇴직금 봉투를 꺼내며) 이건 (며느리에게) 네가 받아둬라. 오늘 받은 퇴직금이다.

모두들 마음이 찌릿해진다.

상석 (과거를 회상하듯) 내가 스물한 살에 직장이라고 들어가서 35년 동안 내 청춘과 정성과 그리고 인생의 3분의 2를 바친 대가라고나 할까……. 알맹이는 뜯어보지도 않았다만…… 그건 우선 저금을 해라.

며느리 예.

상석 모두들 나보고 그 돈으로 여생을 즐기라고 하더라만…… 그 돈의 용도는 천천히 생각해 보자.

광숙 아버진 전에 노후에는 조그마한 농장을 하시겠다고 말씀하셨잖아요?

사위 여보!

광숙 (쏘아보며) 정말이에요……. 그러니 아버지, 이젠 지나간 일 다 잊으시고 내일부터라도 저희 집 과수원에서 소일하세요.

상석 고맙다. 나도 일간 내려가 볼 작정이다만, 그 전에 한 가지 부탁이 있는데…….

광호 말씀하세요. 돈이 더 필요하시다면 제가 은행에서 빌려 낼 수도 있으니까요.

상석 그게 아니고…… (사이) 나 내일부터 여행 좀 해야겠다.

광호 여행이요?

상석 응…….

며느리 어디루요?

상석 글쎄…… 뭐…… 일정한 목적지가 있어서가 아니라 먼저 네 어머니 산소에도 들르고, 또…… 여기저기…….

사위　예, 알 만합니다. 말하자면 지금까지의 생활을 청산하고 회고하고 그리고 앞으로의 계획을 짜시기 위해서 혼자 조용히 계시겠다는 뜻이죠?

상석　쉽게 말해서 그렇지!

사위　그러시다면 저희 집에 오셔서 계세요.

광호　거긴 불편하셔.

사위　뭐가 불편해요? 텔레비전도 있단 말이에요.

상석　아, 아니다. 나로서도 다 생각이 있어서 그래요! 그러니 그리 알고서…….

며느리　아버님 그럼 얼마동안이나……?

상석　글쎄다…… 한 1주일?

며느리　예! 그럼 그렇게 알고 갈아입으실 속옷을 챙겨 놓겠어요!

상석　아니다. 그저 칫솔에다 수건이나 있으면 돼! 뭐 특별한 일이 있어서가 아니니까! 헛허…… 이젠 됐어. 난 너희들이 내 여행을 반대하면 어쩌나 하고 은근히 걱정했지! 헛허.

갑자기 커진 상석의 웃음소리에 모두들 어리둥절해진다.

(인서트-필름)

고속도로를 질주하는 버스, 고속버스 안에 상석이 감개무량하게 앉아 있다. 차장 밖으로 흘러가는 그림 같은 농촌 풍경들.

안내양이 내미는 음료수를 맛있게 받아마시는 상석.

이와 같은 화면이 깔리며 상석의 나레이션이 흐른다.

상석　(목소리) 오랜만의 나들이다. 아니 어쩌면 내가 이 세상에 태어나서 처음 떠나는 홀가분한 여행일지도 모른다. 따지고 보면 나의 여행이란 지금까지 기껏해야 공무 출장뿐이었다. 어디를 가나 일이 앞섰고 돌아갈 날이 이미 작정되어 있었으니까. 출장비를 절약했다가 돌아갈 때는 반찬거리라도 사야겠다는 계산부터 있었다. 그리고 돌아가면 상사에게 출장보고를 해야 한다는 의무감에 머리가 무거웠다. 그것이 바로 나의 지난 35년간의 생활이었을지도 모른다. 하나부터 열까지 계산이 앞섰다. 아! 그러나 지금은 계산이 필요 없으니 얼마나 좋으냐! 얼마나 홀가분한가? 이대로 저 시원한 고속도로가 뻗은 곳까지 가면 된다. 아니다. 그렇다고 내게 목적이 없는 건 아니다. 목적이 분명히 있다, 있다.

S#10 서울 고속버스터미널 (필름)

버스에서 내리는 상석. 눈부신 햇살과 도시의 소음에 아찔해한다. 그는 터미널 앞에 있는 택시 정류소로 가서 택시를 잡아 탄다.

S#11 택시 안 (필름)

그의 손에는 이선영으로부터 보내져온 연하장이 들려 있다.

상석 (목소리) 내가 찾아왔다면 놀라겠지. 아니 나를 첫눈에 못 알아볼지도 몰라. 벌써 이렇게 늙었는데 그녀도 늙었을 거야. 쉰은 넘었을 테니까……. 벌써 30년 전인 걸……. 변했을 거야…….

상석이 담배연기를 길게 내뿜으며 눈을 사르르 감는다. 담배연기 속에서 아련히 떠오르는 한 여인의 모습. 검정 통치마에 흰 깨끼적삼을 입은 젊은 날 이선영의 모습이다. 그러나 그것은 윤곽이 선명치 못한 채 희미하게 퍼져나가 버린다.

S#12 어느 산동네 입구(필름)

언덕길에 서는 택시. 상석이 택시 안에서 내린다. 택시가 돌아가자 상석은 아슬아슬하게 높은 판잣집 동네를 치올려본다. 번지도 제대로 적혀있을 것 같지 않은 산동네.

S#13 골목길

양편으로 빽빽하게 들어선 판잣집. 상석은 문패마다 들여다보며 집을 찾고 있다.

상석 산 217 산 218…… 산 200…… (그 자리에서 서며) 아니, 이건 또 273번지일세. 도대체 어떻게 된 거야. 금방 여기까지. (한숨) 어떻게 찾는다……?

저만큼 떨어진 곳에서 올라오는 복덕방 영감이 지나치려다 말고 상석의 거동을 보고는 되돌아선다.

복덕방 집을 찾으시오?

상석 예? 예…… 저…….

복덕방 사글세요? 아니면 전세요?

상석 그, 그게 아니라요.

복덕방 이제 선들바람이 불면 값이 오를 테니 서두르시는 게 좋지요, 에헴.

상석 저…… 실은 사람을 찾는데요.

복덕방 사람?

상석 예! 혹시 이 근방에 산 266번지면 어디쯤 될까요?

복덕방 266이라…….

상석 저 집이 218번지더니 글쎄 껑충 뛰어서…… 여긴 270이지 뭡니까?

복덕방 음…… 함자가 어떻게 되시는데?

상석 저…… 이선영 씨라고…….

복덕방 이선영 씨? 이선영 씨! 못 들어봤는데…… 뭘 하는 분이죠?

상석 그, 그러실지도 모르지요. 그분은 여자분이라서…….

복덕방 그래도 식구는 있을 게 아니오?

상석 (난처해서) 그건…… 잘 모르겠구요. 주소는 확실합니다. 편지를 받았으니까요! 산 266이라고.

복덕방 여기선 번지보다는 통 · 반이 더 찾기 쉽지요. 아무튼 저쪽으로 돌아가보세요. 우물집이 통장집이니까!

상석 예, 고맙습니다.

급히 돌아간다.

S#14 다른 골목 (필름)

어느 아낙네와 얘기하는 상석. 아낙네의 신통찮은 표정이 반대 방향을 가리킨다. 실망하며 돌아서는 상석.

S#15 어느 판잣집 앞

조심스럽게 문패를 들여다보는 상석, 다음 순간 활짝 밝아지는 얼굴.

상석 틀림없는 266번지다! 아!

그는 판자 틈 사이로 집안을 들여다본다. 문을 열고 들어서려고 하나 문이 안에서 잠겨 있다.

상석 (발돋움하여 뜰 안을 향해) 실례합니다. 아무도 안 계세요?

노인 (목소리) 누구요?

상석 예! 저, 말씀 좀 묻겠는데요. 혹시 이 댁에 이선영 씨라고!

문이 열리며 노인이 얼굴을 내민다. 낮잠을 자다가 나왔는지 밝은 햇빛 아래서 눈을 제대로 못 뜬다.

노인 이선영이요?

상석 예.

노인 (무뚝뚝하게) 그런 사람 없어요!

상석 아니 번지수가 분명히 산 266번지인데요.

노인 번지는 맞지만 지금은 그런 사람 없단 말씀이지!

상석 예? 아니 그럼 전에는……?

노인 3년 전에 죽었어.

상석 예?

노인 죽었소.

상석 그럴 리가 있나요?

노인 아니 이 양반이? 내 손으로 염을 하고 내가 영구차에 실어서 장사를 지냈는데 뭘 그러우?

상석 예?

노인 우리 집 건넌방에서 석 달 남짓 병으로 고생하다가 갔어요. 하긴 그렇게 살 바엔 차라리 잘된 일인지도 모르지! 인간이란 반드시 오래 살아서만이 좋은 게 아니니까.

상석 (주머니에서 연하장을 꺼내며) 할아버지 이것 좀 보세요.

노인 (연하장을 받아 보며) 이게 뭐요?

상석 지난 정초에 나한테 온 편지예요.

노인 편지?

상석 예, 이선영 씨가 나한테 보낸 연하장이란 말입니다! 그런데 3년 전에 죽었다니 그런…….

노인 (화를 내며) 여보! 죽었으니까 죽었다는데 왜 그래? 아니 그럼, 없는 얘길 지어 내기라도 했단 말이오? 응?

상석 (약간 계면쩍어지며) 그, 그게 아니라요……. 어떻든 이상한 일이지 뭡니까? 편지는 1년 전에도 왔었는데 3년 전에 죽었다…….

노인 그거야 내가 어떻게 알우? 난 내 집에 세들었던 이선영이라는 여인이 3년 전에 죽었다는 얘기지.

상석 그럼 혹시 동명이인이겠죠.

노인 동명이인?

상석 예! 실은 그 전에도 편지를 받았어요. 7년 전에도요. 그러다가 몇 해 소식이 없더니만 3년 전부터는 꼬박 잊지 않고 연하장을 보내왔어요.

노인 이선영 씨가 말이오?

상석 예. (연하장을 내밀며) 여기 이렇게 이름도 주소도! 계속해서 주소가 없었는데 지난번에는 주소가 씌어 있었지요. 그래 진작이라도 한번 찾아와야겠다고 마음먹었지만 사정이 여의치 못해 차일피일 미뤄 왔지요. 그런데 이선영 씨가 세상을 떠났다니.

노인 (물끄러미 상석의 표정을 지켜보다가) 그래 어떻게 되시우?

상석 예?

노인 일가 친척이나 되시오?

상석 아, 아뇨. 그러나 옛날부터 잘 아는 사이입니다. 영감님!

노인 아무튼 이선영 여인은 죽었어요. 내 얘기가 믿을 수 없다면 그 딸을 찾아가 보시오.

상석 딸이라니요?

노인 죽은 이선영 여인의 딸 말이오! 모르시나요?

상석 (당황해서) 아, 아닙니다. 저…….

노인 참한 아가씨죠. 효성이 지극한 게 지금 세상에도 그런 처녀가 있는가 싶더군요.

상석 지금 있습니까?

노인 다른 곳으로 옮겨갔지! 장례식 치르고는 두어 달 있다가.

상석 그럼 어디 살고 있는지 아십니까?

노인 잘은 모르지만 서대문 밖에 있는 시민 아파트로 갔다나 봐요.

상석 시민 아파트? 혹시 이름이 뭔지!

노인 아가씨 말이오?

상석 예.

노인 (생각하다가) 응! 은경이에요.

상석 은경?

노인 아마 안 죽었는지 모르죠.

상석 아니, 죽다니요?

노인 그때만 해도 칠순이 다 되는 외할머니를 모시고 있었으니까. 말하자면 외할머니에다 병든 어머니를 그 처녀가 벌어서 살린 셈이지요. 시집을 가야 할 나이였는데도 아마 식구들 때문에…….

상석의 얼굴엔 어떤 충격과 의혹이 엇갈리며 덮친다.

(인서트-필름)

시민 아파트의 원경. 비탈길을 허덕거리며 올라가는 상석.

아파트 아이들이 몰려오자 상석이 물어본다. 한 아이가 손가락질하여 가리킨다.

S#16 시민아파트 안

은경의 방 앞에 선 상석. 노크를 할까 말까 망설이고 있는데 등 뒤에서 말소리가 들린다.

은경 (목소리) 누굴 찾아오셨나요?

소스라치게 놀라 상석이 뒤를 돌아본다. 미소 짓고 있는 은경. 그녀의 손에는 일감 보따리가 들려 있다. 젊은 날의 이선영과 너무나 닮았다.

상석 아니……!

은경 예?

상석 저…….

은경도 무엇인가 마음에 짚이는 점이 있는지 상석을 뚫어지게 바라본다.

은경 혹시 오……상석…… 선생님?

상석 예?

은경 역시 제 눈이 틀림없었군요.

상석 그럼 이선영 씨의?

은경 저희 어머니시죠, 은경이라고 합니다.

은경이가 공손히 절을 하자 상석은 금방이라도 손목을 잡으려다가 머뭇거린다.

은경 어떻게 여기까지……?

상석　일부러 찾아왔지. 꼭 만나보고 싶었어. 할 얘기도 많고…….

은경　누추하지만 들어가시죠. 자, 들어가세요.

은경 문을 연다.

S#17 은경의 방

깔끔하게 정돈된 방. 자수 도구며 일거리가 눈에 띈다.

은경　잠깐만 앉아 계세요.

은경이 부엌 쪽으로 나가고 상석은 방안을 휘둘러본다. 벽에 걸린 선영의 사진에 시선이 못박힌다. 점차로 크게 확대되는 선영의 모습과 함께 외할머니의 꾸짖는 소리가 환청처럼 들려온다.

할머니　(목소리) 막말로 자네가 우리 선영이를 편히 먹여 살릴 힘이 있어? 이것 봐, 상석이…… 그러기에 속담에도 있지? 오르지 못할 나무는 아예 올려다보지도 말랬어. 얘기가 나왔으니 말이지만, (사이) 우리 선영이는 이미 작정한 사람이 있어.

문 여닫는 소리에 상석이 회상에서 깨어난다.

상석　예?

어느덧 차를 끓여서 쟁반에 받쳐 든 은경이가 미소 짓고 서 있다.

은경　뭘 그렇게…… 자, 차 드세요.

두 사람이 마주앉는다. 어색한 침묵.

상석 고생이 많지? 혼자서…….

은경 (말없이 웃는다)

상석 진작이라도 알았던들 내가 힘이 됐을 텐데. (찻잔을 들다 말고) 참 한 가지 궁금한 일이 있는데…… 물어도 될까?

은경 예?

상석 그럼 연하장은 어떻게 된 거지?

은경 제가 썼어요.

상석 뭐라구?

은경 어머니께서 그것을 유언으로 말씀하셨으니까요.

상석 유언?

은경 예, 어머니께선 외할머니가 억지로 시킨 결혼을 끝내 후회하고 계셨어요. 더구나 결혼한 지 2년도 못 돼서 아버지가 교통사고로 객사하시자 어머니께선 저와 외할머니를 위해서 온갖 고생을 하셨어요. 아니, 아버지가 살아계셨다 해도 어머니는 결코 행복하시지는 못했을 거예요.

상석 무슨 뜻이지?

은경 (쓰게 웃으며) 어머닌 결혼한 지 아홉 달 만에 저를 낳았거든요. 그런데 아버진 그건 의심했었대요. 말하자면 저의 아버지는…….

은경의 눈길이 매우 착잡하게 상석을 훔쳐본다.

상석 그, 그럴 리가. 아…… 아니야. 그건 전혀…….

은경 (담담하게) 알고 있어요. 우리 어머니가 그럴 분이 아니라는 건 누구보담도 제가 잘 알지요. 허지만 우리 아버지는 그게 아니었나 봐요. 그래서 장사를 핑계삼아 객지로만 떠돌이 신세로 지내다가 그만…… (한숨) 모두가 운명이라 하고 단념해 버릴 수도 있었겠지만 우리 어머니로서는 그럴수록 선생님 생각이…… (일부러 밝게 웃으며) 이해하시겠지요? 어머니의 심정.

상석 (말없이 눈을 감는다)

은경 어머니는 과로로 쓰러지셨어요. 그리고는 돌아가실 무렵에 저더러 하시는 말씀이 꼭 잊지 말고 선생님 앞으로 연하장을 내라고 하셨어요. 저는 어머니의 그 심정을 이해할 수 있을 것 같았어요. 여자의 마음을 말이에요. 세속적인 말로 사랑이니 연애이니 그런 게 아닌…… 뭐랄까, 달무리처럼 번져 가는 인간의 약한 마음이겠죠. 그 속엔 미움이라든가 사랑이라든가 그런 것과는 아주 거리가 먼 그 무엇이 있을 것같이 느껴졌어요. 그래서 저는 연하장을 썼지요. 다만 한 가지 실수는, 어머니께서 결코 주소를 밝히지 말라고 하셨는데 제가 지난번 연하장에다가 써버렸어요.

상석 어째서……?

은경 장난하고 싶어서요.

상석 장난?

은경 예, 그리고 오상석 씨가 어떤 분인가 보고 싶었구요. 물론 그렇다고 꼭 찾아오시기를 기다렸던 것은 아니구요. 그저 악의가 아니고…… 그렇게 주소를 쓰고 싶었던 것뿐인데…… 이렇게 찾아주시니 정말 (진심에서) 죄송해요.

상석 (착잡한 심정에서) 은경이?

은경 (반사적으로) 예?

상석 (손목을 잡으며) 미안해! 정말 미안하게 되었어!

은경 무슨 말씀을……?

상석 다 안다고. 알고 말고…… 나는 지금 이 순간에도 내가 애써 은경이를 찾아낸 걸 다행으로 여기고 있어.

은경 네?

상석 나는 이 세상을 살아가는데 부채지는 게 싫었으니까! 우연히 발견한 연하장이었지만, 기어코 은경이 어머니를 찾고 말겠다는 결심을 하게 된 것도 따지고 보면 그래. 내가 과거에 남에게 진 빚이라면 은경 어머니 일이었지. 나 때문에 혹시 불행해지지나 않았나 하는…… 그런데 지금 얘기를 들으니 역시 내 육감대로야. 그러나 난 앞으로 무슨 일이 있더라도 그 부채를 갚을 작정이니까! 내 마음 알겠어? 그리고…… 오늘은 내가 이것밖에 안 가지고 왔지만.

상석이 주머니에서 돈뭉치를 꺼낸다. 은경이가 경직된 표정으로 상석을 바라본다.

상석 염려 말아. 난 며칠 전에 정년퇴직을 했지. 그건 결코 나보고 모든 행동이나 생활을 중지하라는 뜻은 아닌 거야. 정년퇴직한 내게도 내 나름대로의 일과 삶과 보람은 있다고 봐. 그것이 바로 은경이를 도와주는 일일지도 모르니까. 그러니 이 돈을 받아요. 이젠 자수를 놔서 벌지 않아도 돼. 내가 다달이 생활비를 댈 테니까.

은경 왜요?

상석 왜라니…….

은경 그 이유가 뭐지요? 무슨 까닭에 오 선생님이 제게 생활비를 대주신다는 건가요?

상석 그, 그건…….

은경 착각을 하시고 계시군요.

상석　착각?

은경　나는 이 돈도, 그리고 선생님의 도움도 받을 수 없어요.

상석　(큰소리로) 받아!

은경　그 이유가 뭐죠?

상석　무슨 이유가 필요한가 말이야. (자리에서 일어나며) 나는 너를 출가시킬 때까지 보호하고 양육할 의무가 있어.

은경　뭐라구요?

상석　너는 내 딸이니까! 애비로서 딸에게 원망 듣고 싶지 않아. 또 오겠다.

상석이 나가 버리자 은경은 방바닥에 놓인 돈을 천천히 든다. 그리고는 손바닥 위에 놓고 생각에 잠기더니 이윽고 소리 내어 웃는다.

은경　홋호…… 헛허…… 핫하…….

S#18 상석의 집 마루

상석, 광호 내외, 광숙 내외가 식탁에 둘러앉아 맥주를 마시고 있다.
상석, 기분이 좋은 모양이다.
사위가 술을 따른다.

상석　그래 나도 버스 안에서 생각했다. 사람은 절대로 남에게 폐를 끼쳐서는 안 된다고 말이야. 그래 나도 이미 일선에서는 물러났지만 이제부터는 이선에서 일을 해야겠다. 내가 늙긴 왜 늙어. 나도 얼마든지 일을 할 수 있어. (사위에게) 5년 후엔 자네 과수원보다 더 훌륭한 과수원을 만들겠네, 헛허.

모두 웃는다.

광숙 아버진 이번 여행을 다녀오시더니 아주 인생관이 달라지신 것 같아요. 그렇지, 오빠?

광호 응, 그럴 줄 알았으면 진작 정년퇴직하실 걸 그랬죠? 헛허…….

일동 헛허.

상석 에끼 놈…… 헛허…… 그런 일이 있었다.

사위 일이요?

상석 응, 지금은 얘기할 수 없지만 어느 때고 하게 되겠지.

효과 초인종 소리.

며느리 누구세요?

우체부 (목소리) 오상석 씨 등기 우편입니다. 도장 좀 가지고 나오십시오.

광호 아버지 등기 우편이래요.

상석 내게?

며느리가 대문께로 나간다. 상석이 어떤 불길한 예감에 대문 쪽을 바라본다.

사위 장인어른, 어서 드세요.

상석 응? 응…… (잔을 들며 며느리에게) 어디서 온 편지냐?

며느리 (대문 닫고 돌아오며) 서울에서인가 봐요.

상석 서울? 어디 보자.

상석은 며느리가 주는 편지 봉투를 받자 뒷면을 보더니 긴장한 표정이다. 다른 식구들의 시선을 느끼자 급히 자기 방으로 간다.

S#19 상석의 방

상석이 봉투를 뜯어보니 편지와 송금 수표가 나온다. 상석이 편지를 읽는다.

은경 (목소리) 오 선생님, 호의는 감사합니다만 돈은 도로 보냅니다. 이유는 두 가지입니다. 첫째 저는 선생님의 딸이 아니라는 점이고, 둘째는 선생님 말씀대로 이 세상에서는 빚지고 살아서는 안 되기 때문이지요. 그러나 선생님의 깨끗한 마음씨는 제 가슴 속 깊숙이 간직하겠어요. 어머님께서도 이런 절 칭찬하실 거예요. 우리 어머니는 역시 행복한 분이었나 봐요. 선생님 같은 훌륭한 분에게 연하장을 써오셨으니 말이에요. 금년에도 저는 연하장을 쓸 거예요. 아니 제가 살아 있는 동안은 어머니 대신 연하장을 쓰겠어요. 부디 오래오래 무강하시길 빌겠어요.

상석 오산? 내가 오산이었나?

이와 동시에 은경의 모습이 화면에 가득하다.

〈TV드라마〉

물레방아

* MBC TV에서 일일연속극으로 1970년 9월 7일부터 1971년 3월 13일까지 총 155회에 걸쳐 방송을 했다. MBC TV 일일연속극 사상 최초로 100회를 넘겼다.

* 배역

일엽 – 주연

박상필 – 오지명

박대감 – 장민호

송씨 – 정애란

영근네 – 최은숙

오까다 서장 – 김관수

김씨 – 김영옥

제1화

· **등장인물**

일엽(一葉)

송씨(宋氏)

영근(永根)네

박동영(朴東榮) 상필의 아버지

김씨(金氏) 상필의 어머니

오까다 서장(岡田 署長)

은순(銀順) 몸종

- 세트 -

1. 상필(商弼)의 집 사랑 전경(全景)
2. 방 안
3. 방문 앞
4. 안 방
5. 일엽의 방
6. 일엽의 방
7. 마루와 뜰

S#1 상필의 집 사랑 전경

잘 가꾸어진 정원수

섬돌 아래 낯선 가죽 장화가 놓여 있다. 손님이 온 모양이다.

은순이가 조심스럽게 사랑방 미닫이 앞으로 다가가서 방 안에서 흘러나오는 얘기를 엿듣는다.

S#2 방 안

N　가회동에 자리하는 중추원 참의 박동영 댁은 장안에서도 지체 높고 덕망 있는 명문의 집안이며 박동영의 선친은 구한말 때 벼슬을 지냈다 하여 남작이란 작위를 받았고 박동영은 조선총독부로부터 중추원 참의로 추대를 받았으니 세상에선 이 집을 가리켜 박 남작 댁이라고 불렀다. 그런데 오늘 이 집에 낯선 손님이 찾아온 것이다. 박동책과 오까다 서장이 마주 앉아 있다. 오까다는 경찰 제복과 사벨을 차고 있다. 벽에 걸린 정장한 박 남작의 초상이 눈에 띈다. 두 사람은 저마다 서먹한 표정으로 앉아 있다.

박대감　오까다 서장께선 무슨 바람이 불으셨기에 이 북촌까지 행차하셨소? 헛헛….

오까다　~~ 실은 박 대감께 긴히 의논 드릴 말씀이 있어서….

박대감　의논이라니…?

오까다　(주위를 경계하듯) 자제분에 관련된 일입니다만….

박대감　(긴장한 빛을 보이며) 우리 상필이가 무슨 사고라도 냈습니까?

오까다　아, 아니올시다.

박대감　그럼…, 그 앤 동경서 엊그제 돌아왔는데….

오까다　(다가가 앉으며) 알고 있습니다. 대감, 이번에 학도 지원병 제도가 실시된다는 걸 알고 계시죠?

박대감 예-. 신문지상에 보도되어 대충은 읽어서….

오까다 그럼. 박 대감께선 어떤 의견을 가지고 계신지?

박대감 의견이라니?

오까다 단도직입적으로 말씀드려서…. 자제분께서는 지원을 하시겠죠?

박대감 (금세 동요되는 표정) ….

오까다 설마 중추원 참의 박동영 대감이 이 제도에 대해서 반대는 안 하시겠죠?

박대감 그, 그야. 반대를 해야 할 이유는 없지요.

오까다 그럼 자제분께서도 지원하기로 결심이 서 있다는 뜻이겠군요?

박대감 (난처해서) 그, 그 문제에 관해선 아직 내 자식 놈하고 얘기를 나눌 겨를이 없었지요. 동경서 오자마자 친구들하고 어울려 다니느라고….

오까다 박 대감!

박대감 예-?

오까다 저 좀 도와주셔야겠습니다.

박대감 돕다니요?

오까다 자제분께서 솔선해서 학도 지원병으로 나가겠다는 의사 표시를 해 주셔야겠습니다.

박대감 의사표시라구요?

오까다 예…. 말이 나왔으니 얘깁니다만…, 이번에 학도 지원병 제도가 실시된다니까 항간에선 별의별 오해와 억측이 퍼지고 있어요.

박대감 글쎄요….

오까다 그러나 이 제도의 의도는 조선 청년에게도 병역에 종사할 기회를 부여함으로써 일본 청년과 꼭 같은 자의와 자부심을 심어주자는 데 있는 것입니다.

S#3 방문 앞

은순이가 열심히 귀를 기울이고 있다가 조심스럽게 발소리를 죽이며 돌아선다.

S#4 안 방

오까다 그러니 이 제도 실시에 앞서서 조선 사람 유지들의 적극적인 계몽 선도와 아울러 솔선수범이 있어야 될 줄로 알고…, 여기 이렇게….

오까다 서장이 안주머니에서 두툼한 서류 봉투를 꺼내놓는다.

박대감 …?

오까다 우선 여기다가 찬성한다는 서명 날인부터 해 주십시오.

박대감 내가요?

오까다 예. 박 대감 같은 분이 앞장을 서야 만이 일반 시민들도 사회에 호응하게 될 테니까요.

박대감 그렇지만…, 이건 어디까지나 본인의 의사를 물어야지….

오까다 물론이죠! 그러나 아까도 말씀드린 바와 같이 지도층에 계신 박 대감께서 찬성하셨다면 그만큼 일반 시민들의 인식도 빨라질 테니까요…. 상부에서도 그 점을 강조하며 박 대감 자제분부터 지원하도록 간곡히 부탁드리라 해서 제가 이렇게…, 헷헤….

박대감 오까다 서장! 잘 알았습니다. 그러나 이 문제는 신중을 기해야 하느니 만큼 며칠만 시간 여유를 주시오.

오까다 (표정이 굳어지며) 시간 여유라고요?

박대감 예…. 내가 책임지고 자식 놈에게 설득을 시킬 테니까 그때까지만….

오까다 음…, 그럴 필요가 있을까요? 솔직히 말해서 군대에 간다고 곧 죽는 건 아니니까요.

박대감 죽고 살고가 문제가 아니죠. 역시 이런 문제는 자발적이어야지 강제성을 띠우면 안 되니까요.

오까다 그럼 책임을 져주셔야 합니다.

박대감 최선을 다 하겠습니다.

오까다 박 대감만 믿겠습니다-. 헛허….

S#5 일엽의 방

은순이가 김씨에게 보고를 하고 있다. 김씨가 바느질감을 제쳐놓고.

김씨 뭐? 학도 지원병에 지원하라고?

은순 예!

김씨 은순아! 그래, 대감께선 뭐라고 하시더냐?

은순 별말씀이 없으신 것 같았어요.

김씨 아니, 일본 사람이 전쟁하는데 우리 상필이가 무엇 때문에 군대에 나간단 말이냐?

은순 그러구 말굽 쇼요.

박대감 (밖에서 소리만) 에헴-. 다들 어디 나갔어?

은순 (일어서며) 대감마님께서 건너오십니다.

김씨 음…?

두 사람이 일어서자 박 대감이 방에 들어선다. 은순이가 조심스럽게 물러 나간다. 박 대감은 어떤 고민을 안은 채 아랫목 보료 위에 주저앉는다. 김씨 역시 눈치를 살피 듯 앉는다.

김씨 영감…!

박대감 상필이는 어디 나갔소?

김씨 예…, 뭐 친구들이 환영회를 해 준다고.

박대감 음……. (긴 한숨)

김씨 영감…, 경찰서장이 다녀갔다면서요?

박대감 (눈만 지그시 감는다)

김씨 그래, 뭐라고 대답하셨어요?

박대감 (대답 대신 눈을 뜬다) 뭐라구?

김씨 상필이더러 학도병으로 나가란다면서요?

박대감 (한숨) 머리 무거울 일이 생겼소.

김씨 거절하셨겠죠?

박대감 (담배만 피워 문다)

김씨 (불안과 초조로) 설마 승낙하신 건 아닐 테죠?

박대감 (계면쩍어지며) 생각해 보겠노라고 일단 돌려보냈지.

김씨 생각하긴 뭘 생각합니까. 딱 잘라 말씀하실 일이지. 상필은 당신 대를 이을 몸이에요. 게다가 외아들이란 말이에요! 그래 하구 많은 젊은이들 두고 하필이면 왜 상필이를 죽음터로 보냅니까?

박대감 (신경질을 내며) 보내긴 누가 보내.

김씨 그럼, 생각해 보겠다는 게 뭐예요? 나는 못하겠노라고 왜 거절을 못하십니까?

박대감 세상일이란 그렇게 단순치가 않아요.

김씨 네?

박대감 내가 이름 없는 장사치라면 또 모르지! 허지만 중추원 참의라는 명예를 보나 돌아가신 아버님의 체면을 생각해서나 (내뱉듯) 뜻대로 말을 못 하는 게 나도 괴로워요!

김씨 그럼 상필이가 죽어도 괜찮겠어요?

박대감 못난 소리! 군대에 간다고 다 죽나 원….

김씨 뭐라구요?

박대감 어떻든 상필이 의사도 물어봐야겠기에 며칠간 기다려 달라고 할 수밖에….

하며 보료 위에 벌렁 누워버린다. 김씨의 원망에 찬 얼굴.

S#6 일엽의 방

일엽이가 거울 앞에서 정성껏 화장을 하고 있다. 마지막으로 옥비녀를 꽂고는 손거울을 들어 쪽을 비쳐 거울 속을 들여다본다.

송씨가 약그릇을 들고 들어온다.

송씨 얘-. 약 마셔라!

일엽 어머니! 아직도 약이 남아 있었던가요?

송씨가 약손가락 끝으로 약을 서서히 휘젓는다.

송씨 오늘까지 쉴 걸 그랬지?

일엽 그렇지만 오늘 밤 좌석엔 꼭 나와야 한다고 채선(杉仙)언니가 신신당부를 했어요.

하며 약그릇을 받아 들고는 약을 마신다.

송씨 술 마시지 마라. 손님이 권하더라도 요령껏 해.

일엽이가 약그릇을 내려놓는다.

일엽 걱정 마세요.

영근네 (밖에서) 아씨… 아씨-.

송씨 영근네, 왜 그러나?

영근네 인력거가 왔어요.

일엽 지금 나가요. (일어서며) 어머니, 그럼 다녀오겠어요.

송씨 응…, 잠깐만 기다려.

일엽 네?

송씨가 일엽의 치맛자락에 나풀거리는 실오라기를 뜯어낸다.

일엽과 송씨가 정다운 시선을 마주치며 마루로 나간다.

S#7 마루와 뜰

영근네가 일엽이 신고 나갈 고무신을 걸레로 말끔히 씻어서 마루 끝에 올려놓는다.

영근네 (황홀하게 바라보며) 우리 아씨 예쁘기도 해라. 훗훗-.

일엽 원…, 영근 엄마도.

송씨도 흐뭇한 표정이다.

영근네 아씨! 오늘 밤엔 몇 시쯤 모시러 갈까요?

일엽 영근 엄마! 그럴 필요 없어요!

영근네 그렇지만. (하며 송씨를 본다)

송씨 몸이 편치 않으니 일찍 가겠노라고 하고 돌아와!

일엽 네. 염려 말래두요. 그럼 다녀오겠어요.

송씨 조심해라.

일엽이가 고무신을 신고 뜰로 내려서 대문 밖으로 나간다. 영근네가 쪼르르 뒤따라나간다. 마루 끝에 선 채 사라지는 일엽의 뒷모습을 언제까지나 바라보는 송씨의 쓸쓸한 모습.

제2화

· **등장인물**

일엽

박상필(朴商弼)

박대감

박씨

김문수(金文秀) 상필의 친구

장두일(張斗一) 상필의 친구

채선(彩仙)

기생(妓生) 갑, 을

은순(銀順)

인력거꾼

– 세트 –

1. 금풍관(琴風館) 정원과 마루
2. 객실
3. 박동영(朴東榮)의 집 안방
4. 마루와 뜰

일엽이가 탄 인력거가 한적한 주택가를 지나가고 있다.

일엽의 표정은 화사하리만큼 아름답다.

지나가는 사람들이 황홀한 시선으로 일엽을 바라본다.

일엽은 처음엔 그들의 시선을 피하려는 듯 외면한다. 그러나 이제는 체념이나 한 듯 먼 곳을 응시하며 앉아 있다.

화면 위에 "1942년"이라는 글이 덮친다.

N 일엽은 기생으로 나온 지가 얼마 되지 않는다. 아직도 소녀티가 남아 있을 뿐만 아니라 청초한 용모와 상냥한 태도가 손님들 간에 귀여움을 독점하게 된 신출내기 기생이다.

올해 나이 열여덟.

물 위에 피어 있는 연꽃보다 더 청순한 그녀가 기생으로 나오게 된 사연에는 뼈마디가 으스러지는 아픔이 있었다.

그러나 그녀는 좀체로 그걸 나타내 보이지 않았으며 오히려 밝은 미소와 정성으로 손님을 모시는 지혜로운 처녀였다.

S#1 금풍관 정원과 마루

객실에서 새어 나오는 불빛과 남녀 웃음소리와 흥겨운 가야금 곡조가 별천지 같은 느낌이다.

일엽이 뜰 안에서 들어서자 마루에서 채선이가 말을 건다. 그녀는 담배를 물고 있다.

채선 일엽아. 어서 오너라.

일엽 채선언니, 손님이 많으신가 봐.

채선 얘, 말도 말아라. 오늘따라 초저녁부터 객실이 찼단다. 호호…….

일엽 그래요? 홋호…….

채선 게다가 여기저기서 일엽인 아직 안 나왔느냐고 어찌나 재촉들인지 원……. 홋호…….

일엽 어머…….

채선 어느 방 손님을 모셔야 좋을지 모르겠구나.

일엽 네?

채선 글쎄 모두가 괄시 할 수 없는 손님들이니 말이야. 어떻건다지?

일엽 언니 좋으실 대로 하세요. 저야 언니가 시키는 대로 따르겠어요.

채선 정말이지?

일엽 네.

채선 어떻든 올라오너라.

일엽 네.

일엽이가 마루로 올라오자 채선이는 일엽이 들고 있던 핸드백과 쇼올(춘추용 엷은 것)을 받아 든다.

채선 이건 내가 챙길 테니 7호실로 가봐.

일엽 7호실이요?

채선 그래. 사각모자 손님들이다. 홋호…….

채선은 일엽의 등을 밀어내듯 툭 친다.

S#2 객실

상필, 문수, 두일 그리고 기생 갑, 을이 술상을 둘러 앉아 있다.

그들은 이미 술이 거나해 있다.

문수가 접시만한 큰 술잔을 비우고는 상필에게 내민다.

옆에서 기생 갑이 안주를 문수에게 물려준다.

문수 상필아, 자 간다.

상필 아니 왜 나부터 주니? 두일이에게 권하지 않구…….

두일 허허…… 이 사람아. 오늘 이 술좌석의 주인공이 누군데 그래…….

문수 그렇지. "동경유학생 박상필 군의 금의환향을 축하함!" 헛허…….

모두들 따라 웃는다.

상필은 그 이상 사양할 수 없다는 듯 문수가 내민 잔을 받는다.

상필 난 술이 약해서…….

두일 흥. 동경서 왜년 기생들하고만 마셔서 이 아가씨들에겐 흥미가 없단 말인가? (하며 옆에 앉은 기생의 어깨를 탁 친다)

기생 갑 어머! 동경은 동경이고 경성은 경성이죠.

기생 을 그럼요. 경성 기생이 동경 기생보다 못할 게 뭐예요.

문수 핫하…… 경성 기생 총궐기구나.

모두들 다시 한 번 웃는다.

이때 미닫이가 사르르 열리자 모두들 그쪽을 주시한다.

일엽이가 눈을 내리깔고 조심스럽게 미닫이를 여닫고 들어와 앉아 사뿐히 절을 한다.

일엽 일엽이라고 불러 주십시요.

남자들은 호기심에 여자들은 약간의 시기에 찬 눈으로 바라본다.

그러나 일엽은 그들의 시선을 의식하지 않고 자기가 앉아야 할 자리가 어딘가를 찾는다.

문수 오 자네가 바로 소문난 일엽이냐?

일엽 아이, 소문나다뇨? 아무것도 모릅니다. 앞으로 많이 좀 가르쳐 주세요.

두일 좋았어. 가르쳐주지. 그럼 우선 그 손님을 모셔라.

두일이가 상필을 가리키자 무의식간에 일엽과 상필의 시선이 마주친다. 순간 뭔가 이끌리는 힘을 느낀 듯 주저한다.

문수 거기 앉아.

일엽 ……

문수 (상필에게) 이 사람아 꽃이 손짓을 해야 나비가 앉지. 헛허…….

상필 (매혹 당한 눈으로) 앉아요.

일엽은 말없이 상필 곁에 앉는다.

문수 마침 잘 됐어. 그 잔을 일엽이가 따라서 전해라.

일엽 네.

일엽이가 주전자를 들어 어서 잔을 받으라고 재촉하는 듯 쳐다본다.

상필 (멋쩍게) 나 술을 잘 못하니까 조금만.

두일 그런 법 동경서는 허용될지 모르지만 여기서는 없어. 가득 채워.

상필 응?

두일 네가 못 마시면 일엽이가 대신 마셔야 해. 안 그래? (하며 다른 기생들을 쳐다본다)

기생 갑 그럼요. 이 좌석에선 손님과 기생은 일심동체가 되어야죠.

문수 일심동체?

기생 갑 네. 그야 밖에 나가시면 애인도 있으시고 부인도 계시겠지만 일단 기방에 들어오신 이상은 저희들이 목숨을 걸고 모시겠사오니 염려 놓으시고 허리띠 풀으셔요. 홋호.

문수 핫핫……. 그것 말 한 번 한강수처럼 시원하다. 상필아! 들었니? 아마 쪽바리 기생에겐 이렇게 툭 트인 건 못 봤겠지!

기생 을 비록 직업이사 미천한 기생이지만 왜 일본 기생에게 집니까? 지긴!

두일 헛헛…….

문수 좋았어! 오늘 밤은 너희들 셋은 우리와 일심동체다! 알겠어?

기생 갑, 을 네. 알아 모시겠어요.

문수가 대답을 안 하는 일엽을 내려다본다.

문수 아니 너는 왜 대답이 없니?

일엽 (부끄러워 고개를 못 든다)

문수 알고 보니 마음은 콩밭에 있는 게로구나! 너 벌써 서방을 정했니?

일엽 아니에요.

두일 그럼 왜……. 이 손님을 모실 생각이 없니?

문수 잘못 봤다! 이 손님이 누구신 줄 아니?

일엽 누구신데요?

문수 가회동 박 남작 댁 종손이야!

상필 이 사람! 술맛 떨어지게 그런 소린……. 자, 그럼 이걸 마시고 너한테 간다.

상필이가 약간 미간을 찌푸리더니 잔을 기울인다.

일엽의 시선이 서서히 상필에게로 빨려간다.

S#3 박동영의 집 안방

박동영이 깊은 생각에 잠기며 담배 연기만 허공에 내뿜고 있다.

시계가 열두 시를 친다.

김씨가 보약 그릇을 들고 들어선다.

김씨 얘가 왜 안 돌아온지 모르겠구려! (앉으며) 약 드세요 영감.

박대감 혹시 지숙이가 제 오래비 친구 집을 알고 있는지 물어보지. (하며 약을 마신다)

김씨 이 시간에 친구 집에 있겠어요? 어디 술집에나 있겠지.

박대감 술집? 대학생이 무슨 술이야, 술은.

김씨 원 영감도. 상필이가 뭐 어린애인 줄 아세요? 더구나 오랜만에 동경서 나왔다고 친구들이 끌고 다니면 별 수 없지요!

박대감 망할 자식! 학생의 신분으로 무슨 놈의 술이야! 빨랑 돌아오지 않구! 집에서 기다리는 부모의 심정도 생각을 해야지…… 원…….

그는 새 담배가치에 불을 붙인다.

김씨 여보, 영감.

박대감 응?

김씨 저도 생각을 해봤는데요…….

박대감 뭘?

김씨 만약에…… 우리 상필이가 군대에 나가게 된다면 말이에요…….

박대감 (긴 한숨)

김씨 아무래도 군대 나가기 전에 혼인이라도 시키는 게 좋겠어요.

박대감 혼인?

김씨 네……. 방정맞은 생각일지 모르지만 대를 이어나갈 씨를 받아 놔야잖겠어요?

박대감 무슨 잠꼬대야……. 군대에 나간다고 다 죽는대? 안 죽어요!

김씨 그렇지만 누가 또 그걸 꼭 믿을 수 있수?

박대감 아니 그럼 임자는 상필이가 죽기를 바라오?

김씨 망령이셔! 원……. 그게 아니라 상필이가 외아들이고 그 애가 만약에 군대에 나가고 없으면 적적해서 어떻게 살겠수? 그러니 아예 혼인을 하고 나가면 기다리는 우리도 든든하고 또 손주라도 보게 되면 덜 적적하구요…….

박대감 음…….

김씨 그렇잖아도 전부터 중신애비가 드나들면서 어찌나 졸라대는지 몰라요.

박대감 중신애비가?

김씨 예. 그래 우리 상필이는 대학공부 마쳐야 장가보내겠다고 거들떠보지도 않았지만…… (한숨) 일이 이렇게 되고 보니…… 생각 안 할 수도 없지요…….

이때 밖에서 대문 열리는 소리.

박대감 누가 온 게 아니오?

김씨 글쎄요……. (크게) 은순아! 누가 왔니?

은순 (소리만) 도령님 들어오셔요!

김씨 상필이가? (급히 자리에서 일어나 나간다)

박대감 여보! 상필이더러 들어오라고 해.

김씨 예!

S#4 마루와 뜰

술에 취한 상필이가 은순의 부축을 받으며 비틀거리다가 마루 끝에 쓰러진다.

방에서 나오던 김씨가 깜짝 놀라며 급히 다가온다.

김씨 상필아! 상필아! 아니 어디서 이렇게 취해서……. 상필아…… 정신 차려.

상필 난! 못 가! 못 가! 못 가!

손을 허우적거리다가 그만 잠이 든다.

김씨의 표정이 어둡다.

제3화

· **등장인물**

일엽

송씨

상필

김씨

안성댁 중신에미

지숙(智淑) 상필의 누이, 여고보생

영근네

－세트－

1. 일엽의 방
2. 마루
3. 박동영의 사랑방
4. 방 앞 마루
5. 일엽의 집 뜰과 마루
6. 방 안
7. 마루와 뜰
8. 일엽의 방
9. 뜰과 마루
10. 일엽의 방
11. 박 대감 집 안방
12. 일엽의 방

S#1 일엽의 방

이불을 걷어찬 채 엎드려 자고 있는 흐트러진 일엽의 모습.

이따금 괴로움을 못이긴 듯 고개를 젓는다.

이윽고 송씨가 미음 그릇을 들고 들어선다.

그러나 괴로워하는 딸의 모습을 보고는 어떤 자책감과 측은한 생각에 얼굴이 흐려진다.

N　딸을 기생으로 내보내고 있는 어머니 송씨가 가장 괴로운 시간은 아침이다. 원래 몸이 허약한 딸이지만 어쩌다가 술이라도 과음하고 들어온 날은 새벽부터 깨미음을 쒀야 했고 때로는 인삼이라도 다려 바쳐야 한다. 세상에 오죽이 못난 에미였으면 딸을 요정에 내보내어 그 딸이 이토록 보대끼며 벌어온 돈으로 살아가야 하는가를 생각할 때는 마치 죄인이라도 된 것처럼 가슴이 무거워진다.

일엽　(신음하듯) 음…… 음……

송씨　일엽아…… 이것 좀 마실까? 응?

일엽　음……

송씨　자…… 깨미음을 마시면 속이 풀릴 거야……. 어서…….

일엽　……

송씨　그러기에 내가 뭐라던……. 술을 안 마시도록 요령껏 하래니까……. 술이야 손님이 마시는 거지 네가 마실 건 없잖아……. 네 몸을 생각해야지…… 몸을……. 에그…… 자 어서 일어나서 미음이라도…….

일엽　흑! 흑……

일엽이가 소리 죽여 우는 소리에 송씨는 겁이 나서 미음 그릇을 내려놓고 딸의 어깨에 손을 댄다.

송씨 얘! 어디가 아프니? 응? 어디……

일엽 놔요! 놔! 흑……

일엽은 발악을 하듯 자기 머리카락을 두 손으로 휘어잡고 목을 놓고 운다.

송씨 (겁이 난 듯) 일엽아! 왜 그래? 응? 간밤에 무슨 일이 있었니?

일엽 흑! 흑……

송씨 글쎄 말을 해야 알지? 채선이가 뭐라고 하던?

일엽 (겨우 울음을 삼키며) 아, 아니에요. 아무것도.

송씨 그런데 왜 울어? 울긴…… 응?

송씨가 딸의 헝클어진 머리를 쓰다듬어 넘기자 눈물자욱이 범벅이 된 일엽의 얼굴이 비로소 나타난다.

다음 순간 송씨의 눈에도 눈물이 핑 돈다.

송씨 일엽아! 이 에미가 밉지?

일엽 ……

송씨 내가…… 내가…… 너를 이 꼴로 만들어놓고…… 내가 진작 죽었어야 했는데…….

일엽 엄마!

일엽은 벌떡 일어나 송씨의 무릎 위에다 얼굴을 파묻고는 울기 시작한다.

송씨 미안하다……. 너한테 이 고생을 시켰으니…… 내가 벼락을 맞아야 할 텐데…… 윽…….

일엽 엄마! 그게 아니에요…… 그게…….

송씨 말 안 해도…… 내가 다 알고 있어……. 낸들 왜 마음이야 없겠니……. 겉으로는 웃고…… 속으로는 울어야 하는 마음이사…… 너나…… 나나…… 다 매한가지로…… 흑…….

일엽 엄마! 그만! 그만! 흑……

송씨 일엽아!

두 모녀가 얼싸안고 운다.

S#2 마루

영근네가 툇마루에서 약탕기를 올려놓은 풍로에 부채질하다가 방에서 흘러나오는 울음소리에 긴 한숨을 뱉는다.

S#3 박동영의 사랑방

상필이가 아버지 앞에 무릎을 꿇고 앉아있다.

박대감 그러니 네 의견을 말해 봐라.

상필 ……

박대감 이건 어디까지나 당사자인 네가 결심하는 일이겠지만…… 한 걸음 더 나아가서 이 애비의 사회적인 체면과 그리고 돌아가신 네 조부님의 명예도 전혀 고려 안 할 수는 없는 일이니까…… 응?

상필 그렇다면 아버지는 이미 마음 속으로 작정하신 게 아닙니까?

박대감 작정이라니?

상필 제가 지원하는 게 좋겠다는 뜻이 아닙니까?

박대감 그, 그렇다고 반드시 너보고…….

상필 제가 지원을 안 하겠다면 어떻게 하시겠어요?

박대감 응?

상필 아버지나 우리 가문을 위해서는 저더러 지원하라는 거고 부모된 입장으로서는 안 하는 게 좋겠다는 뜻이죠?

박대감 바로 그 점이다. 세상에 어느 부모인들 자기 자식을 전쟁터로 나가기를 바라겠느냐…… 허지만…….

상필 아버지!

박대감 응?

상필 전…… 학도 지원병으로 나갈 순 없습니다.

박대감 뭣이?

상필 경찰서장 아니라 조선총독이 다녀갔다 하더래도 저는 그렇게 할 수는 없습니다.

박대감 (불쾌감을 억제하며) 뭐, 뭐라구? 그래 그 이유부터 들어보자!

상필 이유야 많지요.

박대감 왜! 죽는 게 겁나니?

상필 겁이 나는 게 아니라 의분이 먼저 나는데요!

박대감 뭐야? 의분이 나?

상필 네 아버지! 제가 왜 일본사람 대신 죽어야 하는 겁니까?

박대감 그게 왜 대신 죽음이야?

상필 (단호하게) 대신 죽음이 아니고 뭡니까! 전쟁은 일본이 벌려놓고서 왜 싸움은 우리 조선 청년들 보고 하라는 겁니까?

박대감 듣기 싫어! 너는 지금이 어떤 세상인데 그런 말을 함부로…….

상필 제 말이 잘못 되었나요? 자기들이 벌려놓은 전쟁이면 자기들이 처리해야죠! 우리 조선 사람들하고는 아무런 관계가 없다고 봅니다.

박대감 관계가 왜 없어? 일본이 잘 살아야 조선도 잘 살 수 있어!

상필 뭐라구요?

박대감 이제는 별 도리가 없게 되었단 말이다. 나는 젊었을 때는 항일투쟁도 해왔고 반일사상도 가져보았지만 역사적인 사조에 거슬러 올라갈 수는 없다!

상필 아니 제 생각이 역사적 사조에 역행하고 있단 말씀입니까?

박대감 물론이지! 오르지 못할 나무는 아예 쳐다보지도 말랬어! 막말로 네가 항일운동을 한다고 해서 승산이 있니? 일본을 꺼꾸러 넘어뜨릴 자신이 있어? 없잖아! 그러니 우리는 현실적으로 일본의 세력권에서 벗어날 수 없게 되었으니 쓰건 달건 일본의…….

상필 저는 못 하겠습니다! (하며 자리에서 불쑥 일어선다)

박대감 이놈!

상필 아버지는 가장 현명한 방법으로 살아가시겠다는 현실주의를 내세우시지만 그건…… 그건…… 이완용 일파와 다를 바가 없습니다!

박대감 듣기 싫어! 아니 이 애비 보고 이완용 일파라니!

상필 그런 친일사상을 가졌으니까 친일파라고 말 듣게 되었죠!

박대감 말조심해! 이놈아!

그가 재떨이를 들어 내던지자 창호지를 뚫고 밖으로 나간다.

S#4 방 앞 마루

김씨와 그의 딸 지숙이가 엿듣고 있다가 마룻바닥에 떨어지는 재떨이에 깜짝 놀란다.

김씨 에그머니!

지숙 엄마!

상필이가 미닫이를 열고 마루로 나온다.

어머니와 누이동생을 보자 급히 섬돌 아래로 내려선다.

김씨 상필아!

지숙 오빠! 왜 그래요?

상필 흥! 아버지 머리가 그렇게까지 벌레 먹혀 들어간지는 몰랐다.

지숙 오빠! 냉정히 처리하셔야지 그렇다고 아버지 성화를 돋구면 어떻게 해요.

상필 아…… 이럴 줄 알았던들 동경에 그대로 머물러 있을 걸 그랬다.

김씨 (가까이 오며) 상필아! 그래 아버지께서 뭐라고 하시던?

상필 빤하죠!

김씨 빤하다니?

상필 저더러 학도병에 지원하라는 거죠.

김씨와 지숙이가 시선을 모은다.

상필 우리 가문을 위해서 말이에요. 흥, 우리 가문을 위해서 노동을 할 수는 있지만 죽을 수야 없잖아요? 네 어머니! 지숙아! 너는 어떻게 생각하니?

지숙 오빠! 아버지의 의견은 그게 아닐 거예요.

상필 아니라구?

지숙 아들이 전쟁터로 나가기를 원하는 부모가 어디 있겠어요.

김씨 그렇지. 나도 잠깐 들었는데 경찰서장이 네 아버지한테 애걸복걸했다드라!

상필 예? 애걸을 해요?

김씨 그렇지! 형식적으로라도 좋으니 네가 학도병에 지원했다고 하면 다른 사람들도 태도가 달라질 거라구 말이야. 막말로 박 남작 댁 손주도 지원을 했는데 뭐가 겁시 나는가 하고 계몽을 할 수 있다는 게지!

상필 헛허…… 핫하……

김씨 얘, 상필아.

상필 그걸 곧이 믿으세요?

김씨 그럼 믿지 말란 말이야?

상필 박 남작 손주가 뭐가 대단해서 나 하는 대로 다른 사람들이 따르겠어요.

김씨 그, 그야 사회적으로도…….

상필 그만 두세요. 어떻든 저는 학도병에 지원할 순 없으니 그리 아세요. (하며 급히 뛰어 나간다)

김씨 상필아! 상필아!

지숙 오빠! 어디 가 오빠!

S#5 일엽의 집 뜰과 마루

영근네가 빨래를 하고 있다.

방에서 가야금 산조를 타는 소리가 한가롭게 들린다. 그녀는 흐뭇한 표정으로 가락에 맞추어 어깨춤을 춘다.

S#6 방 안

가야금을 타는 일엽의 손.

그 화면에 O.L.되어 차츰 번져오는 상필의 얼굴.

영근네 (밖에서) 아씨! 일엽 아씨.

일엽 (가야금 타는 손을 멈추고) 왜 그래 아줌마!

미닫이가 열리며 영근네가 고개를 디민다.

영근네 손님이 오셨어요.

일엽 손님? 누구신데?

영근네 처음 보는 분이에요. 젊은 남자 손님.

일엽 누굴까?

일엽이가 치마를 걸치고 거울 속에 비친 얼굴을 잠깐 쓰다듬은 다음 나간다.

S#7 마루와 뜰

방에서 나오는 일엽 놀란 표정.

대문 앞에 서 있는 상필.

일엽 아니!

상필 헛허, 역시 이 댁이었군요.

일엽 어떻게 여길 다…….

상필 문득 생각이 나서요.

일엽 어머…….

S#8 일엽의 방

방 아랫목에 앉아서 담배를 피우고 있는 상필. 그는 담배연기 너머로 오밀조밀하게 꾸며진 방안을 천천히 휘둘러본다.

N 처음으로 들어와 보는 기생 방의 분위기는 상필에게 있어서 그저 신기하고 황홀하게만 느껴진다. 요정 금풍관에서 처음으로 일엽을 대했을 때 코를 간지럽게 한 그 감미로운 지분 냄새가 바로 이 방에서도 나자 그는 정다운 벗을 만나는 양 흐뭇한 기분에 취해 있었다.

미닫이가 열리며 일엽이가 팔각상을 들고 들어온다.

일엽 오래 기다리시게 해서…….

일엽은 술상을 내려놓고 사뿐히 앉아서 술잔을 권한다.

일엽 받으세요.
상필 술을 마시러 온 게 아닌데…….
일엽 얘기는 천천히 하시고 어서 잔을 받으세요.

상필은 마지못해 잔을 받자 일엽이 술주전자를 들어 술을 따른다.

일엽 안주가 변변치 않지만…….

상필은 잔을 기울인 다음 일엽에게 내민다.

상필 한 잔 드시지.
일엽 어머! 전 술 못해요.
상필 그때 보니까 나보다 잘 하던데. 헛허…….
일엽 그, 그건…… 저…….

상필 직업상 어쩔 수 없다는 뜻인가요?

일엽 실은 몸이 좋지 않아서 요즘 약을 먹고 있어요. 게다가 집에서는…….

상필 아…… 자당께서 말리시는군요.

일엽 네! 그러니 용서하세요.

일엽이가 주전자를 들고 권한다. 상필은 빙그레 웃으며 잔을 받는다.

S#9 뜰과 마루

영근네가 툇마루에 앉아서 방안 동정을 살피고 있다. 이때 대문이 열리며 송씨가 들어선다. 장바구니를 들었다.

송씨 영근네!

영근네 네?

송씨 거기서 뭘 하고 있나?

영근네 아, 아무 일도 아니에요.

다음 순간 토방 아래에 있는 남자 구두를 발견하는 송씨의 표정이 굳어진다. 영근네가 재빨리 송씨에게 다가온다.

송씨 누가 왔나?

영근네 예. 아주 잘생긴 대학생이에요. 사각모자를 쓴……. 홋호…….

송씨 대학생? 아니 대학생이 왜 우리 일엽이를 찾아왔어? 오긴!

영근네 왜는 뭐가 왜예요. 다 그럴 만한 사정이 있고 곡절이 있으니까 왔겠죠……. 호호…….

송씨의 얼굴이 굳어진다.

S#10 일엽의 방

상필 그날 밤엔 나 때문에 고생이 많았지요?

일엽 아뇨.

상필 나는 원래가 술엔 약한 편인데 그 친구들이 어찌나 짓궂게 술을 권하는지……. 정말 일엽 씨가 아니었던들 난 그날 녹초가 되었을 거야. 헛허…….

일엽 그 대신 제가 집에 와서 녹초가 되었는걸요. 흠…….

상필 그럴 것 같아서 오늘 이렇게 인사도 할 겸 겸사겸사로 찾아왔지요.

일엽 어머! 저 같은 게 박 선생님의 인사를 받을 자격이 있나요?

상필 무슨 소릴! 헛허…….

일엽 박 선생님.

상필 응?

일엽 앞으론…… 이런 데 드나드시지 마세요.

상필 ……

상필의 시선이 이상하게 광채를 띤다.

일엽 세상 사람들의 이목도 있고 또…… 박 선생님 집안 어른들도 그걸 아시게 되면…….

상필 상관없어!

그는 단숨에 술잔을 기울인다. 일엽의 시선이 불안에 잠긴다.

상필 (한숨) 난…… 집이 싫어졌어요……. 어디고 좋으니 아무도 없는 곳으로 숨어 버리고 싶은 심정이오…….

일엽 무슨 일이 있었나요?

상필 아…… 동경에서 공연히 나왔나 봐…….

S#11 박 대감 집 안방

김씨와 안성댁이 마주 앉아 있다. 김씨의 손에 처녀의 사진이 들려 있다.

안성댁 마님, 어떻시오? 헷헤…….

김씨 (안경을 벗었다 끼었다 하며) 인물은 이만하면…… 괜찮구먼 그래……!

안성댁 글쎄 인물 하나는 틀림없단 말이요. 마님, 여고보를 나왔으니 학식도 그만하면 됐고…… 또!

김씨 여고보밖에 안 나왔어?

안성댁 아니 왜……. 여고보 졸업했으면 됐지 뭐가 부족해서라우?

김씨 글쎄 우리 상필이 배필감으로는 전문학교는 마친 규수라야지…….

안성댁 아이고 모르시는 말씀! 요즘 전문학교 나온 처녀는 알아볼 앗짜여라우…… 홋호…….

김씨 아니 알아보라니…….

안성댁 입은 삐뚜러졌어도 피리는 바로 부르랬다고 (바싹 다가앉으며) 여자가 전문학교 나오면 뭣에 쓴답디어? 아니 막말로 전문학교 나오도록 시집도 안 간 처녀가 온전할 상 싶소?

김씨 안성댁! 그게 무슨 소리야.

안성댁 어딘가 흠이 있거나 금이 갔으니까 안 팔린 찌꺼기란 말이지라우! 인물 좋고 행실 고우면 진작 누군가가 솔개 병아리 채가듯 탁 채갔을 게 아닌감. 홋호…….

김씨 (따라 웃으며) 안성댁 말주변은 여전하구먼! 홋호…….

안성댁 그러니 마님! 색시를 한 번 만나보세요.

김씨 무작정 만나기만 하면 어떻게 해?

안성댁 선을 보시고 마음에 안 드시면 그만 두시는 거고 염사가 있으시면 청혼을 하는 거지 별 게 있어유?

김씨 아무리 그렇기로서니…… 어떻게 일방적으로 그럴 수가 있겠나…….

안성댁 글쎄 그 점은 저에게 맡기세요. 선 한 번 봤다고 해서 색시 얼굴이 닳아진가요? 네?

지숙 (밖에서) 어머니, 어머니.

김씨 지숙이냐?

미닫이가 열리며 지숙이가 고개를 내민다.

학교에서 돌아오는 길인 듯 책가방을 든 채로다.

지숙 손님 오셨수?

김씨 아니다. 들어오너라.

지숙이가 들어온다.

김씨가 사진을 안성댁에게 내민다.

김씨 안성댁 넣어두게.

안성댁 아니 왜……. 그만 두시게요?

김씨 글쎄 생각 좀 해봐야지.

지숙 엄마 웬 사진이유?

지숙이가 사진을 들여다본다. 다름 순간 지숙의 눈이 둥그렇게 퍼진다.

지숙 어머, 이게 누구야?

김씨 지숙이 아는 처녀니?

지숙 응! 계순언닌데.

안성댁 아니 어떻게 아시오? 색시가…….

지숙 우리 학교 일년 선배예요. 작년에 졸업을 한…….

김씨 그래?

안성댁 홋호…… 그럼 이 색시가 얼마나 얌전한가는 누구보담도 잘 알겠구먼…….

지숙 네. 공부도 우등생이었어요.

김씨 그런데 왜 전문학교도 안 갔어?

지숙 글쎄요. 학예회 때 독창을 했는데 그렇게 잘 할 수가 없었어…….
어머니! 그런데 왜 이 사진이 여기 있수?

안성댁 홋호…… 제가 가져왔지요.

지숙 아줌마가 왜요.

김씨 네 오빠 색시감으로 어떻냐고 하잖니!

지숙 오빠 색시감?

안성댁 어떻게 생각하시우?

지숙 글쎄요…… 그거야 오빠한테 물어봐야지 우리가 말해서 무슨 소용 있어요.

안성댁 그렇지라우! 헷헤……!
마님. 그러니께 사진을 도령님에게 한 번 보여 드리세요. 네?
그러고 당사자 의견을 들어 보신 다음에 결정을 합시다…….

지숙 세상은 정말 넓고도 좁네요. 계순언니가 오빠하고? 홋호…….

S#12 일엽의 방

일엽이가 화장을 하고 있다. 송씨가 옆에서 빨래를 손보면서 넌즈시 말을 떠본다.

송씨 아까 그 손님…… 자주 만나니?

일엽 아이 엄마도…… 두 번째라니까!

송씨 정말이지?

일엽 제가 왜 엄마한테 거짓말을 해요.

송씨 그런데 어떻게 우리 집을 알고 찾아왔을까?

일엽 연회 좌석에서 집이 어디냐기에 가르쳐드렸더니 지나가는 길에 들렀노라면서…….

송씨 일엽아!

일엽 예?

송씨 연회 석상에서야 손님이니까 어쩔 수 없겠지만…… 앞으로는 집에 찾아오지 않도록 해라.

일엽은 어떤 위압감에 어머니를 돌아본다.

송씨 네가 밖에서 손님을 만나는 건 탓하지 않겠다. 그렇지만 집에 찾아오는 건 삼가해! 알겠지?

일엽 ……예.

송씨 다 너를 위해서 하는 말이다. 더구나 그 손님이 뭐 박 대감 댁 자제분이라니까 말이야.

일엽 그분은 점잖은 분이에요. 동경서 대학을 다니다가 얼마 전에…….

송씨 (약간 언성을 높여서) 글쎄 네게 해로운 일은 아니니 에미 시키는 대로 들어! 남자란 언제고 휘두를 무기를 감추고 다니는 법이다.

겉으로 봐서는 몰라……. 알겠니?

일엽 ……

송씨 어서 나가 봐라! 시간이 됐다.

일엽 네.

거울 속에 비친 쓸쓸한 일엽의 얼굴

제4화

· **등장인물**

상필

박대감

박동호　박 대감의 이복동생 건달

채선

문수

두일

다방(茶房) 레지

지배인　금풍관(琴風館) 지배인

– 세트 –

1. 박 대감 집 사랑방
2. 다방 아세아 앞
3. 다방 안
4. 금풍관 채선의 방
5. 양식(洋食)집 일각(一角)

S#1 박 대감 집 사랑방

박 대감이 전화를 받고 있다. 윗목에 박동호가 담배를 피우고 있다.

박대감 예…… 예……. 나도 글쎄 나도 계속 자식 놈에게 설득은 시키고 있어요……. 예…… 물론 오까다 서장의 고충도 충분히 이해가 갑니다만…… 이건 좀 더 시간 여유를 두고……. 예? 아닙니다……. 그러실 필요 없어요……. 어떻든 제 자식 일은 제게 맡기시요! 예! 예? 간담회가 있다고요? 언제요? 모레? 예 알겠습니다. 참석하고 말고요……. 예……. 헛허…… 원 별 말씀을…… 예…… 예…….

박 대감은 길게 한숨을 뱉고는 전화 수화기를 내려놓는다.

동호 형님! 경찰서에 또 재촉 전화가 왔군요?

박대감 응……. 글쎄 하루 속히 상필을 설득시켜 지원서에 서명 날인을 받아 달라니 원…….

동호 상필이는 뭐래요?

박대감 빤하지 않니…….

그는 신경질적으로 담배를 꺼내 입에 물자 동호가 재빨리 성냥을 그어 불을 붙여 댄다.

박대감 니? 동호야 네 의견 좀 들어보자! 난 사이에 끼어서 못 당해내겠다. 경찰은 경찰대로 나를 들볶지…… 이러다간 내가 병이 나게 되었으니 어떻거면 좋으냐?

동호 형님! 제가 한 번 만나서 얘기를 해 볼까요?

박대감 상필을?

동호 예! 역시 이런 때는 젊은 사람들끼리라야 얘기가 통할 것 같아요.

박대감 자신 있니?

동호 홋홋…… 촌수를 따지면 숙질 간이지만 나이로는 불과 다섯 살 터울밖에 안 되니까……. 게다가 상필이는 전에도 곧잘 저한테는 심중의 얘기를 털어놓기도 했거던요.

박대감 그럼…… 그렇게 해 봐! 네가 어떤 수단을 써서라도 상필이를 지원시키도록만 설득하란 말이다.

동호 염려마세요. 형님…… (사이) 그런데!

박대감 뭐야?

동호 그렇게 하려면…… 역시…… 좀 있어야겠어요. (하며 눈치를 살핀다)

박대감 있어야 하다니?

동호 군자금이 있어야 설득도 시키고 함락도 시키죠. 헷헤……

박대감 돈 말이냐?

동호 예…….

박대감 응…… 얼마나?

동호 알아서 주세요……. 그렇다고 어디 찻집에서 얘기할 수도 없고 하니…….

박대감 5원이면 되겠니?

동호 원 형님두! 10원 한 장은 있어야죠……. 하다못해 기생 집에 가더라도 화대는 있어야죠.

박대감 10원씩이나 들어?

동호 요즘은 술도 귀해서요. 술값이 올랐거던요.

박 대감은 큼직한 지갑에서 10원짜리 지폐를 꺼낸다.

박대감 예따!

동호 예.

동호가 냉큼 돈을 집어서 호주머니에 집어넣고는 금방 일어선다.

동호 그럼 곧 만나보고 경과보고 드리겠습니다.

박대감 잘 해봐!

동호 염려 마시라니까요.

동호가 미닫이를 열고 나가자 박 대감은 길게 한숨을 뱉는다.

S#2 다방 아세아 앞

상필, 두일, 문수가 골목에 들어선다.

문수 커피나 한 잔 하고 헤어지자…….

두일 그렇게 하지…….

상필 난 가봐야겠어!

문수 가긴 어딜 가…….

상필 몸도 고단하고 해서…… 일찍 들어가 쉬어야겠다.

두일 상필아! 너 혹시 우리만 떼어놓고 혼자 재미보는 게 아니야…….

상필 바보 같은 소리!

문수 그렇담 커피나 하고 가! 자 들어가!

문수가 다방 문을 열고 들어간다.

두일이가 재촉하듯 팔을 이끌자 상필은 마지못해 뒤를 따른다.

S#3 다방 안

전축에서 흘러나오는 일본 유행가 〈아이젠(愛染)가쓰라〉

세 사람이 자리에 앉자 레지가 다가와 재떨이와 성냥을 놓는다.

레지 어서 오세요. 박 선생님…… 오늘은 늦으셨군요!

상필 응? 응…….

레지 아까부터 손님이 기다리고 계세요!

상필 나를?

레지가 가리키는 쪽을 보는 상필. 저만치서 동호가 손을 들어 보인다.

상필 아니…….

두일 누구냐?

상필 응! 우리 삼촌이야.

문수 삼촌?

상필 그럼 잠깐만!

상필이가 자리에서 일어나 동호 쪽으로 자리를 옮긴다.

상필 삼촌이 웬일이세요? 다방엘 다 오시고…….

동호 상필아! 너를 기다리느라고 30분을 꼬박 앉아 있었더니 골치가 깨질 지경이다. 어휴…… 이 담배연기…….

상필 저를요? 무슨 일이에요?

동호 여기서야 얘기하겠니? 어디 조용한 데로 옮기자!

상필 조용한 데요?

동호 그래! 너 잘 다니는 단골집 없니? 술값은 내게 있다.

상필 술집 말이에요?

동호 그렇지! 모처럼 내 조카를 만났으니 한 잔 하면서 얘기나 하지…….

상필 그렇지만…….

동호 술값 걱정은 말아! 삼촌이 조카한테 술 한 잔 살 돈 없겠니? 헛헛…… 가자! (자리에서 일어선다)

S#4 금풍관 채선의 방

채선이가 혼자서 화투짝을 떼고 있다. 관자노리에 삑크가 큼직하게 붙여 있다.

채선 에그! 오늘따라 웬 놈의 흑싸리 껍데기는…… 우라질 것…….

화투짝을 뒤섞으며 한손으로는 담배를 피워 문다.

이때 전화벨이 울린다. 채선이가 팔을 뻗어 수화기를 든다.

채선 여보세요. 예. 금풍관이에요. 예? 어마…… 서장 영감! 웬일이세요? 홋호…… 예…… 방을 예약하시겠어요? 예 예…… 몇 분이나 되시는데요…… 다섯 분? 예…… 예…… 그럼요. 기생은 염려마세요! 제가 다 알아서 할 테니까요. 예…… 예!

채선이가 전화를 끊고 손뼉을 친다.

채선 이봐요! 지배인…… 전씨…….

지배인 (소리만) 네…….

채선은 화투를 긁어모아 챙기고 일어선다.

미닫이 열리며 지배인이 들어선다.

지배인 부르셨습니까?

채선 오까다 서장한테서 전화가 왔는데 다섯 분 손님이 온다니까 그 송실을 치워요.

지배인 예!

채선 그러고 기생들도 쓸 만한 애들로 내보내라고 권번에 연락하고…….

지배인 예! 알겠습니다.

채선 참…… 일엽이도 나오라고 해요.

지배인 예!

채선 귀한 손님이니 실수 없도록 해요!

지배인 염려 마십시요! 헷헤…….

S#5 양식집 일각

상필과 동호가 맥주를 마시고 있다.

상필은 생각에 잠긴 듯 잔을 들고 있다. 그러나 식욕이 왕성한 동호는 큼직한 비크 스틱을 안주 삼아 열심히 맥주를 마시고 있다.

N 삼촌인 동호 역시 상필 보고 학도 지원병에 지원하는 게 좋다는 것이다. 그까짓 거 우선 도장만 찍어놓고 나중 일은 그때 가서 해결하면 되는 게지 뭐가 어려울 게 있는가라고 아까부터 끈덕지게 물고 늘어지니 상필은 그저 마음이 무겁기만 하다.

동호 상필아. 왜 안 먹니? 고기가 다 식잖아!

상필 삼촌이나 드세요!

동호 정말?

상필 예!

동호 돈 내고 산 음식이니 먹어야지 그럼…….

동호는 포크로 고기를 찍어 자기 접시에 옮겨 놓는다. 그리고는 열심히 양념병을 흔들며 뿌린다.

동호 상필아! 인생은 단순하게 살아가야 해!

상필 그럴까요?

동호 복잡하게 살자면 끝이 없어요. 골치 아파!

상필 복잡한 세상을 단순하게 살자면 더 골치 아프죠…….

동호 그러니까 우선 도장을 찍어줘!

상필 그리고선 어떻게 하죠?

동호 (낮게) 정 싫으면 삼십육계 놓는 거지 뭐!

상필 예?

동호 국내에 있기 힘들면 만주로 튀어도 되고…… 안 그래?

상필 튀어요?

동호 나를 봐! 난 말이다! 그놈의 징용영장이 세 번이나 나왔지만 싹싹 해버렸다! 흣흐…….

상필 어떻게요?

동호 이거면 다 돼. 흣흐…….

동호가 손가락으로 동그래미를 만들어 보인다.

동호 요즘 세상은 정직하게 살아갈 필요 없다! 그러니까 너도 일단 지원을 하겠다고 해놓구서 다음은 또 방법을 생각하는 거지! 응?

상필 삼촌! 그렇지만…….

동호 얘 상필아! 그 '그렇지만'이라는 말 좀 빼! 세상살이 하는 데 '그렇지만'이니 '그러니'라는 말을 자주 쓰게 되면 살아갈 재미가 없어진다! 헛허…….

상필 그렇지만…….

동호 또 그렇지만! 헛허……. 이것 먹고 저녁에는 나하고 술이나 하자!

상필 술이요?

동호 글쎄 술값은 염려말라니까! 내가 한턱 쏜다니까 그래! 헛허…….

상필도 멋쩍게 웃는다.

제5화

· **등장인물**

일엽

송씨

상필

영근네

오까다 서장

문수

두일

강상문(姜相文)

채선

손님 갑, 을

기생 갑, 을

박동호

– 세트 –

1. 금풍관 전경
2. 객실 안
3. 복도
4. 객실 안
5. 일엽의 집 안방
6. 골목 안(일엽의 집 앞)
7. 일엽의 집 뜰과 마루
8. 골목

S#1 금풍관 전경

방마다 불이 훤하게 밝다.

기생들이며 종업원이 바삐 복도를 오간다.

가야금, 장고에 노랫가락 소리가 흥청거린다.

N 금풍관의 낮과 밤은 너무나 다르다. 낮에는 조용하기가 절간 같지만 해 떨어지기가 무섭게 활기가 도는 곳이 바로 요정이다. 그러나 그 누구보다도 생기가 도는 건 금풍관 주인 채선이다.

성장을 한 채선이가 복도를 건너와 객실 미닫이 앞에 앉는다.

채선 채선이 뵙겠습니다. (절을 하고 미닫이를 연다)

S#2 객실 안

오까다 서장, 강상문을 위시해 세 명의 남자 손님이 술상을 둘러 앉아 있다. 채선을 보자 오까다 서장이 상을 찌푸린다.

오까다 이것 봐! 그래 일껏 구해온 게 이 정도뿐이야? 응? (하며 기생들을 훑어본다)

채선 서장 영감! 이 애들이 어디가 어째서 이러십니까? 권번에서는 모두가 일급 기생인데요. 홋호…….

오까다 권번에서 일급이면 뭘 하나. 우선 낯짝 생김새가 제대로야지. 안 그렇소? 강 사장!

상문 암요! 이봐! 채선이! 좀 쓸 만한 애들 없어? 화대야 특별히 치르면 될 게 아냐.

채선 에그 영감도! 글쎄 오늘은 모두가 선약이 있어서요. 이렇게 짝을 채우는 데도 진땀을 뺐어요.
얘들아- 어서 소리도 하고 춤도 춰서 분위기를 돋구어야지, 분위기를……!

기생들이 서로 시선만 마주치며 어찌할 바를 모른다.

오까다 이거 안 되겠어! 내가 직접 나가서 기생타작을 해야지.

오까다 서장이 자리에서 일어서자 채선이가 매달린다.

채선 서장 영감님. 점잖지 못하게시리 왜 이러실까? 홋호…….

오까다 내가 전화로 예약을 했을 때는 다 그만한 정도는 알아서 해놔야지! 어디 어느 방에 어떤 기생이 있나 보고 오겠어!

오까다 서장이 비틀거리며 미닫이를 열고 나가자 채선이가 뒤따른다.

채선 영감! 나으리! 왜 그러세요?

S#3 복도

오까다 서장이 이웃 방 미닫이를 연다.

S#4 객실 안

오까다 실례합니다.

이 말에 일엽, 상필, 동호가 일제히 서장을 바라본다.

상필 누굴 찾으십니까?

오까다 (일엽에게) 너 잠깐 나오너라.

일엽 네? 아니 왜요?

오까다 나오라면 나와!

오까다 서장이 일엽의 손목을 이끈다.

일엽 왜 이러세요? 이 팔 놓고 얘기하세요! (하며 뿌리친다)

채선이가 뛰어든다.

채선 서장 영감! 글쎄 이러시면 안 돼요. 여긴 선약 손님이세요.

오까다 선약? 아니 나는 선약을 안 했었나?

채선 그게 아니라 이 손님은…….

오까다 도대체가 네가 틀려먹었단 말이야. 왜 이런 기생은 안 보내고 어디서 메주 볼테기 같은 것들만…… 흣흐…… 너 이름이 뭐지?

일엽 ……

채선 영감. 자…… 그만 돌아가세요. 여기 손님들이 계신데 이러시면 되나요. 네?

오까다 손님?

오까다 서장이 비로소 상필과 동호를 내려다 본다. 상필이가 성난 눈초리로 쏘아 본다.

상필 용무가 끝나셨으면 나가주실까요?

오까다 뭐야? 나가?

동호 (낮게 말리며) 상필아! 그만 둬!

상필 왜 함부로 남의 방에 들어와서 행패시오?

오까다 아니 이게 아직도 새파랗게 젊은 처지에 기생집에 다녀?

상필 나가주시오. 주흥이 깨져요!

동호 상필아!

상필 (소리를 지르며) 어서 나가요!

일엽 참으세요 박 선생님.

오까다 어디서 함부로 큰소리냐? 응? 너 신분증 내!

상필 신분증?

오까다 젊은 놈이 기생집에 다니다니 도대체가 건방지단 말이야! 어서 신분증 내!

상필 그런 것 없어!

오까다 없어?

채선 영감! 참으세요. 이 손님은 저…….

상필 (크게) 관둬요!

오까다 음…… 보아하니 세도깨나 부리는 자리에 있는 모양인데…… (채선에게) 누구야?

채선 저, 이분은요……. (하며 급히 오까다 서장의 귀에다 소근거린다)

오까다 뭐? 박동영 대감의?

채선 예. 그러니 어서 나가십시다.

오까다 음…… 그렇게 되었어? 헛허…… 좋아…… 그럼 실례했소!

오까다 서장이 멋쩍은 듯 급히 나가버린다.

채선 죄송하게 되었어요……. 양해하시고 편히 놀다 가세요. 홋호…….

동호 아니 제까짓 게 경찰서장이면 서장이었지 나 원 기가 차서…….

채선 홋호…… 글쎄 손님께서 이해하세요. 일엽아…… 어서 약주 권해드려!

일엽 네-

동호 말세다- 말세야-

S#5 일엽의 집 안방

송씨가 전등불 아래서 돋보기를 쓰고 바느질을 하고 있다. 영근네가 저만치 앉아서 버선을 꿰매고 있다.

송씨 몇 신가?

영근네 열한 점 치던데요. 아까…….

송씨 그래. 올 때가 되었는데…….

영근네 제가 전찻길까지 나가보고 올까요?

송씨 아냐. 관두게.

영근네 마님.

송씨 응?

영근네 흠…….

송씨 뭐가 우스워?

영근네 일엽아씨 눈치가 아무래도 이상해요.

송씨 이상하다니…….

영근네 접때 오셨던 그 대학생 말씀이에요. 홋호…….

송씨 뭣이?

영근네 서로 좋아 지내는 눈치 같아요!

송씨 (얼굴 굳어지며) 쓸 데 없는 소리! 영근네는 왜 함부로 그 입을 놀리나?

영근네 왜요?

송씨 일엽이는 아직 어리기도 하거니와 그런 데 눈을 떠서도 안 되니까 말이야.

영근네 눈이 저절로 떠지고 감기고 하지, 누가…….

송씨 영근네.

송씨가 날카롭게 노려보자 영근네는 힐쭉해진다. 이때 멀리서 애기 우는 소리.

송씨 영근이가 깨었나 보네. 어서 가서 젖이나 줘.

영근네는 젖가슴을 두 손으로 누르고 문지른다.

영근네 아직 젖 먹일 때가 안 되었는데. (하며 꿰매던 버선을 싸들고 나간다)

S#6 골목 안(일엽의 집 앞)

가로등이 희미하다. 상필과 일엽이 나란히 들어온다.

일엽 선생님…… 이제 그만 돌아가 보세요.

상필 응.

일엽 가회동까지 가시려면 한참 걸리시겠어요.

상필 집에 들어가고 싶은 생각은 없어.

일엽 네?

상필 아…… 어디고 먼 곳으로나 가버리고 싶군.

일엽 먼 곳?

상필 우리 삼촌 말대로 만주로나 가버릴까 봐.

일엽 선생님. 너무 괴로워 마세요. 어떻게 되겠죠.

상필　어떻게라니…….
일엽　저도 잠깐 들었지만…… 학도 지원병 때문에 그러시죠?

상필의 눈이 이상스럽게 빛난다.

일엽　무슨 방법이 있겠죠.
상필　아니 일엽이 어떻게 그걸…….
일엽　글쎄요.

S#7 일엽의 집 뜰과 마루

송씨가 마루에서 뜰로 내려선다.

송씨　아무래도 내가 큰길까지 나가봐야 하려나부다.

신을 신고 대문 쪽으로 나간다.

S#8 골목

일엽과 상필의 두 손이 굳게 쥐어졌다.

상필　일엽이.
일엽　네?
상필　무슨 좋은 수가 없을까?
일엽　……
상필　내가 일본 군대에 들어갈 이유가 있다면 말해 봐.
일엽　가지 마세요.
상필　정말?

일엽 선생님이 싫으시다면 가지 마세요.

상필 같이 있어주겠어?

일엽 ……

상필 왜 대답을 못해? 응? 이봐!

상필이가 일엽을 힘껏 안는다. 일엽은 허물어지듯 그 품에 안긴다.

상필 아…… 왜 우린 진작 만나지 않았을까? 왜…….

일엽 후회하시나요? 저를 만난 걸…….

상필 아니야. 그게 아니야.

두 사람이 다시 뜨겁게 포옹한다. 저만치 대문 앞에서 송씨가 이 광경을 보고 깜짝 놀란다.

송씨 아니…… 저 애가…….

두 사람은 언제까지나 움직이지 않은 채 서 있다.

제6화

· **등장인물**

일엽(소녀 시절과 현재)

송씨

상필

박대감

김씨

문수

두일

은순

애국반장

레지

-세트-

1. 박 대감집 안채, 마루
2. 박 대감집 사랑방
3. 일엽의 방
4. 일엽의 방
5. 박 대감집 사랑방
6. 아세아 다방 안

S#1 박 대감집 안채, 마루

김씨가 애국반 반장이 가져온 회람판을 보고 있다. 회람판엔 새로 규정한 국민복과 몸뻬의 그림이 그려져 있다.

김씨 에그 망칙해라. 그래 이걸 옷이라고 입어요? 반장 영감은 어떻게 생각하세요?

반장 헷헤……. 마님 그럼 입어야지 어떻게 합니까. 상부에서 각 애국반장을 통해 시달이 내렸는뎁쇼. 헷헤…….

김씨 남자 분들은 그렇다 치고라도 여자 옷이 이게 뭡니까? 숫제 속바지 바람으로 다니라지. (하며 손에 들었던 회람판을 앞에 놓는다)

반장 이게 뭐 몸뻬라나요.

김씨 몸뻬?

반장 네. 일본 여자들이 일할 때 입는 옷이라나 봐요.

김씨 그걸 왜 조선 사람들이 입어요? 입긴…….

반장 시국이 점점 비상사태로 변하게 되니까 사치를 막자는 게죠! ……그리고 만약에 적의 비행기가 공습해 오는 경우가 생기면 부녀자들도 활동을 해야니까요. 예…….

김씨 에그……. 정말 시국이 옳게 돌아가는지 거꾸로 돌아가는지 알 수가 없구려…….

반장 원 별 말씀을……. 박 대감 댁에서 그런 말씀을 하시면 우리 같은 백성은 어떻게 합니까?

김씨 어휴, 말씀 마세요. 글쎄 우리 이런 일이 아니라도 머리가 무겁다니까.

반장 참 아드님께서 학도병으로 나가시기로 도장을 찍었다죠?

김씨 네? 도장을 찍어요?

반장 예. 어제 동회사무소에서 애국반장을 모아놓고 경찰서장이 강연을 하던데요.

김씨 뭐라구요?

반장 박 대감댁 같은 귀한 집 자제분도 솔선해서 지원을 했으니 다른 집안에서도 적극 지원하도록 독려하라구요.

김씨 그, 그럴 리가…….

은순이가 급히 들어온다.

은순 마님. 나으리께서 돌아오셨습니다.

김씨 오 그래? 사랑으로 바로 들어가시던?

은순 네-

김씨 자리에서 일어선다. 반장도 회람판을 들고 일어선다.

반장 그럼 저도 이만 돌아가 보겠습니다.

김씨 수고하시겠어요.

반장 애국반장 노릇도 못해 먹겠습니다. 그저 국민들에게 못할 짓만 강요하는 격이 되었으니 원…….

반장이 투덜대면서 나간다.

S#2 박 대감집 사랑방

박 대감이 찌푸린 얼굴로 보료 위에 안석을 끼고 앉아 있다.
미닫이가 열리며 김씨가 들어온다. 손에 약그릇이 들렸다.

김씨 다녀오셨어요? (앉아서 약 뚜껑을 열고 내민다)

인삼 다린 물이에요. 식기 전에 드세요.

박 대감은 말없이 약을 마시고는 입맛을 쩍쩍 다신다.

심상치 않은 공기에 김씨가 눈치만 살핀다.

김씨 경찰서에서 무슨 회의가 있으셨나요?

박대감 망할 자식 같으니…….

김씨 네?

박대감 상필 녀석은 어디 나갔소?

김씨 (바깥쪽 보며) 제 방에 있겠죠. 상필이가 또 무슨…….

박대감 그놈이 기생집 출입을 한다잖아!

김씨 기생집이요?

박대감 오까다 서장이 만났대요. 그러면서 은근히 나를 빈정대니 난 창피해서 원…….

김씨 그, 그게 뭐가 창피합니까?

박대감 뭐라구?

김씨 상필이가 어린앤가요?

박대감 (신경질을 내며) 그럼 대학생이 기생집에 드나든 게 잘한 짓이란 말이오?

김씨 잘한 짓은 못되지만…….

박대감 그럼 뭐요?

김씨 학도병이다 뭐다 하고 마음이 스산하니까 친구들과 어울려서 어쩌다 들렀겠죠.

박대감 시국이 이럴수록 자중할 줄 알아야 애비 체면도 있잖아.

김씨 영감. 그러니 제 얘기대로 장가나 보냅시다.

박대감 장가?

김씨 예. 세상이 언제 어떻게 될지 누가 알겠어요. 아까도 애국반장이 다녀갔는데 인젠 옷도 제 마음대로 못 입게 되었지 뭐유. 글쎄 …….

박대감 오늘 회의에서도 그런 얘기가 나왔지.

김씨 게다가 그 오까다 서장이 애국반장들을 모아놓고서 상필이가 이미 학도병에 지원했다고 하더래요.

박대감 뭣이? 지원을 했어?

김씨 예…….

박대감 쓸 데 없는 소리.

박 대감이 불쑥 자리에서 일어서 밖으로 나가버린다.
김씨가 원망스럽게 멀거니 바라본다.

김씨 (한숨) 이러고 보면 꼼짝없이 아들을 빼앗기게 되었으니…… 군대에 가기 전에 장가라도 보내야지 어물어물하다가는…….

S#3 일엽의 방

일엽은 책상머리에 앉아서 고개를 푹 숙이고 있다.
송씨가 날카로운 눈초리로 딸의 뒷모습을 쏘아 본다.

송씨 그 학생과 가까이 하지 말랬는데 왜 에미 말은 안 들어? 응?

일엽 가까이 하긴 누가 가까이 해요?

송씨 끝까지 에미를 속이기냐?

일엽 ……

송씨 어제 밤에도 그리고 그제도 그 학생하고 만났지?

일엽 ……

송씨 나는 끝까지 말을 안 하려고 했지만…… 이젠 참을 수가 없다. 골목길에서 그게 뭐냐?

일엽 네?

일엽이가 놀라운 표정으로 송씨를 돌아본다.

송씨 내가 모르고 있는 줄 알겠지만…… 벌써부터…… 난…….

일엽 어머니! 제가 무슨 잘못이라도 저질렀단 말인가요?

송씨 잘하고 못하고가 아니야.

일엽 그럼 뭐예요? 전 지금까지 어머니가 시키는 대로 순종해온 죄밖에 없어요.

송씨 뭣이?

일엽 (고개돌려) 보통학교를 졸업하고 여학교에 진학하고 싶었지만 어머니가 가지 말래서 전 포기했어요. (눈물이 핑 솟으며) 다른 아이들이 새 교복에 책가방을 들고 여학교 교문을 향했을 때…… 전…….

긴 치마저고리에 머리를 땋아 내린 어린 시절의 일엽이가 책보자기를 끼고 나온다. 마치 남의 눈을 피하듯 구석으로 선다. 운다.

N 나이에 어울리지 않게 치마저고리를 입고 머리를 땋아 늘어트린 소녀는 행여 친구를 만날 새라 골목길만 골라 다녀야 했다. 가난 때문에 배움의 길을 찾지 못해 권번을 찾아가야 하는 자신이 무슨 죄인인가 하고 혼자서 눈물을 짓기가 한두 번이 아니었다.

힘없이 걸어 나오는 소녀. (놀란다) 짓궂은 소년들이 소녀의 긴 댕기를 뒤에서 잡아당기고는 달아난다. 소녀는 질색을 하며 길바닥에 엉덩이 방아를 찧는다. 소년들이 손뼉을 치며 도망간다.

N　사내아이들은 소녀를 벌써부터 노리개 취급을 했다. 긴 머리를 장난삼아 잡아당기는 아이들은 무심코 하는 짓이겠지만 소녀는 이미 그때부터 여자는 사내의 노리개가 되는 길밖에 없다고 피부로 느끼는 버릇이 생긴 것이다.

일어나 걸어 나간다.

S#4 일엽의 방

두 눈에서 흘러내린 눈물줄기로 얼룩진 일엽의 얼굴

일엽　그때부터 저는 한 번도 남자에게서 사랑을 받고 싶다는 생각도 없었거니와 그걸 바라지도 않았어요. 연회 좌석에 나가도 어머니 말씀대로 시간을 채우고 돈만 받으면 된다는 식으로 지내왔단 말이에요.

송씨　그렇다면 왜 박 대감 아들에게 그렇게 끌려 다니니?

일엽　……

송씨　부잣집 도령님이라서 그러니?

일엽　……

송씨　지체 높은 명문의 자제라서 그래?

어느덧 송씨의 눈에도 눈물이 돈다.

일엽　어머니! 전…….

송씨 (엄하게) 부질없는 짓이다. 네 말대로 여자는 남자의 사랑을 바랄 수도 없고 바라서도 안 된다. 하물며 상대방이 돈 있고 권력 있는 사람이라면 더구나……. 그건…… 누구보다 이 에미가…… 에미가 잘 알고 있기 때문이야.

일엽 (어머니를 보며) 어머니! 흑…….

일엽이가 책상머리에 엎드려 흐느껴 운다.

송씨는 측은한 생각이 들어 일엽에게 다가앉아 머리와 어깨를 부드럽게 어루만진다.

송씨 일엽아……. 네가 미워서 이러는 게 아니라 모두가 너를 위해서야. 네가 에미처럼 되지 않기를 바래서 말이다. 알겠니? 응?

어느새 송씨의 뺨에 흘러내린 눈물방울이 딸의 머리 위에 떨어진다.

S#5 박 대감집 사랑방

박 대감 앞에 상필이가 무릎을 꿇고 앉아 있다.

박대감 그러니 이제는 더 생각할 필요도 없다.

상필이가 반항에 찬 눈초리로 아버지를 바라본다.

박대감 너는 애비가 자식을 전쟁터에 몰아 넣으려고 한다고 생각하겠지만 그게 아니다.

상필 그럼 뭡니까? 저에게 명예로운 일본제국 국민의 칭호를 주시기 위해서입니까?

박대감 네가 뭐라 해도 난 할 말이 없다. 그렇지만 애비의 입장도 생각해다오. 상필아…….

상필 그럴 필요가 있을까요?

박대감 있지! (상필의 손목을 잡는다) 자식을 가진 부모의 마음은 매한가지야! 그렇지만…….

박 대감의 눈에 눈물이 핑 돈다.

상필 (더 냉철해지며) 아버지의 사회적 지위가 가로막는다는 얘기는 진작부터 귀가 아프도록 들었습니다.

박대감 그렇다면 애비를 이해해줘야지! 응! 너한테 부탁한다!

상필 아버지! 전…… 지원할 수 없다고 말하잖았어요!

박대감 애비가 사회적으로 매장을 당해도 말이냐? 아니 네 조부님이 쌓아올린 탑이 무너지고 내가…….

상필이 자리에서 불쑥 일어선다.

박대감 상필아! 어디 가니! 내 얘길 끝까지 들어!

상필 들을 필요 없습니다. (하며 미닫이를 여닫고 나가버린다)

박대감 상필아! 상필아…….

그러나 엄습해 오는 고독감과 허탈감에 박 대감의 얼굴은 눈물로 젖는다. 벽에 걸린 박 대감의 사진이 크게 번진다.

박대감 아버님……. 이 일을 어떻게 처리하면 되겠습니까?

S#6 아세아 다방 안

상필이가 외롭게 앉아 담배연기를 허공에 날리고 있다. 전축에서는 일본 귀향가곡이 흘러나오고 있다. 허공에 피어 퍼지는 담배연기 속에서 아련히 떠오르는 일엽의 얼굴. 상필은 괴로움을 털기라도 하듯 눈을 지그시 감아버린다.

다방 문이 열리며 두일과 문수가 들어선다. 두 사람이 급히 상필이 쪽으로 온다. 문수가 대뜸 상필의 목덜미를 휘어쥔다.

문수 임마!

상필 응? 아니 왜 이래?

문수 비겁한 자식!

상필 뭐라구?

두일 사내자식이면 신의를 지켜라.

상필 신의? (일어난다) 난데없이 무슨 소리냐?

문수 시침을 떼기냐? 더러운 자식!

상필 왜들 이래!

두일 좌우간 나가서 얘기하자.

상필 무슨 얘긴지 모르지만 여기서 얘기하지.

문수 나오라면 나와!

두일 네 놈이 그럴 줄은 꿈에도 몰랐다.

두일과 문수가 앞장서 나가자 상필은 한동안 멍하니 앉아 있다.

제7화

· **등장인물**

일엽

송씨

상필

박대감

김씨

지숙

영근

채선

정계순(鄭桂順)

정종달(鄭鍾達)

인력거꾼

문수

두일

—세트—

1. 공원 연못가
2. 일엽의 집 뜰과 마루
3. 박 대감 집 안방
4. 마루
5. 방 안
6. 마루
7. 양식집
8. 금풍관 앞

S#1 공원 연못가

상필을 사이에 두고 두일과 문수가 무섭게 노려보고 있다.

N 무슨 까닭이 있었기에 이 친구들은 나를 여기까지 끌어냈을까? 아니 이 친구들과 나 사이에 갑자기 벌어진 사이는 어디서 생긴 것일까? 아까부터 상필은 두 사람에게서 무슨 말이 떨어지기를 기다리며 이런 생각을 하고 있었다.

두일 상필아!

상필 ……

문수 어떻게 된 판이니?

상필 ……

두일 너 도장을 찍었다지.

상필 도장이라니…….

문수 시침을 떼지 말아.

상필 난데없이 왜들 이래? (일어서며) 응? 도장을 찍다니 무슨 도장이야?

상필이가 자리에서 일어서 두 사람을 번갈아 본다.

문수 결론은 간단히 내리자. 네가 학도병으로 나가기로 했다는데 어떻게 된 거냐?

두일 우리들의 약속을 잊었니?

상필 헛허…….

문수 웃어?

두일 웃을 일이 아니란 말이다. 우린 무슨 일이 있드라도 학도병으로 안 나가기로 맹세해 놓구서 이제 와선 너만 빠져나가. 비겁한 놈!

문수 배반자!

상필 배반자? 흣흐…… 그래서 나를 몰매를 하기 위해서 여기까지 데려왔니? 흠…… 미안하지만 난 도장을 찍은 적도 없고 우리들의 약속을 저버릴 생각도 없어.

상필의 태연한 태도에 두 사람은 영문을 모르겠다는 듯 서로 시선을 마주친다.

두일 그럼 어디서 나온 소문이니? 경찰서장이 학부형들을 몰아놓고 분명히 그렇게 말했다는데…….

문수 정말 도장 찍은 적 없니?

상필 없다! 나는 차라리 자살을 했으면 했지 일본놈들의 청부살인을 할 순 없단 말이다. 우리가 뭣 때문에 놈들 대신 죽음을 하는가 말이다. 나는 끝까지 버티겠단 말이다!

두일 정말인가?

문수 이상하다. 그런데 왜 그런…….

상필 (한숨) 일본 경찰이 꾸민 잔꾀겠지! 허기야 그 자들은 지원병을 긁어 모으는 데 수단 방법을 가리지 않고 있으니까 무슨 짓인들 못하겠어?

두일 (부드럽게) 상필아.

문수 미안하다.

상필 흠…… 괜찮아……. 너희들의 오해가 풀렸으면 다행이지……. 난 안 간다.

두일 물론이지.

문수 헛허…….

나뭇가지 사이로 형사의 이즈러진 얼굴이 지켜보고 있다.

S#2 일엽의 집 뜰과 마루

영근네가 급히 대문을 열고 들어선다.

영근네 아줌마! 아줌마!

송씨가 안방에서 나온다.

송씨 왜 또 숨 넘어가는 소린가?

영근네 (금시 볼메인 소리) 이 일을 어떻거면 좋아요…… 마님…… 흑.

송씨 아니 왜 그래? 응?

영근네 흑…….

송씨 그렇게 울지만 말고 얘기를 해봐.

영근네 글쎄 영근 아범이…… 징용을 나가게 되었대요.

송씨 응? 징용?

영근네 네…….

송씨 언제?

영근네 글쎄 오늘 강원도 광산에서 휴가를 나온다기에 경성역으로 마중을 나갔더니만…….

송씨 그래 영근 아버지가 왔어?

영근네 네. 몇몇 친구들하고 같이 나왔는데 모두가 징용영장을 받고 부청 노무과로 수속을 하러 왔으니 나보고 먼저 가라면서…….

송씨 음…….

영근네 그러니 난 어떻게 합니까? 왜 하필이면 그이한테 영장이 나옵니까? 흑흑…….

송씨 (긴 한숨) 정말 큰일났구먼……. 그래 어디로 간대?

영근네 있다가 와봐야 알겠지만 아마 북해도 탄광이라나 봐요. (다시 슬퍼지며) 아이구…… 내 팔자야…… 결혼한 지 3년 동안 따뜻한 밥 한 그릇 먹어보지도 못하고…… 그저 벌어먹기 위해 이날 이때까지 강원도 산골짝에서 노동을 해왔는데……. 아이구 가엾어라……. 아이구 불쌍해라…… 흑…… (마루로)

슬피 우는 영근네를 물끄러미 내려다보는 송씨.

S#3 박 대감 집 안방

박 대감, 김씨, 상필이 마주 앉았다.

박대감 그러니 이상 생각할 필요도 없고 망설일 필요도 없다. 그러니 내일은 나하고 같이 경찰서로 가자.

상필 ……

박대감 알았지?

상필 ……

김씨가 불안스럽게 아들을 바라본다.

박대감 네가 괴로워하는 심정도 모를 바 아니다만…… 이 아버지의 고충도 말이 아니다. 그 동안 네가 생각할 여유를 달라고 했을 때도 그만한 여유를 줬으니……. 응? 알겠지?

상필 아버지!

박대감 왜?

상필 전 그렇게 할 수 없습니다.

박대감 뭐?

상필 아버지의 고충이 있기 전에 저에게는 보다 큰 아니 보다 현실적인 장벽이 있으니까요.

박대감 현실적인 장벽이라니.

상필 배신자라고 말을 듣고 싶지 않습니다.

박대감 배신자?

상필 네. 친구들하고 약속한 일도 있으니까요.

박대감 (크게) 이놈.

김씨 여보. 조용조용히 얘기하세요.

S#4 마루

학교에서 돌아온 지숙이가 미닫이 앞에서 엿듣고 있다.

S#5 방 안

박대감 너는 애비보다 친구가 더 중하니?

상필 더 중하고 가볍고의 문제가 아니죠.

박대감 그럼 뭐야?

상필 아버지. 그걸 꼭 제가 말해야 아시겠습니까?

박대감 뭐라구?

상필 저는 지금 입이 있어도 말을 못하고 생각이 있어도 나타내 보일 수 없는 처지입니다.

박대감 상필아 안다. 알고말고…….

상필 그러기 때문에 저는 더 괴롭습니다. 저는 제 의사대로 행동하겠으니 그렇게 아세요.

상필이가 자리에서 일어나 나가려 한다.

박대감 그럼 나도 책임 안 지겠다.

상필 책임이라구요?

박대감 경찰에서 어떤 방침으로 나오건 나도 모르겠단 말이다. 너를 기피자로 잡아 가두건 말건.

김씨 여보! 그게 무슨…….

상필 알겠어요. 그 자들이 나를 잡아 가두겠다면 갇혀 살아야겠죠. 흥.

상필이가 미닫이를 열고 밖으로 나온다.

S#6 마루

지숙 오빠!

상필 ……

말없이 마루 끝에 가 선다.

지숙 오빠의 심정 저는 이해하겠어요.

상필 고맙다.

지숙 그렇지만 어떻게 하죠?

상필 경찰에서 나를 잡으러 올까봐 두렵단 말이지?

지숙 네.

상필 마음대로 하라지! 흠…….

그는 정말로 조소도 아닌 웃음을 뱉고는 나간다.

S#7 양식집

안성댁이 정계순과 그의 아버지 정종달과 마주 앉아 있다.

정종달은 어딘지 병색이 나타나 보인다.

안성댁 이건 제가 책임질 테니…… 눈 딱 감고 선을 보이도록 하세요.

종달 계순아! 네 생각은 어떠냐?

계순 ……

안성댁 말이야 바른 말이지! 박 대감댁 자제분이면 날아가는 참새도 부러워할 처지가 아니에요? 문벌 좋겠다 돈 있겠다 학벌 좋겠다…….

계순 아주머니!

안성댁 응?

계순 그렇게 모든 조건이 갖추어진 분이 어떻게 저 같은 여자를 탐탁하게 여기겠어요.

종달 뭐라구?

계순 저는 아무리 생각해도 실감이 안 나요.

안성댁 실감이 안 나는 게 뭐요?

계순 그만한 분이면 동경에 애인도 있을 게구 더 좋은 집안에 규수도…….

종달 (불쾌감을 나타내며) 계…… 계순아! 우리 집안이 어때서 그러니? 우리가 지금은 몰락했지만 옛날에는 다…….

계순 아버지! 지난날에 잘 살던 게 이제 와서 무슨 소용이 있어요?

안성댁 그야 있지! 있구 말구. 말이야 바른 말이지 뼈대 있는 집안이란 어딜 가나…….

계순 전 그게 싫어요.

종달 싫다니……. 박 대감의 며느리로 들어가는 게 싫어?

계순 어울리지 않는 혼담은 아예 넘어다보지 않는 게 좋을 거예요.

안성댁 글쎄 어울리고 안 어울리고는 내가 알아서 할 테니까 선을 보도록 해요. 저쪽에서 시부모 되실 어른들도 색시 사진을 보고는 흡족해하니까! 응?

계순이 한숨만 내뱉는다.

종달 계순아! 솔직히 얘기해서 애비를 살리는 셈 치고 선을 봐! 선을 봐서 서로가 좋으면 혼인하는 게고 싫으면 그만 아니냐. 응? 그것도 못 할 게 뭐냐?

안성댁 그렇죠. 요즘 세상에 연애결혼도 흔하다는데 그까짓 선보는 것 가지고 망설일 게 뭐유…… 응? 그렇게 합시다. 해요……. 헷헤…….

종달 인생을 도박이라고 생각해. 헛허…….

계순은 눈을 지그시 감고 앉아 있다.

S#8 금풍관 앞

인력거가 다가온다. 이윽고 일엽이가 인력거에서 내린다.

그녀가 인력거꾼에게 돈을 치르고 대문 안으로 들어가려는데 상필이가 부른다.

상필 (소리만) 일엽 씨!

일엽이가 돌아본다. 상필이가 나타난다.

일엽 어머!

상필 흠…….

일엽　아니 왜 여기 서 계세요?

상필　만나보고 싶어서…….

일엽　저를 기다렸어요?

상필　오늘밤에 나를 만나 줄 수 없겠소?

일엽　?……

상필　할 얘기가 있어.

일엽　그럼 들어가세요.

상필　여긴 싫어!

일엽　네?

상필　다른 곳에서 만나요.

일엽　……

상필　괜찮지?

일엽　그렇지만 연회가 끝나는 시간이 늦을 텐데 어떻게?

상필　어때요. 만나주지요?

일엽　……

상필　그럼 어디 조용한 다방에서 만날까?

일엽　글쎄요.

상필　그럼…… 아세아 다방에 나와요. 늦어도 열한 시에는 끝나겠지 …….

일엽　그렇지만 너무 기다리지 마세요.

대문이 열리며 채선이가 고개를 내민다.

채선　일엽아 어서 들어와. 손님께서 기다리신다.

일엽　네…… 네.

채선　(비로소 상필을 보고) 어머, 이게 누구신가 했더니 박 대감댁 도령님 아니세요? 예? 홋홋…….

상필 안녕하세요?

채선 왜 들어오시잖구 여기 서 계셔요? 어서 들어오세요.

상필 아, 아닙니다.

채선 (팔을 이끌며) 쉬어 가시라니까.

상필 다음에 들리겠어요.

상필이가 멀어지자 일엽, 언제까지나 바라보고 있다.

채선 아니 왜 이 애가 이렇게 넋을 잃고 서있나. 자 빨리 들어가자. 원 애두.

제8화

· **등장인물**

일엽
송씨
상필
박대감
김씨
안성댁(安城宅)
은순
채선
돌쇠 별장지기

– 세트 –

1. 공원 연못가
2. 물레방앗간 앞
3. 물레방앗간 안
4. 일엽의 집 뜰과 마루
5. 물레방앗간 안
6. 공중전화 안
7. 금풍관 채선의 방
8. 공중전화
9. 채선의 방
10. 공중전화
11. 채선의 방

12. 물레방앗간 안

13. 박 대감집 안방

14. 마루와 뜰

S#1 공원 연못가

휘영청 밝은 달이 연못 위에 떠 있다. 이윽고 수면에 떨어지는 상필과 일엽의 물그림자.

일엽 하실 얘기가 있으시다드니…….

상필은 대답 대신 입에 물었던 솔가지를 물 위에 던진다.

상필 일엽이?

일엽 네?

상필 언젠가 나보고 학도병에 나가기 싫으면 가지 말랬지?

일엽 (약간 당황한 빛) 네? 네! 그야…….

상필 (눈치를 보며) 정말 그렇게 해 버릴까 해!

일엽 네?

상필 만주고 어디고…… 달아나 버릴 생각이야……. (하며 돌멩이를 연못 위에 던진다)

일엽 만주로요?

상필 이대로 어물어물 하고 있다간 개죽음을 당할 것 같아서.

일엽 그런데 왜 저한테 그런 말씀을.

상필과 일엽의 시선이 정면으로 마주친다.

상필 일엽이가 좋으니까!

일엽 !

상필 가장 가까운 사람에게만은 알리고 싶었어.

상필의 손이 일엽의 손을 덮친다.

일엽 부모님도 계실 텐데…….

상필 아냐! 이미 피는 내게 있어서 의미가 없어진 지 오래야.

일엽 무슨 말씀이신지…….

상필 아버진 내가 학도병으로 나가기를 바라고 계시니까!

일엽 (놀라움을 이기지 못해) 그래요?

상필의 얼굴에 이즈러진 미소.

상필 그러니 이제 내게 있어서 가장 가까운 사람은 바로 일엽이 뿐이래두!

일엽 그, 그렇지만…….

상필 일엽이!

상필이가 으스러지게 일엽을 품에 안는다. 처음엔 약간 저항하려던 일엽도 서서히 움츠러든다.

일엽 아……. (황홀한 듯 눈을 사르르 감는다)

상필 나하고 같이 가요!

일엽 어딜…….

상필 어디든지……. 우리 둘이 같이 있을 수 있는 곳이라면……. 가 줄 수 있겠어? 응?

일엽 진정으루 하시는 말씀이에요?

상필 우리가 지금 살아있는 게 사실인 것처럼!

일엽 선생님!

상필 나는 이제…… 나 혼자는 갈 수 없을 것 같아! 일엽이를 알고 난 이후부터는…….

일엽 저 같은 천한 기생이 어떻게.

상필 나 같은 천한 노예보다는 훌륭해. 응? 나를 도와줘. 일엽이 나와 같이 가지?

일엽 어디루…….

상필 따라와요. 자아.

일엽 네! 가겠어요……. 어디든……. 선생님이 이끌어주시는 길이라면.

상필이가 일엽의 팔을 이끈다. 두 사람은 새로운 힘을 다하여 뜨겁게 포옹한다. 물 위에 떨어진 나뭇잎 때문에 물그림자가 흔들린다.

S#2 물레방앗간 앞

수레가 쿵쿵 돌아가고 있다. 상필이가 일엽의 손목을 이끌고 온다. 일엽은 어떤 불안에 떨고 있다.

일엽 아니 여기가 어디예요?

상필 우리 집 별장!

일엽 별장이라구요? (그녀는 신기한 듯 돌아본다)

상필 저 안으로 들어가면 그곳은 바로 우리들의 천국이지. 그 누구도 침범할 수 없는 우리들의 낙원.

일엽 어마! 물레방아가 있네요!

상필 좋지?

일엽 네. 이런 곳에 물레방아가 있으리라고는 꿈에도 생각 못했어요.

상필 일엽이! 이제 꿈이 아니라는 것을 보여주지. 자…….

상필은 일엽을 번쩍 두 손으로 들더니 서서히 방앗간 안으로 들어간다.

S#3 물레방앗간 안

상필이가 한 귀퉁이에 쌓인 짚더미 위에 황홀감에서 눈물에 젖어오는 일엽을 눕힌다. 상필도 나란히 눕는다.

일엽 꿈만 같아요.

상필 꿈이 아니라니까! 우리의 심장이 방아처럼 뛰고 있잖아…….

일엽 차라리 저 소리마저 멎어줬으면 좋겠어요.

상필 물이 흐르는 한 방아는 멎지 않을 걸!

일엽 선생님이 계시는 한 저는 슬프지 않듯이!

상필 맞았어!

하며 뜨겁게 포옹을 한다.

일엽 ……

상필 이렇게 우리가 도봉산 기슭에 숨어 있으리라고는 하나님도 모르실 걸…….

갑자기 일엽이가 흐느껴 울기 시작한다.

일엽 흑…….

상필 왜 그래? 응?

일엽 흑…….

상필 후회하고 있어?

일엽 아뇨!

상필 그럼 두려워?

일엽 아, 아뇨. 아니에요. 아니에요.

일엽이가 상필의 품에 파고 든다.

S#4 일엽의 집 뜰과 마루

송씨가 안절부절 못하며 마루 끝에서 서성거린다. 시계가 한 시를 친다.

송씨 얘가 어딜 갔을까? 이런 일이라곤 없었는데.

S#5 물레방앗간 안

창으로 달빛이 흘러들어 두 사람의 얼굴을 비춰준다. 달빛은 점점 어두워지고 이윽고 창은 어둠에 쌓인다.

S#6 공중전화 안

송씨가 전화를 걸고 있다. 수동식 핸들을 돌린다.

송씨 107번 좀 대주세요. 예, 107번.

S#7 금풍관 채선의 방

잠자리에서 누운 채로 채선이가 팔을 뻗어 수화기를 든다. 아직도 졸리운 듯 권태로운 목소리다.

채선 여보세요. 네, 금풍관이외다.

S#8 공중전화

송씨 채선인가? 날세. 일엽이 에미야.

S#9 채선의 방

채선 어머나! 오마니세요? 홋호……. 아니 꼭두새벽부터 어케 전화는 거세요? 네?

한 손으로 담배를 끌어당겨 입에 물다 말고 눈이 크게 뜨인다.

채선 예? 일엽이가 간밤에 안 들어왔에요?

S#10 공중전화

송씨 응……. 그래 혹시 술이라도 과해 그대로 채선이한테서 자고 있겠지 하고 믿지만서도…… 아무래도 걱정이 되어서 이렇게…….

S#11 채선의 방

채선 그, 그래요. 간밤에 연회가 늦게야 끝이 났지요……. 그래 내가 자고 가라고 했는데…… 나하고 같이 자는 건 거북하다면서…… 아마 가까운 여관으로 갔겠지요……. 예…… 너무 염려마시라요. 홋호……. 오마니한테는 그런 효녀가 또 어디 있갔소……. 홋호……. 예…… 예…….

숨을 돌리고 수화기를 놓는다.

채선 일엽이가 벌써…… 그렇게 되었어? 흠…….

S#12 물레방앗간 안

짚더미 속에 파묻혀 잠이 든 상필과 일엽.

창 너머로 눈부신 햇살이 두 사람의 얼굴을 비춘다.

일엽이가 눈을 뜬다. 그리고는 옆에 누운 상필의 얼굴을 빤히 들여다본다. 손끝으로 코를 어루만진다.

N　나의 모든 것을 바친 사람! 여자의 모든 것을 바친 첫사랑! 이제는 돌이 되어도 떨어질 수 없는 사람이기에 일엽은 밤새 황홀한 기분으로 상필의 품에 안겨 있었다. 사랑한다는 것이 얼마나 뜨거운 것인가에 처음으로 눈을 뜬 일엽이는 내일 세계가 끝이 나도 뉘우침은 없을 것 같았다.

자고 있는 줄 알았던 상필이가 일엽의 손을 쥐고 입을 맞춘다.

일엽　어머…… 깨어 있었군요.

상필　훗흐…….

일엽　네? 싫어요. 웃지만 말고…… 어서 말씀하시라니까…… 네…….

상필　핫하…….

일엽　(토라지며) 뵈기 싫어!

일엽이가 상필의 팔을 꼬집는다.

상필　아얏…… 훗흐…… 실은 나 이상한 생각이 들어서 그래.

일엽　이상한 생각이라뇨?

상필　결혼 첫날밤을 치르는 것 같아서…….

일엽　(수줍음에서) 어머…….

상필 헛허…….

다음 순간 문이 덜컹거리는 소리에 숨을 죽이며 긴장을 한다.

일엽 누가 들어와요.

상필 누굴까…….

그는 반사적으로 짚더미 위에 일어선다. 이때 별장지기 돌쇠가 쇠스랑을 들고 들어선다. 돌쇠가 상필을 보자 깜짝 놀란다.

돌쇠 누, 누구요? 거기 있는 게…….

상필 돌쇠 아닌가?

돌쇠 아니, 이게 도련님 아니세요? 어떻게 되신 거예요? 네?

하다 말고 짚더미 속에 얼굴을 감추고 있는 일엽을 내려다본다. 일엽은 지푸라기로 얼굴을 가리고 그 사이로 큰 눈을 떠 보인다.

돌쇠 아니…… 저게 누굽니까? 도련님.

상필 응? 응…… 내 친구야.

돌쇠 그럼 별장으로 들어오시지 왜…… 이런 데서 주무셔요. 그러다가 감기 드시면 어떻거려고.

상필 별장보다야 이 방앗간이 더 낫지.

돌쇠 그럼 어서 가서 아침 진지나 드세요.

상필 그럴 필요 없네. 그러고 참…… (귀에다 대고) 내가 여길 왔더라는 얘기는 아무에게도 하지 말게.

돌쇠 예?

무슨 영문인 줄 모르고 어리둥절하자 상필이가 50전짜리 은전 하나를 꺼내 돌쇠의 손에 쥐어준다.

상필 절대 비밀일세. 알았지?

돌쇠 예? 예…… 헷헤…… 염려마세요. 헷헤…….

S#13 박 대감집 안방

거울 앞에 서서 김씨가 나들이옷을 입고 있다. 이윽고 미닫이가 열리며 박 대감이 들어선다.

박대감 어딜 나가려오?

김씨 예……. 접때 말씀 드린 그 색시 선 좀 보고 올까 해요.

박 대감이 아랫목에 앉는다.

박대감 색시 선을 봐?

김씨 이왕에 할 바엔 하루라도 빨리 식을 올리는 게 좋을 것 같아서요.

박대감 그렇지만 고등보통학교밖에 안 마쳤으니 싫다고 했잖소?

김씨 (한숨) 이것 저것 가릴 수가 없게 되었죠.

박대감 응?

김씨 중신에미 얘기도 일리가 있었어요.

박대감 뭐라고 했기에.

김씨 전문학교 나온 색시가 뭐가 아쉬워서 내일모레 일본 군대에 나갈 사람에게 시집을 오겠느냐는 거예요. 게다가 여자 측 부모님의 마음이야.

박대감 뭐야. 아니 군대에 가면 당장에 어떻게 된대? 요망스러운 것 같으니…….

박 대감이 화를 내며 거칠게 담배연기를 뱉는다.

박대감 참 상필인 간밤에 안 들어왔지?

김씨 친구들하고 어울리다가 늦었겠죠.

박대감 시국이 어떻게 되어 가는지도 모르다니…… 원…….

김씨 하고 싶은 대로 내버려 두세요. 저도 오죽 괴롭겠어요.

박대감 괴로운 거야 매한가지지. 애비 체면이 있잖아. 체면이…….

은순 (밖에서) 마님, 마님!

김씨 은순이냐?

S#14 마루와 뜰

은순과 안성댁이 서 있다.

안성댁 예. 저예요. 홋호…… 차비는 다 되셨어요?

미닫이가 열리며 김씨와 박 대감이 나온다. 안성댁이 당황하며 인사를 넙죽이 한다.

안성댁 대감마님…… 그간 안녕하셨습니까……. 흠…….

박대감 음……. 뭐 좋은 규수가 있다고…….

안성댁 예? 예……. 규수 하나는 틀림없어요. 마님께 드린 사진 보셨겠지만 그저 규수 하나는 흠 잡을 데가 없습죠. 인물 좋고 솜씨 좋고 행실 좋고…… 예. 헷헤…….

박대감 홀아버지에 외동딸이라면서…….

안성댁 예…… 양친이 안 계신 게 섭섭하기야 하지만…… 그게 무슨 상관입니까? 며느리는 이쪽 식구가 되어 버리면 그만인 걸요. 안 그래요? 마님. 홋호.

김씨 안성댁. 시간이 없는데 어서 가세.

안성댁 예…… 예…… (박 대감에게 절을 하며) 그럼 안녕히 계세요. 대감!

은순이가 고무신을 마루 끝에 갖다 놓자 김씨는 신을 신고 뜰로 내려 선다.

김씨 그럼 다녀오겠어요.

박대감 음…… 여러 말 할 것 없어…… 그저 보고만 오는 거예요.

김씨 알았어요.

박 대감은 멀어지는 김씨를 바라다보며 긴 한숨을 내뱉는다.

제9화

· **등장인물**

일엽

상필

송씨

김씨

안성댁

계순

영근네

영근 아범　노동자

－세트－

1. 양식집 한구석
2. 일엽의 집 뜰과 마루
3. 공원 연못가
4. 일엽의 집 안방
5. 일엽의 집 마루와 뜰
6. 집 앞 골목
7. 일엽의 집 뜰과 마루
8. 일엽의 집 안방

S#1 양식집 한구석

식탁을 사이에 두고 김씨, 안성댁, 계순이 앉아있다.

계순은 수줍음을 이기지 못해 고개를 푹 수그리고 있다.

김씨가 안경 너머로 계순을 위에서부터 아래로 훑어보고 있다.

안성댁 그렇게 고개를 수그리고 있지만 말고 무슨 얘기 좀 해요. 홋호……. (김씨에게) 저렇게 수줍어한답니다. 네…… 홋호…….

김씨 은성여자고등보통학교를 나왔다고?

계순 네…….

김씨 그래 날마다 집에서 어떻게 소일을 하나…….

계순 네.

안성댁 소일거리야 많죠. 아버님 병수발에서부터 빨래, 밥짓기는 말할 것도 없고…… 또 바느질 솜씨가 또 이만저만이 아니랍니다. 예. 홋호…….

김씨 음…… 바느질까지.

김씨의 얼굴이 다소 풀려진 듯 하다.

김씨 웬만하면 전문학교엘 갈 걸 그랬지?

계순 (고개를 들고) 전문학교라구요?

안성댁 (날름 받아넘기며) 그야 전문학교 가려고 마음 먹었으면 못갈 사람이 아니었죠. 그렇지만 원래가 효심이 지극해서요! 네!

김씨 참 아버님께서는 어디가 편찮으신가?

계순 저…… 위장병이 있으셔요……. 그래서 오랫동안 나가시던 직장도 그만두시고.

김씨 어느 직장이신데…….

계순 금융조합 이사로 계셨어요. 여기 저기 시골 금융조합으로 전근 다니시다 보니까 그만 몸이…….

김씨 음…….

안성댁 글쎄 진작부터 재취를 하시래도 한사코 반대하신 어른이세요…….

계순 아버님은 성질이 곧으셔서 고생만 하셨어요. 남들처럼 아첨할 줄도 모르고 그저 오늘날까지 저를 위해서 재혼도 않고…….

계순의 눈에 눈물이 글썽해진다.

김씨 음…….

안성댁 (낮게) 마님! 어떠세요? 얌전하죠?

김씨 음…….

김씨는 새삼 계순의 모습을 훑어본다.

S#2 일엽의 집 뜰과 마루

뜰아랫방 미닫이가 홱 열리며 영근네가 버선발로 뛰어나와 토방 아래 쭈그리고 앉아서 운다.

영근네 그럼 나보고…… 어떻게 살란 말이에요. 어떻게…… 흑…….

영근 아범이 시무룩한 표정으로 나와 담배연기만 푹푹 뱉는다.

영근아범 별 수 있어……. 기다리는 수밖에…….

영근네 (앙칼지게) 기다려요? 뭘 어떻게 믿고 기다리란 말이어요!

영근아범 (신경질을 내며) 그럼 나보고 어떻게 하란 말이야!

영근네 흑…….

영근아범 돈 있고 세도 있으면 징용에 안 나갈 수도 있지만…… 우리 같은 백성이야 시키는 대로 하는 거지…….

영근네 지금까지…… 떨어져 살아올 땐…… 그래도…… 바라는 곳이 있었지만…… 이제 당신이 징용으로 나가버리면…… 난…… 난…… 흑…….

이때 송씨가 안방에서 나와 마루 끝에서 내려다본다.

영근아범 별 도리가 없다니까! 부청 노무과에 가서 사정 얘기도 해봤지만 우리 같은 노동자야 누가 거들떠보기나 하는가 말이야……. 그렇다고 누구를 붙들고 사정할 처지도 못되고…….

영근네 그럼 나도 따라갈래요!

영근아범 미쳤어? 아니 징용살이 무슨 소풍길인 줄 알아!

불쑥 자리에서 일어난다.

영근네 이상 더 당신과 떨어져 살 순 없단 말이어요! 영근이를 들쳐업고 따라갈테요!

영근아범 듣기 싫여! 이 등신아!

하며 대문 쪽으로 휭 나가버린다. 방에서 애기 우는 소리가 불붙듯 세게 들린다.

영근네 흑…… 흑…….

송씨가 가까이 다가온다.

송씨 영근네…… 울지 말게!

영근네 마님…… 난…… 난…… 어떻게 살아갑니까! 아범이 징용을 나가게 된다면 난…… 이제…… 꼼짝없이…….

송씨 하늘이 무너져도 솟아날 구멍이 있다잖아……. 영근 아범인들 마음이 오죽이나 아프겠나! (한숨) 모두가 세상 잘못 만나 이 고생인 걸…….

영근네 마님! 무슨 방법이 없을까요?

송씨 방법이라니!

영근네 부청 노무과 직원을 잘 삶기만 하면 빠져나올 수도 있다는데…… 그 길이 있어야죠.

송씨 길만 있으면 또 뭘 하나! 돈이 있어야지…….

영근네 돈이야 어떻게…… (문득 생각난 듯) 아씬 어디 나가셨나요?

송씨 아까 박람횔 다녀오겠다면서 나갔는데…… 왜 그러나?

영근네 아씨를 찾아오는 손님들 가운데 부청에 나가시는 분이 계신지 알아봤으면 좋겠어요.

송씨 음…… 부청에…….

영근네 아범 얘기로도 그런 길이 있기는 있어요.

송씨 일엽이가 들어오면 알아보겠네!

영근네 예! 꼭 좀 부탁 올리겠어요…….

S#3 공원 연못가

벤치에 일엽과 상필이가 나란히 앉아있다. 일엽이 표정에 수심이 가득 차 있다.

상필 내게 맡기라니까.

일엽 ……

상필 어머님께 모든 걸 털어놓구 얘기하겠어!

일엽 모든 걸이라뇨?

상필 내가 일엽이와 일시적인 불장난을 하고 있는 게 아니라고.

일엽 ……

일엽의 얼굴이 굳어진다.

상필 난 무슨 일이 있더라도 결혼을 하겠노라고 말씀드리겠어.

일엽 아, 아니에요. 우리 어머닌 보통 어머니와 다르세요.

상필 우리의 마음이 변함이 없다면 그 누구도 우릴 갈라놓을 수 없어!

일엽 박 선생님! 정말 저와 결혼하실 작정이세요?

상필 (씩 웃으며) 그럼 나는 바람둥이로 알고 있었어?

일엽 그, 그렇지만…….

상필 난 내 의사에 따라 행동하는 거야. 누가 뭐라건! 두고 봐! 내가 남은 단 하나의 믿음이 무엇인가를 보여줄 테니까!

일엽 흑…….

상필 울긴.

일엽 그 한 마디만으로도 전…… 전…… 흑…….

상필 바보같이! 훗흐! 자 이제부터 일엽 어머니를 만나러 가요.

S#4 일엽의 집 안방

송씨, 밥상을 받아놓고 멍하니 허공만 바라보고 있다.

N 이런 일은 일찍이 없었다. 아무리 연회가 늦게 파하더라도 일엽

이가 집에 안 들어오는 밤이라곤 없었다. 그런데 아침이 되도록 기별이 없으니 어머니 송씨의 입안은 모래를 씹은 듯 바싹바싹 타오르고 있었다. 어디서 무슨 일이 있었을까? 아니면…….

영근네 (밖에서) 마님…… 마님.

송씨 영근넨가?

영근네 네…….

S#5 일엽의 집 마루와 뜰

나들이 옷으로 단장을 한 영근네와 영근 아범.

영근 아범은 헌팅캡(도리우찌)을 썼고 영근네와 송씨가 방에서 나온다.

송씨 아이 어디들 가려나?

영근네 (수줍어하며) 이이가 구경시켜준다고 나가자고. 헷헤…….

송씨 구경이라니?

영근아범 예……. 그 동안 떨어져 살다 보니까…… 창경원 구경 한 번 못 시켜줘서요…….

송씨 오…… 잘 생각했네……. 영근 아범도 아내를 끔찍히 아끼는구먼. 홋호…….

영근네 아끼긴요……. 제가 나가자고 졸라댄 걸요.

영근아범 병신 같은 소리 말아! 내가 졸린다고 가고 안 졸린다고 안 가나…….

영근네 에게게…… 그래도 꼴에 사내랍시고 똥고집이지. 흥! 그만큼 나를 떼어놓고 고생시켰으니 창경원 구경도 시킬만 하지! 뭐…….

송씨 홋호……. 벌써부터 싸움인가? 어서 다녀오게나…….

영근네 예…… 예…… 그럼 다녀오겠어요…….

송씨 재미도 보고 오게.

영근아범 예…….

영근네 부부가 앞서거니 뒤서거니 나가자 송씨의 얼굴에는 금시 어두운 그림자가 스쳐간다. 송씨가 뜰로 내려서 대문을 걸려고 가까이 간다.

S#6 집 앞 골목

상필과 일엽이 들어선다. 일엽은 죄인처럼 발걸음이 내키지 않는다.

상필 용기를 내고…….

일엽 어머니를 대하기가 무서워요.

상필 글쎄 내게 맡기라니까……. 자…….

그들이 대문을 밀고 들어선다. 뜰에 서 있는 송씨와 시선이 마주친다.

S#7 일엽의 집 뜰과 마루

송씨의 미간에 지렁이 같은 핏대가 순식간에 퍼진다. 일엽도 반사적으로 고개를 푹 숙인다. 다음 순간 송씨가 일엽에게 차갑게 말을 던진다.

송씨 나 좀 보자!

하며 일엽의 대답은 듣지도 않고 황급히 안방으로 들어가 버린다. 상필과 일엽이 서로 불안한 표정으로 시선을 마주친다.

상필 들어가지…….

일엽 그, 그렇지만.

상필 내가 얘길 할 테니까…… 들어가요.

S#8 일엽의 집 안방

송씨가 끓어오르는 분노를 억제하려고 눈을 지그시 감고 있다. 이윽고 상필, 일엽이 들어선다. 그러나 송씨의 눈에는 적의가 서려 있다. 상필이가 무릎을 꿇고 앉는다. 서먹한 세 사람의 얼굴.

상필 처음 뵙겠습니다. 저는…….

송씨 가회동 박 대감댁 자제분이시라는 건 익히 들었소.

상필 (압도당한 듯) 예.

송씨 양반댁 도련님치고는 아직 수양이 덜 되었군요.

일엽 (불안해서) 어머니…….

송씨 넌 잠자코 있어!

일엽은 무안을 당한 듯 상필을 쳐다본다.

송씨 도련님! 여긴 도련님처럼 지체 높은 분이 오실 곳이 못 됩니다.

상필 뭐라구요?

송씨 술을 마시려거던 요정으로 가셔요.

상필 아니오……. 난…… 어디까지나…….

일엽 어머니 박 선생님은 그런 분이 아니에요.

송씨 일엽아! 너한테는 진작부터 일러두었으니까 새삼스럽게 말할 필요 없다만…… (상필에게) 여긴 술집이 아니니 그 점만은 명심해 주셔야겠습니다.

상필 뭔가 오해하고 계시는 모양인데……. 나는 결코…….

송씨 오해라구요? 흥! 오해도 좋고 사해도 좋습니다만, 요는 우리 일엽이를 어떻게 하시겠다는 거요?

상필 저…… 그건…… 저…….

송씨 보아하니 아직 학창의 몸이신 것 같은데 학업에나 열중하실 일이지 벌써부터 방탕이시우? 흥! 하기야 지체 높으신 박 대감댁의…….

상필 (크게) 그만!

송씨 뭐라구요?

상필 말끝마다 '그 지체 높으신 박 대감'이라는 말! 제발 그 말 좀 뺄 수 없소? 나와 아버지와 무슨 상관입니까?

송씨 (비꼬며) 아버지와 아들이 왜 상관이 없습니까?

상필 없소! 난 없단 말이오…… 나는 나예요! 나! 나!

상필의 흥분된 태도에 송씨의 표정에 동요가 일어난다.

상필 지체 높으신 게 뭐요? 지금이 어떤 세상인데 양반 상민을 가리게 되었는가 말이에요.

송씨 가리게 되고 말고요!

상필 뭐라구요?

송씨 (격해서) 나는 그걸 가려야겠소! 지체 높은 양반이라면 이가 갈리고 치가 떨린 나요! 나는 그 양반 때문에 평생을 이렇게 살아왔소!

송씨가 스스로의 감정을 억제 못하고 방바닥에 흐느낀다. 상필은 영문을 모르겠다는 듯 멍하니 내려다본다. 일엽의 얼굴에 눈물이 주르룩 흘러내린다.

일엽 어머니…… 흑!

송씨　내 딸을 어떻게 하시려고 밤새 끌고 다녔소! 네?

상필　염려마세요. 제가 책임지겠습니다.

송씨　책임을 져요?

상필　예! 우린 결혼을 하기로 했어요. 그래서 오늘은 이렇게…….

송씨　(발광하듯) 홋호…… 헛허…….

일엽　어머니! 왜 그러세요? 네?

송씨　결혼을 해? 홋호……. 그런 사탕발림에 넘어갈 내가 아니오! 나가요 나가!

일엽　어머니! 참으셔요! 제발…….

하며 일엽이가 송씨를 말리려 하자 송씨는 일엽의 앞가슴을 나꾸어챈다. 그 서슬에 옷고름이 뚝 떨어진다.

송씨　(저주스럽게) 못난 것…… 못난 것…… 네가 어쩌자고 이런 짓을 …… (분에 못 이겨) 이것아…… 죽어! 죽어!

일엽　어머니!

일엽이가 방바닥에 엎드려 흐느낀다.

제10화

· **등장인물**

일엽

송씨

상필

박대감

동호

두일

문수

채선

형사

– 세트 –

1. 아세아 다방
2. 박 대감집 사랑방
3. 동 사랑방 앞
4. 동 방안
5. 마루와 뜰
6. 금풍관 채선의 방
7. 일엽의 집 안방
8. 일엽의 집 뜰과 마루

S#1 아세아 다방

상필이가 의자에 깊숙이 파묻혀서 담배를 피우고 있다. 학생복을 벗어 버린 간편한 차림. 감상적인 유행가가 을씨년스럽게 울려 나온다.

N　일엽의 어머니 앞에서 책임을 지겠노라고 큰소리는 쳤지만 막상 어떻게 할 것인가를 생각하자니 상필의 머리는 무거웠다. 학도병 지원 문제만 없었던들 아버지께 응석을 부리는 셈 치고 얘기를 꺼낼 수도 있는 노릇이다. 그러나 학도병 지원을 둘러싸고 아버지와 아들이 정면으로 대립하고 있는 이 시기에서는 그것이 거의 불가능한 일이었다. 그렇다고 이제 와서 꽁무니를 뺄 수도 없잖은가.

이때 문수와 두일이가 두리번거리며 들어선다. 흥분된 표정들이다. 혼자 있는 상필을 보자 급히 다가온다.

문수　상필아.

상필　응? 어서 와.

두일　어서 와가 아냐……. 너 어제 그제 어디 있었니? 집에 전화를 걸어도 없다고 하던데.

상필　응…… 바람 좀 쏘이고 왔지.

문수　야, 바람을 쏘일 때가 아니야!

상필　무슨 일이니?

문수　저 말이야…….

세 사람이 머리를 맞대듯 소근거린다. 다방 한 귀퉁이에서 세 사람의 거동을 신문지 너머로 지켜보는 형사.

상필 아니 그게 정말이냐?

두일 (낮게) 틀림없는 정보다. 그러니 때를 놓쳐서는 안 돼.

문수 (낮게) 오늘 밤 열시에 우리 외삼촌을 만나서 얘기를 들은 다음 실천으로 옮기자.

상필 (난처해서) 그렇지만 그렇게 갑자기.

두일 상필아. 망설일 때가 아니다. 그래서 우린 그저께부터 너를 찾아다녔지만 네가 없으니…… 그만큼 시간이 지연된 거야…….

상필 음…….

두일 알았지? 아무튼 오늘 열시야. 잊지 말아…….

두일과 문수가 자리에서 일어서 나간다. 상필이는 어떤 허무감에 멍하니 서 있다. 형사가 뒤좇아 나간다.

S#2 박 대감집 사랑방

동호가 박 대감과 마주 앉아 있다.

박대감 그래 눈치가 어떻더냐?

동호 형님 제가 보기엔 말씀이에요.

박대감 글쎄 어서 얘길 해봐! 질질 끌지 말구.

동호 상필이 성격이 원래 내성적이지만 말씀이에요. 한 번 불이 붙는 날엔 전후 분간을 못할 그런 타입의 성격이 아닙니까?

박대감 그래서 어쨌다는 거냐?

동호 그러니 제가 보기엔 형님께서 강제로 지원을 시키는 날엔 도리어 불행한 사태가 올 것만 같아요. 예.

하며 눈치만 슬슬 살핀다.

박대감 무슨 뜻이지?

동호 이건 미확인의 정보지만은…… 조선 학생들이 집단적으로 총독부에다 대고 항의를 한다는 풍문도 있구요. 그리고 또…….

박대감 (겁이 나서) 그리고 또 뭐냐? 속 시원히 말을 해봐.

동호 저…… 외국으로 도망한다는 소문도 있습니다.

박대감 음…….

동호 그렇게 되면 상필이도 그 축에서 빠질 수는 없으니…….

박대감 동호야.

동호 예?

박대감 무슨 수가 없겠니?

동호 없는 것은 아니죠. 네.

박대감 뭐냐?

동호 (다가앉으며) 매수하는 겁니다.

박대감 매수? 누구를?

동호 흣흐……. 누군 누굽니까? 부청 병사계 직원에게 돈을 뿌려서 명단에서 상필이 이름을 싹 빼버리면 되니까요.

박대감 그렇지만 다른 사람의 이목이 있잖아.

동호 글쎄, 다 되는 수가 있다니까요. 형님…… 저 귀 좀…….

동호가 박 대감 귀에다 대고 소근거린다.

S#3 동 사랑방 앞

상필이가 아버지 방에 들어설까 말까 하고 망설이고 있다. 방에서 갑작스레 웃음소리가 터져나오자 상필이가 급히 다가간다.

S#4 동 방안

동호 그러니 돈만 있으면 문제없어요. 형님…… 흣흐…….

박대감 (반신반의의 상태에서) 그러니까 일단 지원을 시켜서 부대로 들어가는 도중에 빼돌린단 말이지?

동호 예. 아마 학도병은 대구와 평양에 있는 부대로 집결시켜서 그곳에서 기초 훈련을 마친 다음 현지로 수송한다는 얘기니까…… 중간 역에서 살짝 내려버리고…… 시골에 있는 별장에서 쉬게 하면…….

박대감 그게 가능하니?

동호 형님 글쎄 저한테 맡기세요. 이런 일에 형님이 직접 나설 수는 없지요. 안 그래요?

박대감 음…… 그래 얼마면 되겠니?

동호 글쎄요…… 적어도…… (손가락을 꼽아보더니) 한 사람 앞에 백원 한 장은 쥐어줘야 하니…… 돈 천원 있으면 되겠는데요.

박대감 천원?

동호 많아서 그러세요?

박대감 아, 아니다.

동호 천원과 상필이를 저울질해보세요. 금이야 빤하게 나오니까. 헛허……. 그럼 생각해보시고…… 그렇게 할 의사만 있으시다면 저한테 연락하세요.

박대감 오냐 생각해 보겠다.

두 사람이 자리에서 일어난다.

S#5 마루와 뜰

박 대감과 동호가 나오다가 뜰에 서 있는 상필을 보자 긴장한다.

박대감 상필아! 너 왜 거기 서 있니?

상필 아버지께 여쭐 말씀이 있어요.

박 대감과 상필이 의아해서 시선을 마주친다.

박대감 들어오너라.

동호 상필아! 그럼 진작 얘기하지.

상필 삼촌 자리 좀 비켜주시겠어요?

동호 응? 그 그래! 그럼 형님! 아까 그 얘긴 잘 생각해보세요.

박대감 오냐.

동호가 사라지자 박 대감이 마루에 있는 등의자에 앉는다.

박대감 무슨 얘기냐?

상필이가 가까이 와서 앉는다.

박대감 결심이라도 했니? 학도병에 지원할…….

상필 (담담하게) 예! 해야겠습니다.

박대감 (자기 귀를 의심하며) 뭐? 아니 지금 뭐라고 했지?

상필 지원하겠습니다.

박 대감이 의자에서 내려앉으며 상필의 손을 덥석 쥔다.

박대감 저, 정말이지? 응?

상필 예.

박대감 잘 생각했다. 그래야 내 아들이지! 난 그것 때문에 요즘 밤이면 꼬박 뜬 눈으로…….

상필 죄송합니다. 그런데 아버지……. 한 가지 조건이 있습니다.

박대감 말해! 네가 지원만 한다면 돈은 얼마든지 써도 좋다. 헛허…….

상필 저…… 결혼을 해야겠습니다.

박대감 결혼을 해?

상필 예. 그걸 허락해주신다면 저는…… 언제든지…….

박대감 (통쾌하게) 핫하…… 헛허……

상필 아버지 왜 그러세요?

박대감 네 놈이…… 그 생각 때문에…… 헛허…… 좋다! 그렇잖아도 네 어머니는 그걸 눈치 차렸는지 색시 선까지 보러 다녔단다! 헛허…….

상필 선을 봐요?

박대감 그렇지. 염려 말아. 네가 장가갈 뜻이 있다면 오늘이라도 그 색시와 약혼을 하고 식을 올리지……. (크게) 여봐라! 아무도 없느냐…… 헛허……. 네가 그런 생각을 하고 있었다니…… 헛허…….

상필은 마치 도깨비에 홀린 사람마냥 멍하니 앉아 있다.

S#6 금풍관 채선의 방

채선이가 거울 앞에서 화장을 하고 있다. 거울 속에 비친 일엽에게 말을 건다. 일엽은 고개를 숙이고 있다.

채선 그래 어떻게 하기로 했니?

일엽 어떻게라뇨?

채선 승부야 간단히 내려마. 오마니에게 속이면서 숨어다닐 게 뭐간……. 좋으면 한 살림 차리고 싫으면 그만 두는 게지 뭐…….

일엽 언니 그런데 그게…….

채선 왜 어렵게 되었어?

채선이가 분첩으로 마지막 화장을 고치고는 돌아앉는다. 그리고는 담배를 피워 문다.

일엽 어머니께서 역정을 내신 게 이만저만이 아니에요.

채선 오마니께서 싫대? (하며 길게 담배연기를 뱉는다)

일엽 (꺼질 듯) 예……. 상대가 장사치나 회사원 같으면 차라리 낫겠다는 거예요. 그러나 박 대감의 아들이라면 받아들일 수 없다고……. 이틀 동안 저한테는 얘기도 안 걸어주시고…… 식음을 전폐하다시피 하고 계시니…… 언니…… 전 어떻거면 좋아요……?

채선 그래! 날더러 오마니를 만나 얘길 잘 좀 해달라는 거가?

일엽 예! 전 그런 어머니 앞에서는 얘기할 용기가 안 나요!

채선 흠……. 너도 기생 노릇 하기는 틀렸구나잉?

일엽 예?

채선 배짱이 없으니 말이야…….

일엽 그렇지만…….

채선 알았다. 내가 얘기해줄게.

일엽 부탁하겠어요. 언니…….

채선 염려말래두.

S#7 일엽의 집 안방

자리에 누워있는 송씨. 우두커니 천정만 바라보고 있다.

N　자식이 귀하지 않은 부모가 어디 있으랴마는 송씨에게 있어서 딸 일엽은 기막힌 자식이었다. 그러나 자랑스럽지도 떳떳하지도 못한 사연이기에 혼자서 화로에 숯불 파묻듯이 남몰래 살아온 송씨다. 그 얼마나 많은 낮과 밤을 눈물로 지새웠던가는 자신만이 아는 쓰라림이었다. 그러나 딸에게만은 상처를 안 입히겠다는 어머니의 소망도 이제는 소용없게 되었으니 지나간 그 숱한 세월이 지금은 한낱 바람에 흩어지는 낙엽만도 못하게 되었다.

송씨는 아픔을 이기려는 듯 눈을 감는다. 그 순간 눈물이 주르륵 흘러내리며 베개에 스며든다.

S#8 일엽의 집 뜰과 마루

행주치마를 두른 일엽이가 부엌에서 미음 그릇을 쟁반에 받쳐 들고 나온다. 그녀는 미음을 숟갈로 떠서 한 모금 맛을 본다. 그녀는 만족한 웃음을 지으며 마루로 올라 방문을 연다.

여전히 누워있는 송씨. 이불을 반쯤 걷어찬 채 밖으로 내다보이는 팔과 다리.

일엽은 미음 그릇을 내려놓고 가까이 앉는다.

일엽　(조용히) 어머니, 어머니…… 이것 좀 잡수어 보세요…….

송씨는 죽은 듯이 대답이 없다. 일엽이가 미음 그릇을 내민다.

일엽　깨미음을 쑤었어요.

송씨　(차갑게) 내가 언제 미음을 쒀달랬어?

일엽　예? 그렇지만 그렇게 안 잡수시면 어떻게 해요? 자, 드세요.

송씨가 상반신을 일으켜 앉는다. 그리고는 일엽이가 권하는 미음 그릇을 휘젓자 미음 그릇이 방바닥에 엎어진다.

일엽 에그머니!

송씨 내가 그런 걸 얻어 마시고 싶어서 누워있는 줄 아니?

일엽 어머니!

송씨 나더러 에미라고 부르지도 말아! 오늘부터 너와 나는 아주 갈라져 살자!

일엽은 원망스러운 시선으로 송씨를 바라본다.

송씨 나는 처음부터 너한테 일러두었다. 손님을 상대하는 거지 사내를 상대하는 게 아니라고……. 내가 그만큼 입이 닳도록 타일렀으면 짐승도 내 정성을 알아차렸을 거다……! (눈물이 핑 돌며) 그런데 어쩜 너는…… 너는…….

일엽 그럼 왜 나를 기생으로 내보냈어요?

송씨 뭣이?

일엽 그렇게 걱정이 되셨으면 왜 나를 그런 길로 몰아넣는가 말이에요!

송씨 이제 와서 에미에게 말대꾸냐? 응?

일엽 저도 참을 만큼 참았어요. 어머니 앞에서는 모든 걸. 그렇지만 이것만은 못 참아요……. 그분을 저바릴 순 없어요.

송씨 네가 저바리는 게 아니라 버림을 받게 된다. 이것아!

일엽 뭐라구요?

송씨 두고 봐! 이 에미의 말이 맞는지 안 맞는지 두고 보면 안다!

일엽 그럴 리가 없어요! (애걸하듯) 어머니! 그분만은 그런 사람이 아니에요. 식을 올리겠대요.

송씨 식을 올리는 게 대수라던? 남자의 말을 믿는 게 어려운 거야!

일엽 어머니! 저만은 믿어주세요! 아니 그분만은 믿을 수 있다니까요!

송씨 너는 믿겠지……. 나도…… 나도…… 너만 했을 때는 그걸 믿었어! 허지만…… 믿는 사람은 병신 되고 저바리는 사람은 잘 돼가는 세상이다! 나는 절대로 용서 못해! 네가 그 남자를 따라 가려거던 당장에 나가! 나는 못한다.

일엽 어머니! 너무하세요. 흑…….

第11화

· **등장인물**

일엽(一葉)

상필(商弼)

김씨(金氏)

박(朴)대감

지숙(智淑)

두일(斗一)

문수(文秀)

오까다 서장(岡田 署長)

형사(刑事)

용덕(龍德, 두일의 삼촌. 항일운동함)

-세트-

1. 박 대감집 안방
2. 중국집 객실
3. 일엽의 방
4. 경찰서 고문실
5. 공원 연못가 밤
6. 박 대감집 사랑방
7. 서장실
8. 박 대감집 사랑방
9. 서장실
10. 박 대감집 사랑방

S#1 박 대감집 안방

박 대감과 김씨가 마주 앉아 있다.

김씨 (반가워서) 아니 상필이가 정말 장가를 가겠대요?

박대감 글쎄 그렇다니까.

김씨 홋호… 그것 보세요. 제가 뭐랬소.

박대감 어떻든 상필이가 들어오면 그 사진을 보이고 웬만하면 약혼식이라도 올리도록 합시다.

김씨 약혼식을 올릴게 뭐에요. 시국도 이런데 막 바로 혼인식을 해 치우지.

박대감 아… 상필이가 애비 마음을 이해해 주다니 얼마나 고마운 일이요?

김씨 그러기에 효자가 따로 있나요? 부모 속 안 썩히는 게 효자지… 홋호…

상필 (밖에서) 아버지 계세요?

김씨 오 상필이냐?

박대감 (설치며) 여보 그 사진 있지?

김씨 예.

문갑에서 사진을 냉큼 꺼낸다.

상필이가 들어온다. 그 뒤에 지숙.

박대감 어서 오너라.

상필 부르셨어요?

김씨 게 앉거라.

상필 앉는다.

박대감 지숙이 넌 나가 있어!

지숙 어때요? 전 이미 알고 있는 사실인데 흠…

하며 김씨에게 찰싹 붙어 앉는다.

상필은 무슨 영문인지 모르고 어리둥절 한다.

박대감 (눈치를 보고는) 여보! 내 보이구려.

김씨 예.

김씨가 상필 앞에 사진을 내놓는다.

상필은 말 대신 사진과 김씨와 박 대감을 번갈아본다.

박대감 그 사진을 보고 나서 얘길 하자.

상필 웬 사진입니까? 이게.

하며 사진을 들어 훑어 보인다.

주순의 미소 짓는 얼굴.

김씨 어떠냐?

상필 예?

김씨 진작부터 네 색시감을 고르고 있던 참이었다. 그런데 네가 자진해서 장가를 가겠다니 이 얼마나 반가운 일이냐? 안 그래요? 영감.

박대감 상필아. 이제 너도 어린 애가 아니니까 얘기는 간단히 끝내자. 그 색시가 합당하면 내일이라도 사람을 보내서 청혼을 하자.

상필 청혼을 해요?

지숙 오빠! 예쁘지? 계순 언니는 나보다 한 학년 위였어! 우등생인데다가…

상필은 사진을 도로 방바닥에 내려놓는다.

세 사람은 의아한 표정이다.

김씨 왜 그러니?

박대감 싫어?

지숙 실물은 사진보다 더 예뻐요.

상필 그만 두겠습니다.

박대감 그만 두다니…

김씨 장가를 안 들겠단 말이냐?

상필 아버지.

박 대감의 미간이 찌푸려진다.

상필 제가 결혼할 상대는 이미 정해져 있습니다.

박대감 뭣이 어째?

김씨 정해져 있어?

지숙 어머! 오빠도 알고 보니 응큼쟁이다. 홋호…

박대감 듣기 싫어! 넌 나가 있으래두!

지숙 흥! 제가 있다고 혼담이 안 될 게 또 뭐람! 알겠어요!

지숙이가 뾰로통해져서 밖으로 나간다.

세 사람이 서먹해진다.

박대감 (엄하게) 누구냔 말이다. 네가 정해 놓은 규수가.

김씨 전문학교 학생이니?

상필 …

김씨 아니면 동경서 사귄 유학생이냐?

상필 …

박대감 어느 집안 규수냐? 내가 알만한 집안이겠지?

상필 (초조해지며) 아버지! 그건 차차 알게 되실 거예요.

박대감 차차 알게 돼? 지금 일이 급하게 되었는데 차차가 뭐냐?

김씨 말해라. 네가 장가들겠다는 데는 아버지나 나나 찬성이니까!

상필 그럼 우선 어머니께서 선을 보시겠어요?

김씨 그렇게 하자.

박대감 그렇지만 예비 지식은 있어야지… 문벌이나 학벌이 어느 정도는 되어야 우리 집안의 맏며느리로서…

상필 솔직히 말씀드려서 그런 건 없는 여성입니다.

박 대감과 김씨가 서로 시선을 마주친다.

상필 그렇지만 진실성 하나는 그 누구에게도 뒤치지 않은 여자죠. 그래서…

김씨 상필아… 너 혹시…

상필 예?

김씨 동경서 같이 데리고 나온 여자라도 있었던 게 아니냐?

상필 그런 일 없어요.

박대감 그렇다면 언제부터 알게 되었지?

상필 알게 된 시간이 필요할까요?

박대감 뭐라구?

상필 인간의 진실이란 순간적으로도 전해질 수 있다고 봅니다. 꼭 오래 전부터 사귀어야만 안 다는 건…

박대감 그러니까 그게 어느 집안의 규수인지 대면 될 게 아니냐!

상필은 말문이 막혀버린다.

김씨 설마 일본 색시는 아닐 테지?

박대감 그걸 말이라고 해?

상필 아닙니다. 아까 말씀드린 대로 평범한 여자예요. 그러니 어머니께서 만나 보시고 나서 얘기 하겠습니다.

김씨 그렇게 해라. 만나는 게 어려운 건 아니니까.

상필 감사합니다. 그럼 내일이라도 시간과 장소를 제가 정하죠, 그럼.

상필이가 허둥지둥 뛰어 나간다. 박 대감과 김씨가 어리둥절해 한다.

김씨 홋호…

박대감 헛허…

S#2 중국집 객실

문수, 두일 그리고 용덕이가 주위를 경계하듯 소근거린다.

요리접시와 배갈 술병이 놓여 있다.

두일 삼촌! 그러니까 중국에서는 우리 광복군이 항일투쟁을 하고 있겠군요?

용덕 그렇지! 국내에선 전혀 세계 정세를 알 수 없기 때문에 그런 게 있는지조차 모르고 있으니 한심스럽지 뭐냐? 게다가 학생 제도가 실시되니까. 그게 바로 애국심의 발로인 줄로 오인하는 반역자까지 늘어가니… (한숨) 야단이다…

두일과 문수가 서로 시선을 준다.

용덕 그러니 너희들은 절대로 도장을 찍어서는 안 돼! 알겠지? 일본이 망할 날이 얼마 남지 않았으니…

문수 저희들도 그런 각오를 하고 있습니다만, 요즘 어찌나 경찰에서 들볶아대는지…

두일 삼촌! 우린 만주로나 도망칠 생각이에요.

용덕 그렇게 해! 만주엔 내 친구가 있으니까, 소개 편지를 써 줄게… 아무튼 마음이 통하는 친구들에게 절대로 지원하지 말라고 전해!

두일 예, 그렇잖아도 몇몇이선 그런 약속을 하고…

밖에서 노크 소리가 난다.

긴장하는 세 사람

두일 누구요?

문수 상필이가 온 게지… 상필이냐?

두일 들어와.

이윽고 도어가 열리며 들어서는 형사.

형사 꼼짝 말아!

하며 권총을 꺼낸다. 세 사람 멍하니 앉아 있다.

S#3 일엽의 방

일엽이가 타고 있는 가야금과 손.

다음 순간 가야금 줄이 쨍하고 끊어진다.

일엽 어머!

어떤 불길한 예감에 얼굴이 어두워지는 일엽은 끊어진 가야금 줄을 손끝으로 어루만진다.

S#4 경찰서 고문실

지하실의 어두운 방. 의자에 거꾸로 매달려 놓은 반나체의 문수.

상반신에 매자국이 처참하다.

형사가 그의 코와 입에 주전자에 든 물을 쏟고 있다.

문수 으악! 으악! 윽…

형사 흥… 이제 정신 좀 드니? 임마!

가죽 채를 휘두른다. 간신히 의식을 찾은 문수의 피와 물로 얼룩진 얼굴.

형사 임마! 그래도 못 대겠니?

문수 나보고… 뭘… 뭘 대라는 거예요…

형사 네 놈들 일당의 명단을 대!

문수 그 이상은… 모 몰라요…

형사 몰라? 이 쌔끼가 고춧가루 세례를 받아야 할겠나?

문수 저 정말입니다.

형사 듣기 싫어! 아직도 우리 일본 경찰의 실력을 모르시나? 호응?

그는 서랍에서 고춧가루 통을 꺼내더니 한줌의 고춧가루를 집은 다음 문수의 머리카락을 쥔 채 그의 코와 입에다 털어놓는다.

문수 으악… 으악…

형사 이래도 안 대겠니? 응? 핫하…

이때 오까다 서장이 들어선다.

형사가 손을 털고 경례를 한다.

오까다 자백을 했니?

형사 예…

책상 위에 있는 종이를 보인다.

형사 아직도 더 있을 것 같은데 안 대기에 지금…

오까다 음…

기절한 문수의 가슴에 구둣발을 얹는다.

오까다 임마! 순순히 자백해! 너와 같이 붙들린 놈들도 다 자백을 하고 한 놈은 지원병에 나가겠다고 도장을 찍었다.

문수 예? 두일이가, 도장을 찍어?

오까다 보여줄까?

하며 포켓에서 종이를 꺼낸다.

오까다 자! 이래도 못 믿겠지? 응?

하며 '지원서'라고 크게 박힌 종이를 문수의 눈앞에 갖다 댄다. 문수의 눈이 크게 뜨이더니 차츰 몽롱해진다.

문수 그럴 리가 없다! 그럴 리가…

오까다 이 새끼가 아직도… (형사에게) 아직도 안마술이 부족한 모양이야! 더 주물러 줘!

형사 예!

형사가 손에 침을 뱉고는 가죽 채찍을 들어 휘두른다.
문수의 비명소리.

S#5 공원 연못가 밤

일엽이와 상필이가 앉아 있다.

상필 그러니 내일이라도 우리 어머니를 만나줘야겠어.

일엽 …

상필 알겠지?

일엽 (조용히) 그만 두겠어요.

상필 그만 두다니!

일엽 만나 보나 마나아니에요. 결과는.

상필 ?

일엽 기생을 며느리로 맞아들이겠다는 부모가 어디 있을라구요.

상필 글쎄 그 얘기는 아직 안 했대두…

일엽 알게 될 게 아니에요. 나를 만나시면…

상필 그러니까 분장을 해야지!

일엽 분장을 하다뇨?

상필 내일은 머리도 쪽지지 말고 옷도 통치마를 입고… 여학생처럼 꾸미고 나와요.

일엽은 어이가 없다는 듯 멍하니 쳐다본다.

상필 비상수단이야. 별 수 없잖아… 나중에 일은 그때 가서 해결 짓기로 하고 눈앞에 난관은 우선 돌파하고 보는 거야.

일엽 그렇지만…

상필 글쎄 용기를 내! 전쟁터로 나가는 병사를 생각하란 말이야.

하며 상필이가 일엽의 등을 어루만진다.

일엽 저는 그렇게는 못 하겠어요!

상필 그럼 나와 결혼 안 하겠단 말인가?

일엽 싫어요. 거짓말을 하면서까지 살 순 없어요!

상필 내가 먹히느냐, 아니면 상대편을 먹느냐는 판국이라니까! 일엽이! (어깨를 잡아 흔든다) 용기를 내! 승리를 거두기 위해서의 이만한 거짓말은 죄가 아니야! 하나님도 그 정도는 용서해 주실 거야! 응?

일엽 흑… 흑…

상필 그렇지 않으면 난…

일엽이 고개를 홱 쳐든다. 상필이가 손끝으로 서서히 눈물을 씻어준다.

상필 나는 죽어버릴지도 몰라! 그렇다고 이 세상에서 이루지 못할 사랑을 저승에 가서 찾으려는 낭만주의자는 아니니까. 현실에 살고 있는 거야! 알겠지? 응, 그러니 우리 어머니를 만나줘… 응?

일엽 흑… 흑…

S#6 박 대감집 사랑방

박 대감이 전화를 받고 있다.

박대감 오까다 서장! 그게 사실이오?

S#7 서장실

오까다 (전화로) 자제분과 친한 친구가 두 놈이나 다 자백했습니다. 중추원 참의 박동영 대감의 체면에 똥칠을 하는 것도 분수가 있지 뭡니까! 흥!

S#8 박 대감집 사랑방

박대감 그래 우리집 애가 그 불순분자와 같이 있었단 말입니까?

S#9 서장실

오까다 (공갈조로) 그렇죠! 그러니 다른 사람 같으면 당장에 자제분을 잡아다 가둬야 옳은 일이지만 대감의 얼굴을 봐서 그렇게는 안 하겠소… 헛허… 그러니 내일이라도 곧 지원서에 도장을 찍게 하십시요. 만약에 안 찍는 날엔… 아시겠죠?

S#10 박 대감집 사랑방

박대감 (펄펄 뛰며) 예! 예! 알겠습니다! 그렇게 하겠수! 여러 가지로 미안합니다. 예, 예. 그럼.

수화기를 내려놓는 박 대감의 안면근육이 복잡하게 이지러진다.

박대감 미친놈들! 미친놈들!

제12화

· **등장인물**

해설

일엽(一葉)

송씨(宋씨)

상필(商弼)

김씨(金氏)

박대감(朴大監)

동호(東鎬)

두일(斗一)

문수(文秀)

형사(刑事)

채선(彩仙)

김씨(지배인)

– 세트 –

1. 고문실
2. 박 대감집 앞
3. 박 대감집 사랑방
4. 동 마루와 뜰
5. 동 사랑방
6. 마루와 뜰
7. 일엽의 집
8. 일엽의 방

9. 동 마루

10. 금풍관 채선의 방

11. 공중전화

12. 채선의 방

13. 공중전화

14. 채선의 방

15. 일엽의 방

S#1 고문실

도어가 열리며 수갑이 채워진 두일이가 형사에게 떠밀려 들어선다.
그의 얼굴은 공포와 초조로 몰라보게 야위었다.

형사 들어가! 이놈아!

형사가 두일의 등을 후려갈긴다.
그 서슬에 두일이가 비틀거리면서 쓰러진다.
다음 순간 콘크리트 바닥에 쓰러진 문수의 처참한 모습.

두일 아니… 이게…
형사 흣흐… 어때? 봤지? 끝까지 버티면 너도 이 꼴을 면치 못한다…
두일 (울부짖으며) 문수야! 문수야!

그러나 문수는 이미 시체가 되어버렸다.
그것을 직감한 두일의 표정이 금시 창백하게 굳어지며 공포에 바르르 몸부림친다.

형사 자 그러니 딴 생각일랑 말고 도장을 찍어!
두일 …
형사 못 찍겠어? 응?

하며 가죽채로 후려친다.
그러나 두일은 넋 나간 사람처럼 멍하니 앉아 있다.

형사 네놈들이 제 아무리 날뛰어 봤자 일본의 일장기가 휘날리는 땅

덩어리 안에서는 별 수 없다!

다음 순간 두일은 발광을 하듯 소리를 지르더니 그대로 땅바닥에 기절을 한다.

형사 흥! 그래도 순진한 데가 있군! (발길로 차며) 이놈아! 일어나! 일어나! 알았어! 정신 좀 나게 해 줄까? 흣흐…

형사가 바케쓰에 든 물을 두일에게 끼얹는다. 두일이가 꿈틀거린다.

형사 핫하…

S#2 박 대감집 앞

상필이와 일엽이가 대문 앞에 선다.
일엽은 머리를 말아 내렸고 통치마를 입었다.

일엽 자… 어서 들어가요!
일엽 그렇지만… 아무래도 용기가 안 나요!
상필 또 그런 소릴! 자, 아버지께서 기다리고 계신다니까…

상필이가 일엽의 손목을 잡아끌며 대문 안에 들어선다.

S#3 박 대감집 사랑방

박 대감과 동호가 마주앉아 있다.

박대감 그래 얼마면 된다더냐?

동호 그게 (눈치를 보며) 예상했던 것보다는 많이 들 것 같아요.

박대감 많으면 얼마나 많은가 말이야.

동호 (주위를 살피며 손가락 셋을 세우며) 이건 있어야겠습니다, 형님.

박대감 삼백 원?

동호 예? 삼백 원이요. 헛허… 원 형님두…

박대감 그럼.

동호 삼천 원은 있어야 한대요.

박대감 (놀라움) 뭐?

동호 글쎄 형님도 생각해 보세요. 그 형사계 직원도 목숨을 걸고 하는 판인데 그것을 안 들겠어요? 게다가 이번 일은 혼자 하는 게 아니고 윗사람 아랫사람, 심지어는 인솔 군인까지 짜고 해야 하기 때문에 돈이야 들 테죠. 안 그래요?

박대감 그 그렇지만 삼천 원은 너무…

동호 형님! 그럼 상필이를 삼천 원으로 파시겠어요? 자식이 중하지 돈이 중합니까? 게다가 이건 다른 일과 달라서 극비 중의 극비라서요… 돈이 듭니다.

박대감 음…

S#4 동 마루와 뜰

상필이와 일엽이 조심스럽게 들어선다.

상필 그럼 내가 먼저 들어갈 테니까 잠깐 서 있어.

일엽 …

상필 아버지께서 물으시면 내가 시키는 대로만 대답하고 다른 말은 일체 대답할 필요 없어. 알았지?

일엽 예…

상필이가 마루로 올라선다.

상필 아버지!

S#5 동 사랑방

박대감 상필이냐? 들어오너라.

미닫이가 열리며 상필이가 들어서다 동호를 보자 몹시 당황한다.

동호 집에 있었구나?

상필 예? 예…

박대감 그래 그 색시는 데리고 왔니?

상필 예! 예! 저!

박대감 그럼 들어오라고 해! 네 어머니는 밖에 나간 모양이니 우선 나라도 만나 보자.

동호 색시라뇨?

박대감 글쎄 상필이가 교제하는 색시가 있다고 해서. 동호 너도 기왕에 왔으니 같이 만나 보자.

동호 말하자면 제가 선을 보는 겁니까? 헛허…

상필 아버지! 그 그건 곤란한데요.

박대감 곤란할 게 뭐냐… 어차피 장차 시숙부가 될 사람인데.

상필 그렇지만…

동호 헛허… 알았다, 알았어.

상필 예?

동호 내가 있어서 입장 곤란하다면 내가 자리를 비켜주지.

하며 자리에서 일어선다.

박대감 같이 봐도 상관 없대두!

동호 형님. 젊은이의 마음은 젊은이가 잘 압니다. 헛허… 그럼 또 들리겠습니다.

동호가 미닫이를 열고 나간다.

상필이가 뒤따른다.

S#6 마루와 뜰

동호가 마루로 나오다가 등돌아 서 있는 일엽을 본다.

일엽이 무심코 돌아서자 동호와 시선이 마주친다.

일엽 어머나

동호 응?

다음 순간 일엽은 쏜살같이 대문 밖으로 뛰어 나간다.

상필 어디 가? 일엽 씨… 어디 가…

상필이가 뒤쫓아 나간다.

동호 어디서 꼭 본 얼굴인데… 일엽? 일엽?

하며 고개를 갸웃 거린다.

박 대감이 방에서 나온다.

박대감 상필아… 아니 이 애들이 어디 갔어…

동호 옳지! 바로 그 아가씨구나!

박대감 아는 색시냐?

동호 예? 헛허…

박대감 왜 웃어?

동호 그렇게 되었었군요? 헛허…

박대감 뭐가 그렇게 되었어?

동호 형님. 며누리 감으로는 최상 최고의 규수 옳습니다. 예. 헛허…

하며 나간다.

박대감 아니 이것들이 어떻게 된 일이냐?

S#7 일엽의 집

일엽이가 헐레벌떡 뛰어든다.

마루 끝에서 풀빨래를 손보고 있던 송씨가 무슨 영문인지 몰라 멍하니 쳐다본다.

일엽은 그대로 자기 방으로 뛰어든다.

이윽고 방에서 울음소리가 터진다.

송씨 저 애가 왜 저럴까?

송씨가 걱정스러운 듯 손을 씻고는 자리에서 일어선다.

이때 상필이가 대문 안에 들어선다.

다음 순간 송씨의 차가운 시선이 그를 막아선다.

상필　(당황하며) 아, 안녕하십니까?

송씨　…

상필　저… 일엽씨 들어 왔습니까?

송씨　(냉담하게) 무슨 일이죠? 대낮부터 꽁무니를 뒤쫓아 다니게…

상필　그게 아니라… 저…

송씨　(엄하게) 우리 집엔 오지 말라고 했잖아요! 그런데 왜 이렇게 끝까지 우릴 못살게 괴롭히는 거죠? 예!

송씨의 위엄 있는 어조에 상필은 더욱 당황한다.

상필　그, 그게 아니라 저… 실은…

송씨　그만 돌아가 주세요! 지난날의 일은 없었던 걸로 알고 피차간에 잊어버리는 게 좋아요.

상필　아닙니다. 난 일엽 씨와 결혼을 하겠어요. 그래서 오늘 우리 부모님과 첫 인사 소개를 시키기로…

송씨　뭐라구요?

상필이가 바싹 다가앉는다.

상필　저를 믿어 주십시오. 나는 일엽 씨를 행복하게 해줄 자신이 있어요… 아니 책임이 있습니다. 네, 제 눈을 보십시오.

절실하게 외치는 상필의 모습에 송씨는 새삼 어떤 충격을 느낀 듯 돌아앉는다.

S#8 일엽의 방

일엽이가 바깥에서 들려오는 소리를 들으면서 흐느껴 운다.

이윽고 상필이가 미닫이를 열고 들어선다.

상필 일엽이. 겁낼 것 없대두…

그가 일엽의 어깨를 안아주자 일엽은 그의 품에 안겨 엉엉 소리 내어 운다.

상필 그 누구도 우리를 갈라놓을 순 없단 말이야! 우리는 이렇게… 이렇게 한 몸이 되어서…

상필은 일엽의 머리와 어깨를 으스러지도록 어루만지며 볼을 부빈다.

일엽 선생님… 난… 난… 흑

S#9 동 마루

송씨가 긴 한숨을 뱉는다.

S#10 금풍관 채선의 방

채선이가 전화를 받고 있다. 한 손에는 담배를 들었다.

채선 못 나오면 어케 해! 오늘 밤엔 꼭 나와줘야 겠다야… 응…

S#11 공중전화

일엽 언니 나 좀 봐 줘요. 나 몸도 좋지 않고… 또

S#12 채선의 방

채선 오마이한테서 또 야단맞았니? 흠… 글쎄 내가 적당히 처리 할 테니까 나오려마. 응? 오늘 밤 손님은 이만 저만한 분이 아니래니끼니! 전부터 내가 모시던 분인데 말이야…

S#13 공중전화

일엽 (울상을 지으며) 용서하세요 언니! 오늘은 아무래도 못 나갈 것 같아요? 그러니.

S#14 채선의 방

채선 (신경질을 내며) 나오라면 나오라우! 다 너를 위해서 하는 말이야! 기생으로 나섰으면 손님 받는 게 일이지 무슨 구실이 있어! 꼭 나오라우-

하며 일방적으로 전화를 끊은 다음 길게 한숨을 내뱉는다.

채선 애숭이가 벌써부터 뱃장이가! (밖을 향해) 김씨 김씨. (손뼉을 친다)

지배인 (밖에서) 예!

미닫이 열리며 김씨가 얼굴을 내민다. 채선이가 새 담배에 불을 붙인다.

김씨 부르셨습니까?

채선 응! 오늘 밤에 황사장이 오신다니끼 준비 좀 해야겠어.

김씨 황사장이라뇨?

채선 황사장도 몰라? 금광을 하시는 황사장!

김씨 예… 알고 말굽쇼, 헛허… 그 황사장님이 올라 오셨이요?

채선 그렇지! 그러니 주방에다 얘기해서 안주도 얌전하게 차려요. 황사장께선 뭘 좋아 하신다는 건 주방 최씨가 잘 알고 있으니…

김씨 예! 예.

채선 (시계를 보며) 나도 목욕 좀 하고 해야겠어.

하며 자리에서 일어선다.

김씨 (은근하게) 좋으시겠습니다. 황사장이 오셔서! 헛허…

채선 (억지로 웃음을 참으며) 흥… 나 같은 노기가 좋을 게 뭐가… 아…

S#15 일엽의 방

거울 앞에 앉아 있는 일엽의 쓸쓸한 모습.

내키지 않는 마음이라 화장하는 손길이 더디다.

N 가회동 박 대감 집에서 만난 동호가 자기의 본성을 드러내는 날엔 상필과의 혼담은 이미 깨어진 그릇이나 다름없다.
그런데도 상필은 한사코 결혼을 하겠다고 우기니 어떻게 하면 좋을까?
이제는 모든 것이 끝장이 난 것이니 그이의 행복을 위해서는 내가 물러나는 길 밖에 없다. 어차피 오르지 못 할 나무라면 쳐다보지도 말아야지!
어머니 말씀대로 상필이가 나를 좋아하는 것은 일시적인 주흥과 다를 바가 없을 게다.
그러니 나는 내 길을 가야 한다.
부엉이는 산에서 울어야 해!

송충이는 솔 잎 먹고 살아야 해!
가자. 나는 내 길을 가야 한다.

어느덧 일엽의 얼굴에 두 줄기 눈물이 주르륵 흘러내린다.

제13화

· 등장인물

일엽(一葉)

송씨(宋씨)

상필(商弼)

문수(文秀)

오까다 서장(岡田 署長)

형사(刑事)

영근(永根)네

영근 아범

채선(彩仙)

황용주 사장(黃龍柱 社長, 경상도)

손님 갑, 을, 병

기생(妓生) A, B

인력거꾼(人力車軍)

영근(애기)

해설

－세트－

1. 일엽의 집 마루와 뜰
2. 뜰아랫방 안
3. 마루와 뜰
4. 금풍관의 야경
5. 객실 안

6. 오까다(岡田) 서장실

7. 금풍관 객실

8. 금풍관 앞 골목

9. 금풍관 전경

10. 금풍관 앞 골목

S#1 일엽의 집 마루와 뜰

떡판위에 놓인 김이 무럭 피어오르는 인절미에 콩고물을 묻히며 늘리는 송씨의 손-

그 옆에 우두커니 앉아 있는 영근네 헝클어진 머리며 수척한 뺨.

N 영근 아범이 징용을 가게 되었다. 사방 사방으로 손을 써 봤지만 가난하고 몽매한 그들에겐 피할 길이 없었다. 젊은이는 병정으로 장년들은 광산으로 조선의 청장년들은 깡그리 죽음으로 몰고 가려는 일본 군국주의는 이제 맥이 찰대로 찼다. 그러나 누구 한 사람 그걸 항의할 수도 없고 호소할 수도 없었으니 영근네의 가슴은 납덩어리를 마신 듯 무겁기만 하다.

송씨가 칼날에다 물을 바른 다음 떡을 썰기 시작한다.

송씨 영근네!

영근네는 여전히 멍하니 앉아 있다.

송씨 이 사람아! 어서 서둘러 떡이 식기 전에 썰어야지! 내일 새벽에 아범이 가지고 갈 떡이래두…

영근네가 마지못해 한숨을 뱉고는 칼을 든다.

송씨 (떡을 썰며) 이제 와서 생각을 백번 한 들 무슨 소용인가! 기왕지사는 흘러버리고 이제 영근 아범이 몸 성히 잘 있다 돌아오게 해 주십사하고 축원하면서 떡을 썰기나…

영근네 흑… 흑…

그녀는 콧물을 훌쩍 훌쩍 들이마시며 울기 시작한다.

송씨 이 사람아! 떡에 콧물 떨어지겠네. 그 콧물이나 풀고 하게!

하며 빙그레 웃는다.

영근네는 돌아서서 행주치마자락으로 코를 행 푼다.

송씨 누구나 다 당하는 일이 아닌가! (한숨) 무사히 돌아올 때까지 기다리는 수밖에 없어!

영근네 돈만 있으면 명부에서 빼낼 수도 있었대요.

송씨 글쎄 그 돈이 어디 일원이나 이원으로 된다던가?

영근네 그래도 아범이 있으니까 마음 든든하더니만… 이제 막상 떠나가 버릴 일을 생각하니… 난 어찌 살라고… 흑…

송씨 살지 왜 못사나!

영근네 (내뱉듯) 서방 없이 어떻게 살아요! 난 못 살아요!

영근네의 말이 의외로 투박하자 송씨는 질려서 새삼 영근네의 옆얼굴을 바라본다.

S#2 뜰아랫방 안

영근 아범이 맨바닥에 누워서 천정을 향해 담배연기를 내뱉고 있다.

그 옆에 애기가 잠이 들었다.

S#3 마루와 뜰

송씨는 떡을 네모진 죽석 자리에다 담고 영근네는 떡을 썬다.

영근네 하루에 두 끼니를 먹어도 서방이 옆에 있으면 배고픈 줄도 모르겠더니… 우라질 것들!

송씨 (긴 한숨) 이 사람아! 20년 동안 혼자 살아온 사람도 있어!

영근네 오죽 못났으면 기집이 혼자서 살아?

얘기하다 말고 송씨와 시선이 마주치자 금시 멋쩍게 웃는다.

영근네 헛허… 그렇다고 마님을 두고 하는 말은 아니에요… 나는 그저…

두 사람은 다시 떡을 썰고 담고 한다.

송씨 (담담하니 아픔을 이기며) 그야 여자에게 독수공방 하수는 칠거지악의 하나라지만… 그대로 자식이 있으면 사는 걸세.

영근네 자식이 무슨 소용이에요?

송씨 모르는 소리! 자네도 딴 생각 말고 영근이가 자라나는 걸 낙으로 삼고 기다리며 살게나… 내가 오늘날까지 견대어 나온 것도 일엽이가 있다기 때문이야… 뭐니 뭐니 해도 여자는 자식을 낳고 자식을 길러봐야 세상살이가 어떻다는 걸 아는 법일세…

이때 뜰아랫방에서 애기 우는 소리가 나자 영근네가 돌아본다.

영근네 왜 벌써 깨었나?

송씨 어서 가 봐.

영근네 아범이 있어요.

뜰아랫방 문이 열린다.

영근아범 이봐! 이봐!

영근네 (퉁명스럽게) 왜 그래요?

영근아범 어서 와서 젖 줘야지. 영근이가 울잖아!

영근네 지금 떡을 썰고 있잖아요?

영근아범 떡이 문제야? 애기가 보채는데…

영근네 에그… 꼴에 애기 이뻐할 줄은 아나보군!

영근아범 빨리 들어와.

하며 문을 닫는다.

송씨 어서 가 보게. 내가 할 테니…

영근네 (행주로 손을 씻으며) 에그 못 살아! 자식은 또 왜 생겨서 속을 썩힌담!

송씨 무슨 소리야 그게! 벌 받으려구…

영근네 난세에는 무자식이 상팔자라잖아요. 앞으로 저 어린 것 하고 살자면 또 전쟁이죠.

하며 두 손으로 젖가슴을 문지르며 뜰아랫방으로 들어간다.
송씨가 쓸쓸하게 웃으며 바라본다.

N 그렇지. 어쩌면 여자는 이 세상에 태어날 때부터 끊임없는 전쟁

을 약속받고 나온 지도 모른다.

누구나 딸을 낳으면 섭섭해 했고 시집가면 남편을 섬겨야 하고, 자식을 낳으면 길러내야 하고…

한 번도 보상이라고는 없는 게 여자의 운명인지도 모른다.

S#4 금풍관의 야경

흥겨운 가락과 함께 남녀의 담소 소리가 방마다 흘러나오고 술과 안주를 든 기생과 종업원이 바쁘게 복도를 오고 간다.

S#5 객실 안

황용주가 채선에게 기대 듯 비스듬히 앉아 큼직한 잔으로 술을 마시고 있다.

손님 갑, 을, 병과 기생 A, B가 황사장의 비위를 맞추려는 듯 더러는 웃고 더러는 소근거린다.

황용주가 잔을 기울이고 입에서 잔을 떼자 모두들 환호성을 지르며 손뼉을 친다.

채선 역시 황영감은 한량이시외다. 홋호.

황용주 (경상도 사투리) 아니 그라모… 내가 이 잔을 못 비울 줄 알았나?

채선 그럴 리가 있갔이요? 너무나 오랜만에 오셨으니 제가 걱정이 되어서 그랬드랬지… 안 그러니? 얘들아…

기생들 그럼요!

기생 A 황사장님이 다녀가신 지가 반년은 되셨는걸요.

기생 B 채선 언니가 얼마나 적적해 하셨다구요. 홋호…

채선 예. 이 채선이가 언제 황영감에게 매달려 사는 계집이가? (하며 부러 토라지는 시늉)

황용주 헛허… 보레이! 그렇게 토라지니 꼭 열일곱 살 숫처녀같데이… 헛허…

채선 홋호…

하며 서로 끼어 안고 웃는다.

황용주 그건 그렇고… 채선이! 뭐 재미나는 구경거리는 없나? 밤낮 이렇게 술만 쳐마실 게 아니라… 좀 즐기자 엥? 인생을 즐겨보자 말이다.

채선 에그… 그러실 줄 알고 다… 마련해 놨습니다.

황용주 그럼 퍼뜩 내오너라.

채선 잡수시게요?

황용주 아모. 먹어야지.

채선 홋호… 그러나 이건 못 먹는 거외다.

황용주 몬 먹어? 아니 이 황용주가 금을 판 지 10년이 넘지만도 조선 13도를 돌아다니면서 못 먹는 거라고는 없었다. 핫하…

채선 홋호… (손뼉을 치며) 이봐! 건너방 준비는 다 됐니?

모두들 호기심에 찬 시선으로 미닫이 쪽을 주시한다.

이윽고 가야금 소리가 들리더니 미닫이가 서서히 열리기 시작한다.

황용주 이건 무슨 극장같구나.

채선 쉿! (손끝으로 입을 막는다)

이윽고 일엽이가 너울너울 살풀이춤을 추기 시작한다.

황용주의 얼굴에 경탄과 황홀의 빛이 점점 짙어간다.

채선 넝감! 어떠세요?

황용주 쉿! (하며 손끝으로 입을 막는다)

채선 흠…

S#6 오까다(岡田) 서장실

오까다 서장과 형사가 지켜보는 가운데 문수가 지장을 찍고 있다.
헝클어진 머리에 산산이 찢긴 옷 그는 반 넋이 나간 사람 같다.

오까다 됐어?

형사 드디어 항복했습니다.

오까다 헛허… 고집이 대단하군… 진작 내 말을 들었던들 이 고생은 안 했을 게 아니야… 담배 피우겠니?

오까다 서장이 형사에게 손짓을 하자 형사가 담배에 불을 붙여 문수의 입에 물려준다.
문수는 몽롱한 가운데 담배 연기를 길게 들어 마셨다가 내뿜는다.
그는 아직도 제 정신이 안 든 사람 같다.

문수 서장님!

오까다 뭐야?

문수 한 가지 물어도 됩니까?

오까다 말 해.

문수 내 친구는 어떻게 되었습니까?

형사 친구라니?

문수 두일이도 도장을 찍었습니까?

오까다 서장과 형사가 시선을 마주친다.

형사 그래 찍었다!

문수 그럼… 상필이는요.

오까다 그 학생도 물론 찍었지.

문수 (비로소 쳐다보며) 그게 정말입니까?

오까다 오늘 낮에 중추원 참의 박동엽 대감과 함께 여길 다녀갔어… 이것 봐.

오까다 서장이 서랍에서 지원서를 꺼내 보인다.

문수 (혼잣소리) 그럼… 모두… 모두… 가는 군요?

형사 잘 생각했어. 이제 너희들도 떳떳한 일본 국민으로서 아니 (부동자세를 취하며) 천황폐하의 아들로서 멸사봉공할 기회가 온 거야…

이 말이 떨어지자마자 문수는 외마디 소리를 지르며 기절을 한다.

오까다 왜 이러냐?

형사 이 자는 가끔 발광합니다… 헷헤.

S#7 금풍관 객실

춤을 끝낸 일엽이가 황사장 옆으로 다가간다.

황용주 수고했데이… 자! 한 잔 묵어라.

하며 술을 권한다.

채선 이 애는 아직 술을 못 해요 영감.

황용주 기생이 술 못하면 왜 기생집에 나왔소… 자 받아라.

일엽 네.

일엽이가 태연히 술잔을 받자 모두들 의아한 눈치다.

채선 일엽아! 정말 괜찮갔니?

일엽 염려마세요. 언니에게 폐를 끼치겠어요.

황용주 핫하… 고것… 조막해도 고추가 맵다더니만 정말 너를 두고 하는 말인가보제 잉? 헛허…

일엽이가 잔을 비우고는 황사장에게 권한다.

황용주 응야… 가득 부어라.

황사장의 눈에 욕정이 가득 찼다.

황용주 너 이름이 일엽이라 했제?

일엽 네!

황용주 춤 솜씨도 뛰어나고… 얼굴도 예쁘고… 몸매도 쪽 빠진 게… 네가 바로 20세기 황진이가? 핫하…

채선 아이 영감도… 어린 애를 가지고 너무 놀리지 마시라요…

황용주 놀리긴… (일엽에게) 일엽아. 너 나하고 사귀어 볼래? 잉?

일엽 …

채선 영감!

황용주 놔라… 내가 좋으면 그만 아이가! 모처럼 경성에 올라 왔다 좋은 친구 만났다! 헛허… 자! 이건 오늘 저녁 네 화대다…

황사장이 큼직한 지갑에서 백 원짜리 한 장을 꺼내 일엽의 손에 쥐어 준다.

일엽은 담담하게 받는다.

일엽 감사히 받겠습니다.

황용주 나를 어찌 생각하노?

일엽 자주 놀러 나오시면 모시겠습니다.

황용주 너희들 들었나? (흉을 내며) 자주 놀러 나오시면 모시겠습니다! 헛허… 그래 내일부터 날마다 오지! 핫하…

그러나 채선은 일엽의 태도에 의아심을 품고 있다.

일엽은 태연히 술을 권한다.

S#8 금풍관 앞 골목

골목에 달빛이 밝다.

인력거가 기다리고 있다. 상필이가 사복 차림으로 초조하게 기다리고 있다.

S#9 금풍관 전경

객실 불이 하나씩 하나씩 꺼진다.

일엽이가 비틀거리며 뜰에 내려선다.

채선이가 부축한다.

채선 일엽아! 넌 괜찮겠니?

일엽 염려말래두! 갈 수 있어요.

채선 웬만하면 여기서 자고 가려마! 내가 오마니한테 연락을 할 테니까…

일엽 괜찮아요 언니. 그럼 안녕…

일엽이가 비틀거리며 나간다.

채선 저 애가 왜 저래…

S#10 금풍관 앞 골목

일엽이가 나오자 인력거꾼이 피우던 담배를 꺼서 귀에 꼽는다.

인력거꾼 늦으셨습니다.

일엽이가 차에 오르려할 때 상필이가 나타난다.

상필 일엽이…

일엽 (말없이 돌아본다)

상필 나하고 얘기 좀 할까?

일엽 (그대로 인력거에 오른다)

상필 (당황하며) 일엽이! 급히 할 얘기가 있어!

일엽 (인력거꾼에게) 갑시다.

상필 아니 왜 그래? 응?

인력거가 그대로 떠나간다. 무슨 영문인 줄 모르고 멍 하니 바라보는 상필.

상필 일엽이!

제14화

· **등장인물**

일엽(一葉)

송씨(宋씨)

상필(商弼)

박대감(朴大監)

동호(東鎬)

채선(彩仙)

황용주(黃龍柱)

영근(永根)네

영근 아범

– 세트 –

1. 박 대감집 사랑
2. 일엽의 집 앞 골목
3. 일엽의 집 뜰
4. 일엽의 집 앞 골목
5. 일엽의 집 마루와 뜰
6. 채선의 방
7. 일엽의 집 안방

S#1 박 대감집 사랑

박 대감과 동호가 마주 앉아 있다.

박 대감의 얼굴에 노기가 가득 찼다.

박대감 아니 그럼… 그 계집이 기생이란 말이냐?

동호 형님! 그렇게 소리를 지르지 마세요. 상필이가 들으면…

박대감 들으면 어때! 망할 자식! (자리에서 벌떡 일어난다) 그래 하고 많은 규수를 두고 하필이면 기생하고… 미친 자식…

동호 형님! 글쎄 그러는 게 아니래두요!

박대감 뭐가 아니야. 아니긴… 이 박동영의 며느리가 그래 기생 출신이어야 하겠니?

동호 상필이가 그걸 조건부로 학도병에 나가겠다고 했으니 그저 건성으로 승낙하신 것처럼 점잖게 계세요. 그리고 그 기생은 나중에라도 얼마든지 떼어버릴 방법은 있으니까요.

박대감 떼어버려? (하며 다시 자리에 앉는다)

동호 그렇죠. 아닌 말로 기생도 돈 보고 하는 직업인데 돈만 준다면 손바닥 뒤집 듯이 싸악 돌아선다구요. 헷헤… 그러니 그 일도 제게 맡기시구요…

박대감 먼 밤낮 맡기라고만 했지 하나도 되는 일은 없잖아!

동호 형님! 그런 섭섭한 말씀 마세요. 전 어디까지나 형님을 위해서 일해왔습니다요. 저도 사무가 바쁜 몸이지만 내 돈 써가며 차도 타고 커피도 사고 심지어는 술도 사가며 상필이를 설득시켰다구요. 이게 다 형님의 심정을 이해하고 남음이 있기 때문이지 뭡니까? 아니, 상필이가 어찌 되었건 지원서에 도장을 찍게 된 것도 따지고 보면 다 제 숨은 공이지 뭡니까? 그런데 형님은… 그런 공도 몰라주시고… 너무 하십니다.

박 대감은 시무룩해진 동호의 표정을 보자 미안하다는 생각이 들었는지 지갑에서 돈을 꺼내 준다.

박대감 누가 네 공을 모른다고 했니? 자 이거 넣어둬라.

동호 (속으로는 좋으면서) 누가 형님보고 돈을 주시랬어요? 저는 다만…

박대감 글쎄! 넣어 둬!

동호 그럼! 모처럼 주시는 거니!

하며 돈을 집어 안주머니에 냉큼 넣는다.

박대감 동호야! 그 기생이 정말 떨어지겠니?

동호 예?

박대감 나중에 가서 이러쿵 저러쿵 말썽을 부리지 않을까 말이다.

동호 글쎄 염려마시라니까요! 요는 상필이가 마음 놓고 입대하는 길만이 남아 있으니 상필이가 해달라는 대로만 하세요.

박대감 음…

동호 그리고 그 다음은 제게 맡기세요.

박대감 음… 알았다… 그 동안이라도 네가 상필이를 만나서 슬슬 구슬러놔… 알겠지?

동호 예…

동호가 자리에서 일어선다.

S#2 일엽의 집 앞 골목

상필이가 아까부터 대문 앞에서 들어가기를 망설이고 있다.

N　　어젯밤 금풍관 앞에서 말 한 마디 없이 돌아선 일엽을 보내고 나서 상필은 뜬 눈으로 밤을 새웠다.
그렇게 태도가 돌변할 수가 없는 일이 아닌가?
어디서 무슨 애기를 들었기에 일엽이가 그토록 냉담해 질 수가 있을까?
사랑하기 때문에 지원서에 도장까지 찍은 자신의 진실을 어떻게 보고 하는 수작인가 말이다. 이대로 물러앉을 순 없다! 일엽에게 사실을 알려야 된다. 오해가 있으면 풀고 가야 한다. 얼마 안 있으면 전쟁터로 나갈 내가 아닌가.

상필이가 피우던 담배를 내던지고 대문 가까이 가자 안에서 사람 나오는 소리에 질겁을 하고 숨어버린다.

S#3 일엽의 집 뜰

괴나리봇짐을 한 영근 아범이 송씨와 일엽에게 인사를 하고 있다.
저만치 애기를 업은 채 연방 눈물만 씻고 서 있는 영근네.

영근아범　마님… 그럼 모든 걸 마님만 믿고 갑니다.

그의 눈에도 눈물이 핑 돈다.

송씨　염려 말아요! 어차피 영근네는 우리와 죽어도 같이 죽고 살아도 같이 살아 갈 테니… 그러니 몸조심하고… 잘 있다고 꼭 돌아와요… 응?

영근아범　(울먹거리며) 예… 가끔 편지도 보내겠습니다…

영근네　(울다 말고) 편지만 보내면 뭘 해! 돈도 부쳐줘야 영근이 옷가지라도 사 입히지…

영근아범 병신! 또 지랄이야! 그럼 돈 벌러 가는 사람이 안 보낼까봐 그래?

영근네 에그… 맨날 돈 번다 번다 하구선 남는 건 전당포 표만 가지고 돌아오는 주제에…

두 사람이 금시 으르렁대듯 사나운 시선을 주고 받는다.

일엽과 송씨가 그걸 보고 멋쩍게 웃는다.

일엽 떠나는 마당에 웬 승강이에요. 서로 웃는 낯으로 가시지…

영근아범 글쎄 저게 사람 오장을 건들지 않아요.

영근네 오장 건드린 건 바로 누군데!

송씨 그만들 하고 어서 떠나요.

영근아범 예… (금시 또 볼메인 소리) 그럼 부디 몸조심 하시고… 우리 영근이 돌 때는 사진이나 찍게 해주세요…

송씨 염려 말래두. 영근이는 내 손주로 알고 키워주겠네.

영근네 (울음이 터지며) 여보! 가지 말어. 난 못 살아요. 혼자선 못 살아…

영근아범 여보…

하며 영근 아범에게 매달려 운다.

영근 아범도 얼싸안고 운다.

일엽과 송씨는 자기도 모르게 젖어오는 눈물을 돌아서 씻는다.

송씨 (두 사람의 어깨를 치며) 좋은 세상 만나면 다시 만나게 될 테지… 어서 가봐… 내가 전찻길까지 가 보겠네.

영근네 흑…

영근아범 그만 울어! 병신아…

그는 대문을 열고 나간다. 영근네 송씨가 뒤 따른다.

S#4 일엽의 집 앞 골목

전신주 위에 숨어 있는 상필.

세 사람이 골목을 빠져나가자 그는 급히 일엽의 집으로 들어선다.

S#5 일엽의 집 마루와 뜰

일엽이가 마루 끝에 앉아 생각에 잠기고 있다.

N　사람은 왜 헤어져 살아야 할까?
왜 사랑하는 사람끼리 언제까지나 같이 살게 못하는 것일까? 하나님이 외로우니까 질투가 나서겠지!
가난해도 마음만은 풍성한 사람들에게 눈물만은 없애주는 하나님은 안 계실까? 그러나. 그러나 사람은 언젠가는 죽기 마련이니 헤어진다는 것은 운명일지도 모른다.

상필　일엽이.

일엽　어머.

상필이가 가까이 다가오자 일엽은 슬슬 피한다.

일엽　왜 오셨어요? 돌아가 주세요.

상필　일엽이!

상필이가 일엽의 손목을 쥔다.

일엽 이러시면 안 돼요… 어머니께선…

상필 할 얘기가 있어! 누가 뭐라든 나는… 일엽이를 잊지 못 해! 못 해!

하며 열정적으로 껴 안는다.

일엽은 처음엔 항거하나 차츰 허물어지듯 상필에게 몸을 내 맡긴다.

상필 사랑해!

일엽 윽!

상필 그 누구도 우리를 막을 순 없단 말이야! 갈라놓을 수도 없어! 그런데 왜 일엽이는 겁을 내는 거지? 응?

일엽 겁이 나서가 아니에요.

상필 그럼… 그럼 뭐야? 말 해봐!

일엽 선생님은… 선생님은 나 같은 여자에게…

상필 또 그런 소릴! 지난 날 물레방앗간에서 하던 말을 잊었어? 우린 어디 있어도 같이 있는 거야! 설령 내가 태평양 위 어느 섬에 있든 중국의 어느 벌판에 있든… 난… 난 일엽의 모습을 안고 있을 거야…

일엽 아…

상필 그래서 나는 지원서에 도장까지 찍었지.

일엽 예?

일엽은 꿈에서 깨어나 듯 상필의 품에서 떨어진다. 그리고는 새삼스럽게 상필의 얼굴을 뚫어지게 쳐다본다.

일엽 정말이세요?

상필 일주일 후면 대구 부대로 입대해.

일엽 예? 일본군대엔 안 가신다고 했잖아요? 같이 도망가자고 하셨잖아요.

상필 우리가 결혼하기 위해서는 그 길 밖에 없었어! 아버지한테 그걸 조건부로 도장을 찍었어! 일엽이! 우린 결혼하는 거야!

일엽 결혼? 언제요?

상필 언제든 우리가 원하는 때에 식을 올리자는 거야. 지금 약혼을 했다가 전쟁이 끝난 다음에 식을 올려도 되고…

일엽 정말 승낙을 얻으셨어요?

상필 그렇지! 그러니 우리 부모님을 만나요.

일엽 그렇지만.

상필 그리고 오늘부터 요정에 나가지 말어! 이 머리에서 이것도! 뽑아 버리고…

하며 일엽이 머리에 꽂힌 비녀를 뽑아 버린다.
머리만이 어깨에 흘러내린다.

일엽 비녀를 뽑는다고 해서 내가 기생을 지냈다는 이력이 없어지지는 않을 거예요.

상필 과거가 무슨 상관이야! 우리에게 필요한 건 현재와 미래뿐이라니까… 일엽이! 용기를 내! 응? 그래서 우리는 우리들의 낙원을 세우는 거야.

일엽 선생님.

하며 상필의 품에 안겨 운다.

S#6 채선의 방

황용주가 방바닥에 내놓은 수표.

그것을 집는 채선의 손.

황용주 그거면 되겠나?

채선 글쎄요!

황용주 우선 집이라도 한 칸 사게 하고 세간도 들여놓으라고 해…

채선 그럼 난 어케 하시려고?

황용주 자네한테는 별도로 수고비를 준다카잖았나!

채선 정말이외까?

황용주 아니 그러모 이 황용주 사장의 말을 못 믿겠단 말인가? 잉?

채선 세상에 사람을 못 믿나요? 돈을 못 믿디? 홋호…

황용주 옳지! 알았다! 선금을 안 받고는 심부름 몬하겠단 말이제?

채선 홋호… 드디어 정통으로 맞추었습네다. 영감… 홋호…

황용주 헛허… 그럼 그렇다고 진작 얘기할 일이지…

하며 호주머니에서 역시 수표를 꺼내 준다.

그걸 받은 채선의 얼굴에 만족한 빛이 떠돈다.

채선 황사장님!

황용주 응? 와 그러노?

채선 그렇게도 좋으셔요? 일엽이가…

황용주 그걸 말이라고 하나… 잉? 이 황용주의 성격 잘 알제? 잉? 난 한 번 생각이 나면 그만 끝장을 내지 않고는 못 배기는 성미라… 헛허… 알제?

채선 알고도 남음이 있습네다…

황용주 그럼 자네만 믿네…

채선 (수표를 손끝으로 만지며) 그런데 이걸로 떨어지려나…

황용주 돈은 얼마든지 써도 된다! 아무튼 일엽이라카는 가시나만 내게 오게 해라… 잉?

채선 해 봅시다래! 길고 짧고는 재봐야 안다니까 홋호…

S#7 일엽의 집 안방

채선이가 담배를 피우며 방안을 돌아본다.

채선 일엽인 어디 나갔습니까? 오마니…

송씨 음… 뭐 백화점에 화장품 좀 사러간다고 나갔지… 왜 그 애에게 할 얘기라도 있나요?

채선 아 아니라오! 오마니께서 우선 정하셔도…

송씨 무슨 얘긴데…

채선이가 다가앉는다.

채선 오마니! 일엽일 어케 하시려우?

송씨 어떻게 하다니…

채선 좋은 임자가 나섰으면 서둘러야잖갔소?

송씨 임자? (새침해지며) 박 대감댁 도령님 말인가?

채선 예?

송씨 난 반대일세! 절대로 안 돼!

채선 (간드러지게) 홋호…

송씨 왜 웃어? 웃긴… 얘기가 잘못인가?

채선 그게 아니라우요 오마니… 누가 그런 풋내기 사람을 말합데까?

홋호…

채선이가 담배를 끄고는 핸드백에서 수표를 꺼내서 방바닥에 쳐 놓는다.
송씨의 눈이 휘둥그레진다.

채선 2천원이외다! 2천원.

송씨 웬 돈인가? 이게?

채선 일엽에게 주는 돈이디요!

송씨 누가?

채선 경상도 대구 사는 황사장이라고. 금광을 크게 하는 어른이야요… 글쎄 첫눈에 일엽을 보더니 살림을 차려주겠다고 나만 들볶으니 어케 하면 좋갔시요, 네?

송씨 금광을 해?

채선 예… 나이가 좀 많긴 하지만 이제 겨우 40고개라요! 그래 본인의 의사가 있다면 공회당에서 결혼식을 올려도 된다니끼… 오마니도 한 번 만나보시면 아시갔지만… 사람은 그만 하면 괜찮아요. 체모가 좋고, 도량이 넓고 게다가 금광으로 모은 돈이 뭐 백만원도 넘는다나요…

송씨 그럼 상처라도 했나?

채선 아니디요. 본부인이 있긴 있는데 아들을 못 낳는다나봐요… 그러니 일엽이가 들어앉아 아들 하나만 낳아준다면 본부인하고 이혼을 해서라도…

송씨 (무거운 한숨) 그렇지만 이건 당사자가 결정할 일이지! 어디…

채선 그러니 오마니께서만 괜찮으시다면 제가 일엽에게 말을 건너보갔시요! 어케하시갔소?

송씨 (마지못해) 해 보게나! 나야 뭐…

채선 홋호… 역시 오마니는 말이 통합니다 잉? 홋호…

제15화

· 등장인물

일엽(一葉)

송씨(宋씨)

상필(商弼)

박대감(朴大監)

김(金)씨

정종달(鄭鍾達, 주순(柱順)의 아버지)

할아범(별장지기)

이천댁(利川宅)

은순(銀順)

– 세트 –

1. 물레방앗간 안
2. 물레방앗간 앞
3. 물레방앗간 안
4. 박 대감집 사랑방
5. 동 마루와 뜰
6. 일엽의 집 안방

S#1 물레방앗간 안

짚더미 속에 나란히 누워있는 일엽과 상필.

저만치 일엽의 치마가 버려져 있다.

두 사람의 눈은 이슬에 젖어 더욱 반짝거린다.

일엽은 단발머리다.

물 흐르는 소리가 아련히 들린다.

일엽 몇 시쯤 되었을까요?

상필 우린 시간을 잊어버린 지 이미 오래되었어.

일엽 그렇지만 언제까지나 여기 이렇게 있을 순 없어요.

상필 아직도 겁이 난다는 뜻인가?

일엽 … 네…

상필 (쓴 웃음) 겁쟁이!

일엽 … 네.

상필 사랑을 하게 되면 용감해진다는데…

일엽 아마도 거짓 사랑인가 보죠? 우린…

상필 뭐라구?

일엽 겉으로는 태연한 척 해도 역시 찔리는 건 어쩔 수가 없어요. 선생님! 저를 안아 주세요. 추워요.

상필 그래.

상필이가 일엽을 끌어당기며 힘껏 안아준다.

S#2 물레방앗간 앞

별장지기가 큼직한 각 쟁반에다가 음식을 차려가지고 온다.

그는 잠시 방앗간 안의 동정을 살피더니 인기척을 한다.

별장지기 계세요?

S#3 물레방앗간 안

두 사람이 급히 떨어진다.

일엽 누굴까요?

상필 별장지기 할아범일 거야. 내가 먹을 것 좀 가져 오랬더니 (밖을 향해) 들어와요, 할아범.

이윽고 할아범이 문을 열고 들어선다.

별장지기 헷헤… 갑작스리 뭣좀 만들랬더니… 이게 입에 맞으실런지…

하며 쟁반을 바닥에 놓는다. 큼직한 냄비가 가운데 놓여 있다.

상필 아이구 이거 성찬인데…

별장지기 뭐 있어야죠… 그래 닭을 한 마리 잡았죠. 헷헤…

하며 냄비 뚜껑을 연다.

통닭이 들어 있고 김이 무럭무럭 피어오른다.

일엽과 상필이 시선을 마주치며 웃는다.

별장지기 도령님께서는 이렇게 기별도 없이 바람처럼 나타나시니… 저흰 그저… 당황해집니다요, 헷헤…

상필 일이 그렇게 되었네.

별장지기 예? 일이 그렇게 되었다뇨?

상필 할아범. 나 군대에 가게되었소.

별장지기 예?

일엽의 얼굴이 다시 어두워진다.

상필 그래서 떠나기 전에 이 물방앗간에서 쉬어 가겠다고… (일엽을 보고) 참 일이 이쯤 되었으니 서로 인사나 하지.

할아범은 당황해서 땅바닥에 무릎을 꿇는다.

별장지기 일전에도 잠깐 뵙기만 하고 설랑…

상필 할아범… 장차 나와 결혼할 분이라오.

별장지기 예? 그러세요? 아니 그럼 박 대감님의 자부님이 되실… 헛허…

일엽은 멋쩍어서 고개를 숙인다.

별장지기 이거 몰라 뵙습니다… 그러니 미련한 놈은 어서 죽어야 싼데… 헷헤. 그런 줄 알았던들 음식을 더 푸짐하게 차릴 걸 이렇게 푸대접을 해 드려서 어떻겁니까?

일엽 아, 아니에요… 이것도 얼마나 맛있게 먹을지…

상필 할아범. 내가 군대에 나간 뒤라도 잘 좀 부탁해요. 어쩜 별장에 와서 있게 될지도 모르니까.

별장지기 그렇게 허구 말굽쇼. 저는 그저 젊어서부터 돌아가신 남작대감을 모셨으니 이제 3대째 이 댁의 그늘에서 살아온 놈입죠. 그저 앞으로 잘 좀 부탁드립니다.

하며 이마가 땅에 닿게 절을 꾸벅꾸벅 한다.

일엽 아, 아니에요. 제가 신세를 지게 될 거예요.

별장지기 자, 이건 집에 담근 가양주에요. 몸이 풀리게 한 잔 드시고 닭을 뜯으세요.

하며 주전자를 내민다.

상필 아이구, 게다가 술까지… 고맙소, 할아범.

별장지기 천, 천만에요. (얼굴이 어두워지며) 그러나 저러나 도령님께서 일본 군대에 가시게 되면 대감마님께서도 얼마나 가슴이 아프시겠습니까…

상필 세상이 그렇게 막되어 가는 걸 어찌 하겠소.

별장지기 이 마을에서도 늙은이만 빼놓고 모조리 징용이다 뭐다 다 뽑아가게 되었으니… 어휴 그럼 어서들 식기 전에 드세요.

할아범이 손을 털며 나간다.

두 사람만이 남게 되자 상필이는 두 개의 잔에 술을 채워 권한다.

상필 자… 우리 둘이서 이별주를 나누지.

일엽 예…

잔을 받는다.

일엽 꼭 돌아오세요. 꼭이에요.

상필 응, 그리고 꼭 기다려 줘야 해…

하며 가볍게 잔을 마주치고는 마신다.

S#4 박 대감집 사랑방

박 대감이 보약을 마신다.

그 옆에 김씨가 맥이 풀려 앉았다.

김씨 (한숨) 그럼 어떻게 하시겠어요?

박대감 …

김씨 그 일엽이란 기생을 맞아들이시겠다는 말씀인가요?

박대감 별 도리가 없잖소! 상필이가 입대할 때까지는 그런 냥으로 있다가 나중에 가서 어떻게 떼어버릴 수밖에…

김씨 그렇지만 상필이가 돌아와서라도 그걸 알게 되면.

박대감 (신경질을 내며) 그건 그때 가서 처리할 일이지…

김씨 어휴… 이런 창피가 또 어디 있습니까. 글쎄 중신에미는 지난번 선 본 집에서는 어떻게 하겠느냐고 재촉을 한다니… 이럴 수도 저럴 수도 없이…

박대감 그거야 선을 보고 마음에 안 들어서 그만 두었노라고 하지… 뭐가 걱정이요.

김씨 그렇지만 딸자식을 가진 부모의 마음이 어디 그런가요?

은순 (밖에서) 마님 계세요?

김씨 은순이냐?

미닫이 열리며 고개를 내민다.

은순 마님, 손님이 오셨어요.

김씨 나한테?

은순　대감마님도 뵙겠다고 아까부터.

김씨　누군데…

이천댁　(소리만) 저예요!

김씨　응?

S#5 동 마루와 뜰

이천댁과 정종달이가 서 있다.

방에서 김씨가 나온다.

이천댁　안녕하셨어요?

김씨　오~ 난 누구라고.

이천댁　글쎄 마님… 어쩜 좋아요. 저렇게 색시 아버님이 오셨으니…

김씨　응?

정종달과 김씨의 시선이 마주친다.

정종달은 매우 흥분된 표정이다.

종달　졸지에 이렇게 찾아와서 죄송하게 되었습니다.

김씨　아, 아니에요.

방에서 박 대감이 나온다.

박대감　누가 왔소?

김씨　네. 저… (가까이 가서 정종달을 소개하는지 귓속말로 소근거린다)

박대감　알았소. (정에게) 올라오시지.

종달　괜찮소이다. 여기서 얘기하겠습니다.

하며 마루 끝에 앉는다.

박 대감의 표정이 굳어진다.

종달　도대체 내 딸을 어떻게 하실 작정입니까?

박대감　어떻게라니?

종달　선까지 봐놓구서 일언반구 말이 없으니 승낙입니까 거절입니까? 네?

박대감　아니, 왜 이렇게 언성을 높이며 야단이시오? 야단이?

종달　난 지금까지 딸자식 하나 키워오면서 남에게 싫은 소리도 해 본 적이라고 없고 또 이런 모욕을 당해 본 적도 없습니다.

박대감　누가 누굴 모욕했단 말이요?

종달　모욕이 아니고 뭐요. (대들며) 남의 귀한 딸을 선보고서 한 마디 말도 없이 해찰하는 법이 어디 있소?

김씨　선을 보고 싫으면 해찰할 수도 있지 못할 건 또 뭡니까?

종달　뭐요? 해찰할 수도 있어요?

옆에서 안절부절 못하는 이천댁이 사이에 끼어든다.

이천댁　글쎄 조용 조용히 타협적으로 얘기합시다. 네… 선을 보고 싫은 것도 일리가 있고 그게 궁금해지는 편도 일리가 있으니까 말씀이에요. 이건.

종달　(크게) 듣기 싫소!

이천댁　예?

종달이 벌떡 일어선다.

종달 당신네들이 얼마나 세도가 있고 잘 사는지 모르지만 남의 집 귀한 자식을 병신 만들지 말아요!

박대감 말조심 하시요.

종달 그래 내 딸이 어디가 모자라서 거절이오? 아니 내 딸이 가게에 늘어놓은 물건이오? 도대체 싫다는 이유 좀 들어봅시다.

박 대감과 김씨는 말문이 막힌다.

종달 물론 내 딸이 마음에 안 든다면 성혼시킬 순 없겠죠. 그러나 그럴 만한 이유가 뭣인가는 알려줘야잖겠소.

박대감 좌우간 사정이 그렇게 되었으니 양해하시오. 내 아들도 일주일 후면 학도병으로 나가게 되어서 지금 처지론 결혼이고 뭐고…

종달 그럼 왜 선을 봤소? 예?

박대감 (화를 내며) 글쎄 왜 자꾸만 지나간 일을 가지고 트집이오. 우린 지금 그게 아니라도 머리가 무거워요. 돌아가시오.

종달 돌아가오? 아니 나를 몰아내시겠소? 응?

하며 대들자 이천댁이 뜯어 말린다.

이천댁 왜 이러세요? 글쎄 타협적으로 얘기를 성사시키는 방향으로 해야지 이렇게 하시면 어떻게 해요… 네?

종달 다 듣기 싫소! 나도 이젠 하자 해도 그만 두겠소. 이런 친일파에게 내 딸을 줄 순 없소.

하며 돌아선다.

박대감 이놈! 친일파라니… 누구보고 함부로…

종달 남작에다 중추원 참의까지 해먹고 그것도 모자라서 이젠 아들을 일본군대에 팔아먹으니 속 편하겠다. 에잇…

하며 횡 나간다.

이천댁 여보세요. 나좀 봐요… 여봐요.

하며 이천댁이 뒤쫓아 간다.

비분을 못 이겨 하는 박 대감.

S#6 일엽의 집 안방

송씨와 일엽이 마주 앉아 있다.

송씨 아니 그럼 오늘부터 금풍관에도 안 나가겠단 말이냐?

일엽 …네.

송씨 왜?

일엽 저도 이젠 새 출발을 해야겠어요.

송씨 새 출발?

일엽 언제까지나 기생으로 있을 수도 없거니와 또 장차…

하다 말고 송씨의 눈치를 살핀다.

송씨 장차 뭐냐? 어서 말해!

일엽 결혼도 해야겠고…

송씨 결혼?

일엽 네. 어머니. 그래서 오늘부턴 집에서 살림을 배우겠어요. 지금까지의 제 생활은 이제 없었던 것으로 알겠어요.

송씨 (맥이 풀리며) 오냐 잘 생각했다.

일엽 네?

송씨 언제까지나 기생으로 늙을 수야 없지! 여자란 남편 잘 만나 아들 딸 낳고 사는 게 복이니까.

일엽 (기뻐서) 그럼 어머니도 제 뜻을 이해해 주시는 거죠?

송씨 오냐. 그 대신 한 가지만은 일러두겠다.

일엽 네?

송씨 네 신랑감은 내가 정하겠다.

일엽 ?

일엽의 얼굴이 굳어진다.

송씨 네가 기생이니까 안 되겠다는 사람에게 너를 굳이 떠맡기고 싶지는 않아… 나는 적어도 네게만은 행복한 살림을 안겨주고 싶다. 세상에선 이러쿵 저러쿵 말이 있어도 결국은 나 살고 남도 있는 게니까 안 그러니?

일엽 어머니. 무슨 말씀이세요?

송씨 얘기는 간단하다. 박 대감댁 도령님보다는 더 좋은 남자한테 너를 맡기고 싶다는 뜻이다. 알겠니?

일엽 뭐라구요?

일엽은 스스로의 귀를 의심한 듯 찬찬히 어머니의 얼굴을 뜯어본다.

〈TV드라마〉

전원일기(田園日記)

제1화

〈박수 칠 때 떠나라〉

1980년 10월 21일 방송

· **등장인물**

할머니 (70)	정애란
아버지 (59)	최불암
어머니 (53)	김혜자
첫째 (30)	김용건
며느리 (26)	고두심
둘째 (24)	유인촌
셋째 (20)	김영란
막녀 (17)	홍성애
일용(부)	박은수
일용네 (60)	김수미
동리사람 갑	신국
동리사람 을	정대홍
심판	백인철
주모	
구경꾼 ext	

S#1 Film

아침해 솟는다. 과수밭과 채전밭을 내려다보는 자리에 선 집의 원경

아침 안개깃 서서히 걷혀가는 숲속 풍경

S#2 축사 안

소 몰아낸다. 밖으로 나와 소 쓰다듬는다.

N TAPE

나의 일과는 소장 일부터 시작된다. 살아 움직이는 가축들의 눈망울에는 억척스런 삶이 있고 욕망이 있고 그럴 애정이 있다.

나의 손을 기다리고 있고 나의 사랑을 갈망하는 가축들의 콧김이 손등에 와 닿을 때 나는 비로소 나의 삶을 의식한다. 그래서 또 하루가 시작된다. 영원으로 이어지는 순간이 시작되는 것이다.

S#3 마당 (낮)

어머니와 일용네가 산더미처럼 쌓인 고구마 더미에서 크고 작은 것을 가려 각기 다른 가마에 넣고 있다.

똥개 한 마리가 놀고 있다. 저만치서 까치가 두어 번 운다.

E 까치

어머니 반가운 손님 오실려나 부다.

일용네 누구 기다리는 사람 있수?

어머니 하는 말이 그렇지요.

E 암탉소리

잠시 침묵. 부지런히 손만 움직인다.

며느리가 마루 끝에 나온다. 임신 중인 새댁 차림이다. 동작 느리다.

며느리 (나른한 목소리로) 어머님….

어머니가 돌아본다.

며느리 점심 찬거리는 어떻게….

어머니 (일을 계속하며) 호박 따다가 며루치 넣고 볶아. 요즘은 새우젓도 하두나 비싸니깐.

일용네 며루치는요 영석이네가 인천 나갔다가 사왔는데 한 푸대에 만원 줬답데다. 그것도 중질로….

어머니 대장간에 뭐 없다는 격으로 해변가에 살아도 생선맛 보기 힘들게 된 지가….

두 사람의 대화가 또 끊긴다.

며느리의 씨무룩한 표정

며느리 그럼 호박나물만 할까요?

어머니 그래. 네 아버진 농협회에 나가셨다가 면 체육대회에 들리신다더라…. 거기서 점심 드시고 오실 테지….

며느리 예….

며느리가 부엌으로 들어간다.

일용네 씨름판이 벌어진다면서요?

어머니 그렇다나봐요.

일용네 송아지가 걸린 시합이래요. 해마다 가을이면 하는…. 참 둘째가 선수로 나간다면서요. 우리 일용이가 그러던데요.

어머니 제깐 녀석이 무슨 기운을 쓴다구…….

어머니는 싫지 않은 듯 빙그레 웃으며 손등으로 콧등에 송글거린 땀을 쓱 문지른다. 멀리 농악소리가 들려온다.

일용네 (어깨를 펴며) 씨름판 벌어졌나 봐요.

어머니 오늘 들일은 다 되었구먼….

농악소리 점점 드높아간다.
일 계속한다.

S#4 씨름판

선수들이 편을 짜고 있다. 둘째의 얼굴도 보인다.
아이들이 둘러싸고 있다.

S#5 Film

아버지 자전거 타고 휘파람 불며 신나게 달린다.
차로 foll. 오르막길. 개천길. 굴다리길.

E 휘파람

장난스럽게 손놓고 달려보고 두 발 들고 달리기도 한다.

S#6 주막집 앞

술청에서 막걸리를 마시는 마을 사람, 마을 사람 갑, 을은 취기가 돌았다.

갑 크- 추곡 수매가 고시 나왔나?

을 아직. 금년은 냉해까지 겹쳤으니 수매가나 잘 쳐줬으면 좋겠는데.

갑 두말하면 잔소리지! 이제 새 세상이 시작된다니까 또 한 번 기다려 봐야지.

을 기다리는 게야 어렵지 않지. 기다렸다 뒤통수 맞을까봐 겁이 나네….

갑이 갑자기 부르며 일어서 손을 들며 인사한다.

갑 (크게) 김 회장님! 김 회장님 아니세요?

아버지 어이구 시절 좋구만!

아버지 자전거를 끌고 휘파람 불며 나타난다.

갑 어디 다녀오는 길이세요? 막걸리 한 잔 하시고 가시죠?

아버지 대낮부터?

을 한 잔만 하시고 가세요.

갑 술국이 아주 잘 끓었는데요!

아버지 (꿀꺽) 그럴까?

아버지 구미가 당기듯 자전거를 세우고 주막 안으로 들어선다. 주모가 반긴다.

주모 회장님 나오셨어요?

갑 여봐! 술잔하고 젓가락!

주모 예…….

아버지가 앉는다.

갑 어디 가시는 길이세요?

아버지 응……. 농협에 회의가 있어서……. 오는 길에 씨름판에 잠깐 얼굴 좀 내밀고 가려고…….

갑 참 둘째 자제분이 출전한다더니…… 응원하시게요?

아버지 응원은…… 무슨…….

주모가 술 주전자, 잔, 술국 등을 쟁반에 받쳐 들고 온다.

갑 한 잔 올리겠습니다요 회장님!

아버지 응……. 고마우이.

술을 따른다.

을 회장님께서도 소시적엔 장사셨다면서요. 씨름판에서는…….

아버지 나? 무신 장사는 장사……. 흐흐……. 자 함께 들지!

갑·을 예…….

세 사람이 쭉 들이킨다. 갑의 턱에서 술방울이 뚝뚝 떨어진다.

아버지 그 막걸리 맛 한 번 시원하다!

을 요즘은 또 이 막걸리로 돌았어요.

아버지 응?

을 한때는 싱거워서 맹물 맛이라고 소주만 마셨는데…… 역시 우리 입에는 이거라야만……. 헛허…….

아버지 그래……. 송충이 입에는 솔잎이라야지.

갑 솔잎도 흙파리 등살에 못 자랄 걸요. 헛허…….

모두들 웃어 제낀다.

S#7 씨름판

둘째와 청년이 한판 붙었다.

열띤 응원소리. 안간힘 쓰는 두 사람의 표정들.

꽹과리소리, 징소리.

개 짓는 소리.

인서트 Film

S#8 씨름판

필사적으로 상대방 가랑이 사이에 한 다리를 끼고 힘을 쓰는 둘째의 경직된 표정. 비오듯 흘러내리는 땀방울.

인서트 Film

S#9 씨름판

보기 좋게 넘어지는 두 개의 육체.

둘째가 위를 덮친다. 터지는 환호성과 난타하는 북과 꽹과리와 징소리.

개 짖는 소리.

인서트 Film

S#10 씨름판

심판 두 사람을 쓰러뜨렸습니다! 다음 세 번째 나오시오! 세 번째 나와요!

둘째는 수건으로 땀을 씻으며 자신만만하게 씨름판을 한 바퀴 돈다.

심판 세 번째 도전자 없어요? 송아지 한 마리가 걸려 있는 상씨름판이요! 없습니까? 송아지를 타실 선수 나오시오!

저만치 메어둔 송아지가 운다. 여린 뿔에 빨강 노랑의 색동 헝겊이 매여 있다. 군중들이 서로 뒤돌아본다.

심판 (소리) 송아지를 타갈 선수 나와요! 송아지 한 마리…….
빈 집에 금송아지 들어갑니다! 자…… 어서 나오십시오!
안 계십니까? 안 계세요?

아버지 여기 있소!

모두들 소리나는 쪽을 돌아본다.
군중을 헤집고 아버지가 나온다. 모두들 놀라움과 반가움에 술렁인다.

소리 1 아니 저게 누구여?

소리 2 농회 김 회장 아니오?

소리 3 부자지간 맞붙었군!

소리 4 이거 볼만하게 되었는 걸!

둘째가 홱 돌아본다. 아버지가 씩 웃는다.

둘째 아니…….

아버지 잘 부탁한다……. 흠…….

둘째 아버지……?

청년이 샅바를 들고 나와 아버지한테 채워준다.

둘째 아버지! 정말 이러시기예요?

아버지 내가 어째서?

둘째 (한심한 표정)

아버지 너만 씨름판에 나가라는 법이 어디 있어?

둘째 그렇지만…….

아버지 걱정 말어! 씨름판에 나온 이상은 부자간이 아니라 적수니까! 훗흐…….

샅바를 만진다.

군중 속에 갑, 을의 얼굴이 보인다.

갑 김 회장 이겨라!

을 송아지 타시면 올 가을에 아드님 장가 보내시죠!

군중들이 까르르 웃는다.

둘째 아버지 약주 드셨군요?

아버지 점심때 반주했다 왜…… 반칙이라던? 흣흐…….

둘째 글쎄 이러시면 안 돼요!

아버지 뭐가 안 돼? 이 씨름판에는 누구나 나설 자격이 있는 거야. 우리 마을 사람이라면……. (군중을 향해) 그렇죠?

아이들이 일제히 소리친다.

아이들 예!

아버지 저것 봐! 들었지? 흣흐…….

아버지 달려드는데 연신 피하며 말하는 둘째. 두 사람 뱅글뱅글 돌며

둘째 그럼요, 제가 기권하겠어요.

아버지 기권? 왜 이러니?

둘째 기권이 아니라 양보해드리죠!

아버지 아니 여기가 빠스칸이냐? 노인한테 양보하는 건 빠스칸에서나 통한다… 자… 덤벼! 실력으로 대결하자….

둘째 (어이가 없어) 실력 대결이요?

아버지 왜 벌써부터 가슴이 떨리냐? 임마 난 옛날부터 장사야!

S#11 Film

젊은 날에 아버지가 웃통 벗어 제킨 채 씨름을 하고 있다. 보기 좋게 적수를 넘어뜨리고는 양손을 번쩍 들어 보인다. 환호성을 올리는 군중들.

S#12 집 앞 마당

일용이가 고구마를 가려내고 있는 어머니한테 전갈을 한다.

어머니 뭣이? 일용이 그게 정말인가?

일용 예, 사모님. 제가 이 두 눈으로 똑똑히 보고 왔다니까요!

어머니 아버지와 아들이 씨름판에? 아이 그 이게 무슨 조화냐 글쎄…. 망령도 유분수지. 이이 당신 나이가 지금 몇 살인데?

어머니가 머리에 쓴 수건을 풀어 옷에 먼지를 털며 부엌 쪽을 향해 소리친다.

어머니 아가 (화난 듯) 새 아가!

며느리 (소리) 예.

어머니 일용이 경운기 있지?

일용 예예.

어머니 나 좀 태워다 줘야겠어.

일용 씨름판에 가시게요?

며느리가 부엌에서 나온다.

며느리 어머님 부르셨어요?

어머니 치마하고 저고리?

며느리 예?

어머니 나갔다 와야겠다.

며느리 어딜 가시게요? 점심상 다 차렸는데…….

어머니 씨름판에 가야 해.

며느리 어머니께서 씨름하시게요?

어머니 씨름은 무슨?

어머니 아이고… 못 산다니까! 그러니 나이 먹으면 어서… (화가 나서) 어서 가지고 오라니깐!

며느리 예? 예….

며느리가 허겁지겁 마루로 올라간다.

S#13 Film

경운기를 타고 가는 어머니와 일용.

S#14 씨름판

아버지와 둘째가 맞붙었다.

열광하는 군중들의 얼굴… 얼굴.

귀창이 떨어지게 들리는 징소리.

S#15 Film

소의 표정.

S#16 Film

경운기에 흔들리며 가는 어머니의 초조한 얼굴.

S#17 씨름판

힘을 쓰고 있는 아버지와 둘째.

S#18 Film

소의 다리들.

S#19 씨름판

이윽고 넘어지는 아버지. 환호성이 일어난다.

멍하니 허공을 쳐다보고 있는 아버지 외면하며 손을 터는 둘째.

심판이 선언을 한다.

아버지가 벌떡 일어나서 다시 둘째와 잡는다.

둘째 아버지 그만 하시죠?

아버지 승부는 삼세번으로 난다.

둘째 삼세번 아니라 사네번이라두 매한가지예요….

아버지 입 닥쳐! 첫 번은 져준 거야!

둘째 져줘요?

아버지 그래… 자 덤벼!

아버지는 둘째의 샅바를 휘어쥔다.

둘째가 딱하다는 듯 아버지 샅바를 더듬어서 쥔다.

S#20 Film

어머니가 타고 가는 경운기의 그림자.

낙엽이 떨어지자 물그림자가 산산이 부서진다.

S#21 씨름판

밀리고 밀치는 아버지와 둘째.

열광하는 관중들.

아들이 번쩍 아버지를 든다.

허공에서 바둥대는 아버지의 두 다리.

다음 순간 둘째의 표정에 어떤 충격이 온다.

관중들이 열광한다.

둘째가 아버지를 내려놓는다.

그 순간 아버지가 둘째의 아랫도리를 걷어찬다.

둘째가 넘어진다. 아버지도 함께 쓰러진다.

관중이 환호성을 올린다.

관중 속에서 불쑥 내미는 어머니의 얼굴. 크게 놀란다.

아버지가 허리를 다친 듯 일어나지 못한다.

둘째 아버지!

아버지 아이구. 앗… 아….

둘째 어디 다치셨어요?

어머니가 비집고 나온다.

어머니 여보! 여보!

아버지 응?

어머니 어떻게 된 일이에요?

내려다보는 어머니의 매서운 시선 쳐다보는 아버지의 멍청한 시선.

아버지 아이고… 허리야….

S#22 Film

소의 표정.

S#23 부엌

화덕 위에 달구는 기와.

어머니가 불에 달구어낸 기와를 헌 수건으로 싸들고 급히 나간다.

S#24 뜰과 마루

어머니가 부엌에서 나온다. 첫째가 들어온다. 퇴근길이다.

첫째 어머니 어떻게 된 거예요?

어머니 어떻게 되긴… 망녕나셨지!

첫째 많이 다치셨어요?

어머니 누가 아니?

어머니가 마루로 올라간다. 첫째가 뒤를 따른다.

S#25 안방

아버지가 요 위에 엎드려 있다. 셋째가 허리를 조심조심 누르고 있다.

어머니 들어온다.

아버지 아… 아퍼 아퍼….

셋째 여기가 아프세요?

아버지 응… 응… 살살… 살살….

셋째가 서서히 문지른다.

어머니 천벌이에요. 그게 다….

아버지 약 올리지 말어…. 남의 속두 모르구시리….

어머니 그래 남의 속도 잘 아셔서 씨름선수가 되셨구려? 쯧쯧쯧….

어머니가 앉으며 손에 들고 있는 기와를 불쑥 내민다.

어머니 이거 얹으세요.

아버지 그게 뭐야? 그게….

어머니 불독 찜질이 좋대요! 허리 다친데는요….

아버지 불독?

어머니 기와예요! 불에다 달군 거예요!

어머니가 옷을 치켜올리고 기와를 아버지 허리에 올려놓는다.

아버지 앗…! 앗… 뜨거.

어머니 엄살 그만 떨어요!

셋째 히히히….

어머니 너는 뭐가 우습니?

셋째 힛히히….

어머니 세상에 망령두 유분수지 글쎄… 어느 때라구 젊은 애들 틈에 껴서 씨름판에….

아버지 그 망령 소리 좀 쑥 뺄 수 없어?

어머니 그럼 그게 망령이잖구 뭐유?

아버지 인생은 육십부터라는 말두 몰라?

어머니 섣달에는 손자를 보게 될 할아버지예요.

셋째 손자인지 손녀인지 낳아봐야 알죠. 흐흐흐….

아버지 그래! 그래 네 말이 맞다. 우리 셋째가 맞어… 헛허… 앗…

크게 웃으려다가 아픔이 허리에 느껴지자 질겁을 한다.

어머니 아프세요? 이거 야단났네… 응?

아버지 어구구….

첫째가 와이샤쓰 차림으로 들어온다. 며느리도 뒤따라 들어온다.

첫째 괜찮으세요?

아버지 아니… 웬 퇴근 시간이 그렇게 일르냐. 오늘은….

첫째 (아내를 돌아보며) 회사로 전화가 왔잖아요. 그래서….

아버지 (며느리에게 못마땅하게) 너는 무슨 큰일 났다고 알리니 알리긴 ……. 쯧쯧쯧!

며느리 그렇지만…….

아버지 아무렇지도 않아! 약간 허리를 삐었을 뿐이야!

첫째가 기와가 얹힌 허리를 손으로 눌러본다. 살이 물렁거린다.

첫째 무리예요. 아버지껜….

아버지 뭐가….

첫째 씨름을 아무나 하나요? 저만 해도 이젠 근육이 당기고 해서 힘 주는 일은 어려운데요.

아버지 늙었다고 무시하지 마, 임마! 그 담배나 다오!

첫째 예….

첫째가 담배를 뽑아 입에 물려주고 불을 붙여 준다.

아버지가 엎드린 채로 담배연기를 피운다.

어머니 으이구 네 아버지 인생은 60부터란다 글쎄…. 망령이야 망령!

아버지 그 망령 소리 좀 빼라니깐! 나는 아직 젊어요…. 40년 동안 흙에서 자라 흙과 함께 살아온 나란 말이야! 요즘 젊은 애들처럼 그렇게 비실비실하진 않아!

셋째 저도요?

아버지 응? 응… 우리 셋째는 빼고지! 그… 자식….

셋째 헤헤.

어머니 나이는 못 속여!

아버지 누가 속인댔어?

어머니 그게 속이는 거죠…. 늙었는데도 안 늙은 척 해보이려는 심뽀가 아니고 뭐겠어요?

아버지 척이 아니야. 내 실력이지.

어머니 젊은 사람들한테 지기 싫다는 생각 누군들 없나요? 허지만 그게 마음대로 안 되는 게 나이라구요…. 언덕 넘어 정미소집 정씨 보세요. 안 늙어 보이려고 한 달에 한 번씩 이발소에 가 드러눠서 머리염색을 하고 파란 양복에 빨간 넥타이 매고 색안경 쓰고… 온갖 수선 다 피우지만 목 주름살은 어쩔 수 없습니다.

아버지 남의 남자 목은 언제 또 들여다봤어?

어머니 들여다보긴요…. 서울 가는 전철 안에서 한사코 나한테 자리를 양보하길래 나는 앉고 자기는 섰는데 탁 아래서 쳐다보니까 환히 올려다 보입디다.

아버지 잘도 보았군! 그런 시간 있으면 흰머리나 뽑을 일이지!

어머니 목살이 축 늘어진 데다가 주름이 잡힌 게 꼭 다 빨린 암퇘지

젖꼭지 같습디다.

아버지 얼씨구….

어머니 그러니 허세를 부려서는 안 된다고요. 나이 먹으면 늙는 거지 뭐가 두렵수?

첫째 그래요…. 아버진 옛날 젊었을 때 생각만 하시고 환상 속에 사로잡히신 거예요.

아버지 이젠 너까지 쌍지팡이 짚고 나서는구나!

셋째 염려마세요…. 저는 아버지 편이니까. 흐흐….

모두들 웃는다.

셋째 그건 그렇고 작은오빠도 너무 했어.

첫째 왜?

셋째 작은오빠가 양보했던들 아버지가 이렇게 되시진 않았을 거 아니에요?

첫째 아- 그럼! 아버지하고 둘째하고 씨름을 했단 말이냐?

어머니 너는 자다가 봉창 두들기는 소리 하는구나…. 지금까지 그것도 모르고 있었어?

첫째 (아내에게) 여보! 왜 진작 그 얘기 안 했지?

며느리 아까 전화로 얘기했잖아요.

첫째 언제 했어! 아버지가 씨름판에서 다치셨다고만 했었지!

며느리 어머머… 기가 막혀! 얘기했단 말이에요! 당신이 잘못 알아 듣고서!

첫째 그런 중요한 얘기를 빼놓구서….

어머니 그만들 해둬! 이제 와서 그게 무슨 소용이니?

첫째 둘째는 어디 갔어요?

어머니 글쎄다!

아버지 아마 미안해서 못 나타난 거겠지! 자식두 원….

어머니 당신 탓이죠…. 멀쩡한 아이 기 죽여 놓구서….

아버지 그게 왜 내 탓이야! 제놈이 힘이 딸린 탓이지! 그래도 내가 이겼어, 두 번째는….

셋째 비겼지요! 한 번 지고 한 번 이기고. 흐흐….

첫째 아버지께서 한 번은 이기셨어요?

아버지 암! 내가 젊었을 땐 씨름판에 나갔다 하면 황소를 탔었지!

셋째 작은오빠가 부러 져준 거 아니에요?

아버지 뭐라구?

어머니 셋째 말이 맞을 거야.

아버지 아니 이 사람이.

벌떡 일어나는 아버지. 서슬에 놀라는 엄마. 모두 웃는다.

S#26 마당 (어둠)

방마다 불 켜진 방문들. 어슴푸레한 초저녁이다.

S#27 대문 앞 (어둠)

풀이 죽은 채 쭈그리고 앉아 있다.

돼지들이 꿀꿀거리고 있다.

초저녁의 짙은 잿빛 어둠이 깔리고 있다.

일용이가 돼지 밥통을 들고 온다.

일용 먹으라는데.

일용이가 돼지 사료통에다 돼지 밥을 부어준다. 돼지들이 다투어 머리를 내민다.

둘째가 불쑥 일어난다.

S#28 집앞 뜰 (어둠)

어머니가 방에서 나온다. 불빛이 마루로 흘러나오고 있다.

둘째가 뜨락에 들어선다.

어머니 어서 올라가 저녁 먹자.

둘째 아버지는요?

어머니 괜찮으신가 봐.

방에서 웃음소리가 터져 나온다.

둘째 어머니.

부엌으로 어머니가 들어가려다 말고 돌아본다.

둘째 (가서) 어떻게 하죠?

어머니 뭐가?

둘째 아버지한테 정식으루 용서를 빌어야 할까요?

어머니 앤 너한테 무슨 잘못이 있니? 괜찮아…. (바싹) 이 기회에 네 아버지 콧대 좀 꺾어드려라. 홋홋…….

어머니가 부엌으로 들어간다. 둘째가 빙긋이 웃는다.

S#29 방 (밤)

식구들이 식탁을 둘러앉았다. 아버지, 첫째, 셋째, 막녀 모두 모였다.
며느리가 냄비에서 국을 떠서 막녀에게 건네면 막녀는 차례로 놓는다.
국그릇에서 피어오르는 김.

아버지 국 냄새가 구수하구나. 무슨 국이냐?

며느리 마른 새우 넣고 아욱국 끓였어요.

아버지 아욱국? 좋지! 말이 있잖니? 가을 아욱국은 막동이 사위만 준다구. 헛허…….

셋째 그럼 막녀 신랑이 있어야겠네요.

막녀 피이다…….

일동 헛허…….

아버지 (상을 두리번거리며) 왜 없냐? 너희 어머니가 내오지 말랬어?

며느리 예?…

셋째 언니 이거 말이에요.

술 마시는 시늉을 한다.

아버지 없어?

어머니 E (밖에서) 가져가요.

아버지 응? 역시 네 엄마가 최고야. 흐흐…….

미닫이가 열린다.
둘째가 소주병을 들고 있다.
아버지의 짝 벌어지며 군침 삼킨다.

어머니 둘째가 술잔을 올리겠대요. 그리 알고 받으세요.

첫째 앉어라.

셋째 우리 여자들 마실 건 없니?

막녀 그러게 말이야.

둘째가 아버지 곁으로 가서 잔을 권한다.

둘째 아버지…….

아버지가 난처해진다.

어머니 아 어서 받으세요. 우리 집 감나무에 까치 안 우는 날은 있어도 당신 반주 걸르는 날 있었수?

모두들 웃는다.

아버지가 손을 내민다. 둘째가 술을 따른다.

둘째 아버지… 낮에는 죄송했어요.

어머니 에그 그게 뭐가 죄송하니? 씨름이야 힘으로 하는 게지 뭐 정으로 하는 거니?

모두들 까르르 웃는다.

막녀 프로레슬링은 돈 받고 부로 져준다던데 둘째 오빠도 혹시 그거 아니었수?

아버지 뭐 뭐 져줘? 얘끼놈!

막녀 난 믿어지지 않아요. 아버지가 작은오빠를 이겨냈다니…….

아버지 너는 믿거나 말거나야. 심판이 알면 되는 일이니까! 자 들자.

모두들 식사를 시작한다.

아버지가 술잔을 기울인다. 그러면서 곁눈질로 둘째를 본다.

둘째 잽싸게 시선을 돌리며 침을 꼴깍 삼킨다.

아버지가 잠시 생각하다 잔을 내민다.

둘째 예?

아버지 받어! 임마!

둘째가 망설인다.

어머니 주시는 건 받어라.

셋째 뇌물만은 빼놓고. 호호호…….

둘째가 잔을 받는다. 아버지가 술을 따른다.

아버지 마셔….

둘째가 약간 돌아앉아 술을 마시고는 다시 잔을 내밀고 술을 따른다.

둘째 아버지.

아버지 응….

둘째 낮에… 저 혼자서… 울었어요.

아버지 응?

어머니 씨름에 졌대서 말이니?

둘째 아뇨.

아버지 그럼 미안해서?

둘째 아뇨.

아버지 그럼 뭐냐?

둘째 (사이) 아버지께서… 그렇게 가벼워지신 줄 몰랐어요.

아버지가 입에 대려던 잔을 놓는다.

어머니도 숟가락을 놓는다.

둘째 제가 아버지를 치켜 올렸을 때 그렇게 가벼울 수가 없었어요. 어렸을 때…… 아니죠, 그게 고등학교 나오고 군대에 입대하기 전날이었죠? 복숭아 밭 아래서 씨름을 하신 게.

S#30 Film

아버지와 둘째가 씨름을 하고 있다.

아버지는 버티고 서서 반석처럼 움직이지 않는다.

둘째가 몇 차례 넘어뜨리려고 안달을 하다가 쿵 나가 떨어진다.

아버지 으라차차!

둘째 어이쿠!

아버지가 깔깔대고 웃는다.

아버지 하하하.

어머니 호호호.

저만치서 복숭아를 따고 있던 어머니가 웃는다.

화가 나 다시 일어서 달려 붙는 둘째. 그러나 다시 한 번 용쓰자마자 나가 떨어지는 둘째.

S#31 방

둘째 그러시던 우리 아버지가 어느새 이렇게 늙고 쇠약해지셨나 싶어 맘이 아팠어요.

아버지 (대견스레 보는 눈이 젖어온다)

분위기가 숙연해진다. 막녀가 젓가락 끝을 물고 이 사람 저 사람 눈치를 본다.

아버지 임마. (사이) 실은… 나도 울었어.

둘째 예?

아버지 마음은 아직도 봄인데 육신은 벌써 가을 낙엽이 되었구나 싶어서 말야. 내가 아무리 바둥거리고 안간힘을 쓴다 해도 제 때가 지나면 어쩔 수 없구나! 하지만 그게 순리지. 조물주의 조화야. 내가 나이를 먹는 만큼 너희들은 자라고 그래서 너희들이 세상 주인이 되어야 하는 판국에 내가 아무리 뽐내봤자 누가 살아줘야지.

어머니 그래요. 이제 열매도 안 열릴 고목 과수예요. 열린다 해도 새알만하게 열릴 늙은 나무예요. 그러니 너무 무리 마세요.

아버지 인제 나보고 양로원에 가라는 건가?

어머니 아니죠. 이 참대쪽 같은 아들 딸 있는데 뭐가 두려워요? 안 그러니?

그럼요 등등 맞장구치며 웃는다. 아버지는 흐뭇한 표정이다.

셋째 그런 뜻에서 제가 한 잔 올리겠습니다! 자요!

셋째가 술병을 들고 옆으로 온다.

아버지 자식! 그래 좋다!

술잔을 내민다.
이때 막녀가 큰소리로 말한다.

막녀 언닌 꼭 마지막에 공로를 차지하려 든단 말야. (와서) 아빠 제가 먼저 따를려고 그랬단 말예요.

셋째 내가 먼저 따르고!

막녀 싫어! 내가 먼저 따를래!

병을 쥐고 서로 따르겠다고 실갱이한다. 모두 웃는다.
아버지 입이 찢어지게 좋아한다.

아버지 그래 그래. 느희 둘이 맞잡고 따르면 되잖니…. 흐흐흐.

둘이 따라준 잔을 맛있게 마신다.

아버지 크 맛 좋다.

밖에서 개가 짖는다.

며느리 누가 왔나?

일용 (밖에서) 회장님 회장님!

며느리 제가 나가 볼게요.

며느리가 나간다.

S#32 마루와 뜰 (밤)

할머니가 일용의 부축을 받으며 들어온다. 일용의 손에 소형 트렁크가 들렸다.

며느리 어머나! 할머니 아니세요?

S#33 방

아버지 응? 어머님이?

어머니 아니 이 시간에 웬일이실까?

모두들 마루로 나간다.

S#34 마루와 뜰 (밤)

할머니가 마루 끝에 앉으며 길게 한숨을 몰아 쉰다.

할머니 어유… 다리야!

아버지 어머니! 어떻게 오셨어요?

할머니 어떻게는 뭐가 어떻게…. 서울서 빠스 타고 정류소에서 내려서 올라오는데 (일용을 보며) 거름통을 지고 오는 걸 만났지! 아이구 다리야…. 얘 나 시원한 물 좀 다오.

어머니 예… (며느리에게) 어서 떠와.

며느리 예.

며느리가 내려간다.

일용 그럼 쉬세요…. 전 이만 가보겠어요.

할머니 응. 수고했어.

일용이가 나간다.

할머니 시원한 우물맛 생각이 나서… 쯧쯧… 난 서울 가면 미지근한 수돗물이 싫어서… 못살겠더라.

어머니 어머님 왜 벌써 오셨어요? 한 보름쯤 계신다더니….

할머니 오고 싶어 왔지.

아버지 이 시간에 가시라고 하던가요? 매제랑 누이가?

할머니 아니야…. 내가 왔어 그냥….

며느리가 물그릇을 들고 온다.

며느리 할머니 여기 있어요.

할머니 오냐.

할머니가 물그릇을 받아 꿀꺽꿀꺽 마신다.

어머니 (낮게) 서울서 무슨 언짢은 일이라도….

아버지 (낮게) 글쎄….

할머니 후우… 물맛 한 번 좋다… 꿀맛이야…. 팔도천지 어디 가도 우리

집 물맛만큼 좋은 물은 없을 거야.

물그릇을 내밀자 며느리가 받는다.

어머니 저녁은 그럼… 아직…

할머니 생각 없어…. 오다가 홍시를 하나 사 먹었지….

아버지 좌우간 올라오세요.

할머니 응! 응! 그래! 뭐니 뭐니 해도 내 집이 제일이니까….

첫째와 둘째가 부축해서 방으로 모신다. 아버지와 어머니만 남는다.

어머니 무슨 일이 있었던 게 분명해요. 이렇게 불쑥 돌아오실 리가 없어요.

아버지 혹시 매부나 정애가 눈치한 거 아닐까?

어머니 그러게 말이에요. 아무튼 넌즈시 좀 여쭤보세요.

아버지 알았어!

S#35 할머니 방 (밤)

첫째, 둘째 나가고 막녀가 할머니 어깨를 주무르고 셋째가 할머니 무릎을 두들기고 있다.

할머니 아이구… 아이구… 시원해라… 훗….

셋째 시원하죠?

할머니 응… 서울 가면 이렇게 다리 주물러 줄 사람도 없고……

아버지와 어머니가 들어선다.

할머니 내가 가겠다니까 느희 고모랑 고모부랑 붙잡고 말리더라만…….

아버지 그럼 편안히 지내시지 왜 벌써 오셨어요?

어머니 아파트에는 없는 것 없고 여기보다 몇 갑절 편안하셨을 텐데….

할머니 편해? 아니다. 사람은 가지 말라고 붙잡을 때 떠날 줄 알아야 해.

아버지 예?

할머니 아이들이 할머니한테 효도하겠다는 마음 그걸 알았으면 되었지. 편안하다고 그대로 눌어붙어 있다간 저도 모르게 눈치 보게 되는 거야. 사람이란 손뼉을 치고 떠나지 말라고 아우성 칠 때 떠날 줄 알아야 해.

아버지와 어머니는 어떤 마음의 충격을 받은 듯 감동 어린 시선으로 바라본다. 아버지는 나간다. 할머니가 손자, 손녀들에게 재미나게 얘기를 하며 손짓을 해 보인다.

S#36 마루 (밤)

아버지 나와 선다.

N TAPE

그래. 만사는 때가 있다. 그 때를 잃으면 명연설도 허공의 메아리다. 어떤 사람이건 자기가 애써서 성취한 성을 떠나려 하지 않는다. 내가 아니면 이 성을 지키고 갈 사람이 없다고 독단한다. 이런 사람에겐 박수갈채가 없다. 박수갈채를 받으며 떠날 줄 알아야 한다.

이때 어머니 나와서 뭐라 잔소리하며 등을 밀며 안방으로 들어간다.

(F.O)

제2화

〈주례〉

1980년 10월 28일 방송

· **등장인물**

아버지	최불암
어머니	김혜자
첫째	김용건
며느리	고두심
둘째	유인촌
셋째	김영란
막녀	홍성애
일용네	김수미
사나이 (38)	임문수
아낙 (35)	이숙
신랑 (30)	사상기
신부 (26)	김동주
사회	박경순
목사	이운우
마을사람들	
일용	박은수

S#1 Film

과수원 전경.

아버지와 둘째가 약간의 거리를 두고 가지치기를 하고 있다.

N TAPE

나무를 대하노라면 사람을 알게 된다. 이를테면 나무는 성장만을 목적으로 하는 것이 아니다. 보다 많은 열매를 맺게 하려면 식물의 성장점인 순을 잘라야 한다. 그게 결과지를 기르는 거다.

그런데 어떤 때는 성장점의 순을 자르지 않아도 난데없는 곳에서 곁눈이 나와 제법 탐스럽게 곁가지를 형성한다. 이것은 도장지라고 해서 꽃도 열매도 맺지 않을 뿐더러 다른 나뭇가지의 성장까지도 망치는 경우가 있다.

그러나 이상하게도 이 도장지는 거름도 많고 수분도 풍족한 좋은 환경에서 많이 나온다는 점이다. 사람도 마찬가지다. 환경이 좋아서만이 성공하는 건 아니다.

둘째 아버지.

아버지 왜?

둘째 그럼 어느 쪽일까요?

아버지 뭐?

아버지가 일손을 놓고 둘째를 돌아본다.

둘째 도장지인지 결과지인지 모르겠어요. 저는?

둘째는 여전히 가지를 친다. 아버지가 씩 웃는다.

아버지 둘 다 아니야 임마!

둘째 예?

아버지가 다시 일을 계속 한다.

아버지 나무의 도장지는 톱이나 전정가위로 싹뚝 잘라버릴 수도 있고… 쓸데없이 하늘로만 치솟는 생장점의 순을 암팡지게 잘라낼 수가 있지만 말이야… 흐흐 사람은 그게 안 되거던…. 그게 자식이라는 거다.

둘째가 뭔가 가슴에 와 닿는 것을 느낀 듯 아버지를 쳐다본다.

둘째 힘들 게 뭐가 있어요? 쓸모없는 도장지와 열매를 맺을 결과지를 정확히만 알 수 있다면야…….

아버지 그게 어려워! 임마! 도장지를 자른다는 것이 그만 결과지를 잘라버리는 경우가 많거던!

둘째 그러니까 저는 도장지와 결과지 가운데 어느 쪽이냐구요.

아버지 둘 다 아니라니까!

둘째 아버지! 제가 도장지라고 생각하고 계시죠?

아버지 뭐?

둘째 아버지 말씀대로 그때 농과대학에나 갈 것을 놓고만 나오고는 비실대다가 군대에 갔다 왔으니…. 형처럼 법과 대학 나와 번듯하게 회사원이라도 되었던들… 아버지 체면도 섰을 텐데 말씀이에요…. 역시 나도 도장지일 거야! 그렇죠. 흣흐….

아버지 아니 저 녀석이….

어머니 (멀리서) 여보… 여보.

아버지 (크게) 왜 그래?

어머니 (멀리서) 어디 계세요?

아버지 나간다.

S#2 Film

어머니가 치마말을 추스러 올리며 급히 오고 있다.

어머니 나와 보세요. 손님 오셨어요.

아버지 (소리만) 손님? 누군데?

어머니 모르겠어요. 모르는 사람이에요.

과수밭에서 아버지가 나온다.

아버지 어디 있어?

어머니 집에요.

아버지 뭘 하는 사람인데….

어머니 그게 좀… 이상해요.

아버지 왜?

어머니 이 고장 사람은 아닌가 봐요.

아버지 노자 떨어졌으니 하룻밤 묵고 가겠다는 거 아니야?

어머니 그런 것 같지는 않고요…. 긴히 말씀드릴 일이 있다면서….

아버지 그래? 가봐.

아버지가 앞장 서고 어머니가 뒤를 따른다.

S#3 집 앞 뜰

허름한 차림의 30대 후반 청년이 서성거리고 있다. 머리엔 찌그러진 모자가 얹혀 있다. 개가 낯선 길손이라 짖어대고 있다. 사나이는 손을 내밀며 슬슬 피하고 있다. (안 짖으면 달래며 놀 것)

사나이 워리… 워리….

아버지가 나온다.

아버지 삼월아! 저리 가! 저기 가 있어!

개를 제지시키며 몰아낸다. 개가 슬슬 물러간다.

사나이가 모자를 벗어 절을 꾸벅 한다.

사나이 김 회장이세요?

아버지 뉘시오?

사나이 예… 저….

아버지 좌우간 올라가시죠.

사나이 아, 아니올습니다. 여, 여기서….

아버지 올라가세요. 어찌 되었건 나를 찾아온 손님이신데…. 자… 올라갑시다….

사나이 예… 예….

어머니가 저만치서 개운치 않은 표정으로 서 있다.

어머니 Tape (마음의 소리) 에그… 저 양반은 그저 날라가는 까마귀라도 붙들고 올라가라지….

아버지 E 여보… 뭘 하고 있어?

어머니 예?

아버지 술상 차려와요!

어머니 술상이라뇨?

아버지 손님 오셨는데 그대로 있을 수 있어?

어머니가 윙크를 하듯 한쪽 눈을 찔끔 감아보인다.

어머니 Tape 아니… 정말 저 양반은… 어디서 온 누군지도 모르면서 무슨 술상은….

S#4 마루

아버지 편히 앉으시오. 자… 자….

사나이 예… 예….

사나이는 무릎을 꿇고는 안절부절이다.

사나이 인사 올리겠습니다.

아버지 예. (고쳐 앉는)

사나이 저… 저 아랫마을 사는 김종국이라고 합니다.

아버지 아 그러세요? 어쩐지 낯선 분이라 했더니만….

사나이 저는 진작부터 김 회장님 존함은 익히 알고 있습니다.

아버지 아랫마을에서 무얼 하시오?

사나이 그저 이것저것… 헤헤.

뒤통수를 긁적거린다.

아버지 그래 무슨 일로 나를….

사나이 (대뜸) 주례 좀 서주세요.

아버지 예?

S#5 부엌

술상을 차리고 있는 어머니의 귀가 쫑긋해진다.

어머니 주례?

S#6 마루

아버지 아니 김종국 씨가 장가드시오?

사나이 아니요. 제가 아니라 제 동생 놈이 하나 있는데 나이 30에 겨우 늦장가를 들게 되었습죠. 그런데 막상 장가를 들자니 주례 서주실 어른이 계셔야죠.

아버지 마을의 어른들 계시잖아요?

사나이 그 그게… 저… 헤헤.

아버지 ?

사나이 누가 서주시려고 해얍죠. 헤헤.

아버지 아니 왜요?

사나이 (한숨) 그것도 다 제 것 제대로 지니고 살아가는 처지라야 주례도 서주려고 하지 우리처럼 이렇게… 헤헤….

자신의 초라한 차림을 부끄럽게 여기는지 아버지와 자기를 번갈아 본다.

사나이 그게 잘 안 되더군요. 부탁 말씀 올리기도 쑥스럽구요…. 그래서….

아버지 그래 나는 어떻게 알고서.

사나이 어제 장터에 나갔다가 응진식당에서 막걸리를 마시던 끝에 주례 걱정을 했더니 그 주인댁이 김 회장님을 찾아가 보라고 해서… 이렇게….

아버지 아… 응진식당… 잘 알죠.

사나이 김 회장님께선 이 고을 터줏대감인 데다가 지금까지도 수십 쌍을 더 주례를 스셨다면서….

아버지 (과히 싫지 않은 듯) 수십 쌍이 뭐요. 수백 쌍은 족히 (본다)

어머니가 술상을 가지고 올라온다.

아버지 (아내에게) 내가 주례 선 것 수백 쌍은 될 거야. 그렇지?

어머니 글쎄요. 그렇지만 주례도 서줄 때 뿐이지 식만 끝나고 나면 언제 봤더냐 식이니 그것도 별로 달갑지 않은 일이죠.

사나이가 아연해진다.

어머니 어서 약주나 드세요. 안주가 신통치 않군요.

서로 따르려고 약간 실강이 벌인다.

사나이 아이 별말씀을 다 하십니다. 이렇게 폐를 끼쳐서… (주전자)

아버지 옛날에는 주례는 이를테면 천주교에서 말하는 대부나 다름없었지.

사나이 대부요?

아버지 암. 아버지 대신이라 이거 아니오. 죽을 때까지 아버지처럼 공대하고 어려울 때는 찾아가 의논드리구 즐거울 때는 그 기쁨을 나누고… 이게 주롄데… 요즘은 그저 빌려다 쓴 헌 빗자루 격이야! 쓸고 나면 팩 내던져 버린다구. 헛허.

사나이가 난처해진다.

아버지 그렇다고 김 형 보고 하는 소리는 아니고 이를테면 요즘 세대 인심이 모두 그런 식이다 이거지! 허허… 자… 한 잔 합시다.

사나이 예.

아버지 시원하게 마신다.

사나이 그럼 주례는… 어떻게….

아버지 염려 마시오!

사나이 감사합니다! 감사합니다!

사나이가 술잔을 내려놓고 코가 마룻바닥에 닿게 연거푸 절을 한다. 아버지 맞절하면서 눈시울이 금방 젖어온다.

사나이 그 불쌍한 놈이…… 나이 30에 겨우 색시는 나섰는데 주례 서줄 사람이 없어서…… 장가 못 들 줄 알았는데…… 감사합니다! 정말 고맙습니다! 이 은혜 안 잊을 겁니다. 대부님!

사나이 또 한 차례 절을 한다. 할 수 없이 마주 앉는 아버지, 코믹하다.

부엌에서 나오다 보고 혀를 찬다.

Film

아침 해 뜬다.

S#7 마루 (낮)

아버지가 거울 앞에서 면도를 하고 있다. 어머니가 저만치서 양복바지에 다리미질을 하고 있다.

어머니 식이 열 시라죠?

아버지 응!

어머니 무슨 결혼식을 그렇게 일찍 해요? 열두 시쯤 해서 식 끝나면 가까운 사람들 모아 점심도 하고 그럴 일이지……. 그저 요즘 사람들은 약아빠지고 닳아빠져서 참기름 장수 기름통이라니까.

아버지가 거울 속을 들여다보며 씩 웃는다.

아버지 참기름 장수 기름통을 본 것처럼 말하는군……. 흠……!

어머니 안 봐두 본 거나 다름없죠. 열 시에 후딱딱 식 끝내고 갈 사람 가버려라 이거 아니에요? 점심때 피해서 할려구…….

아버지 그럼 요즘 결혼식 때 누가 점심 내고 술상 내고 해……. 가정의례준칙두 몰라?

어머니 알기에 하는 소리죠.

아버지 뭐라구?

어머니 결혼식 끝나면 밥, 죽이면 죽, 아니 우유 한 잔이면 어때서요? 정성만 깃들어 있고 진실성만 있다면 그렇게 모아 앉아 축하해

주고 축하받고 하는 게 결혼식이지……. 에그 세상에…… 요즘 결혼식 그게 결혼식입디까? 더구나 그 예식장은 북새통! 이건 돈 내구 쫓겨나온 격이니 원.

아버지가 면도를 하다 말고 허공을 쳐다본다.

아버지 그래…… 맞았어! 우유 한 잔! 여보 그때 생각나?

어머니 뭐를요?

아버지 우리 약혼식 때 일……. 그때 우리는 진짜 우유 한 잔씩 앞에 놓고 했었잖소! 그것두 외국 구호물자로 들어온 가루우유를 타서 …….

어머니도 어느덧 다리미질을 하다 말고 회상에 잠긴다.

어머니 그래요. 그게 30년 전이던가요?

아버지 33년 전이지. 해방 다음 해니까……. 12월 9일……. 나는 스물여덟, 당신은 네 살 아래. (빙긋 웃는)

S#8 목사의 방 (회상)

말쑥하게 차린 젊은 날의 아버지와 어머니.

모아 앉은 사람들 그들 앞에는 우유컵 하나씩 놓여 있다.

이 목사가 기도를 하고 있다. 어머니 머리에 꽂힌 연분홍빛 카네이션 한 송이가 잔물결치듯 흔들리고 있다.

이윽고 기도가 끝나고 이 목사가 먼저 우유잔을 든다. 모두들 우유잔을 들어 보인다.

어머니의 손에 들린 우유잔이 몹시 흔들린다. 아버지의 우유잔에 들린 우유잔은 끄덕없다.

아버지는 한숨에 반쯤 마신다. 어머니는 입을 대다 말고 우유잔을 놓는다.

그녀의 저고리 소매 끝에 끼워둔 하얀 손수건을 입술에 대는 척하면서 어느새 눈시울을 누르고 있다.

그것을 어김없이 보고 있는 아버지의 눈초리.

TAPE 아버지 (소리) 나는 당신이 왜 우는지 그 이유를 알 수 없었지.

TAPE 어머니 (소리) 모르실 거예요.

TAPE 아버지 (소리) 가난뱅이한테 시집간다는 게 슬펐겠지?

TAPE 어머니 (소리) 그게 아니에요.

TAPE 아버지 (소리) 그럼 왜 울었어?

TAPE 어머니 (소리) 그건 말로는 설명 못해요. 여자의 눈물은 복잡해요. 더구나 결혼 때 흘린 눈물은 불가사의하거든요.

TAPE 아버지 (소리) 불가사의?

S#9 마루

회상에 잠겨 미소 짓는 부부.

TAPE 어머니 (소리) 다만 한 가지만은 말할 수 있어요. 나는 이제부터 저 남자에게 모든 것을 맡길 수 있다는 감동 때문에 울었다는 사실.

S#10 Film

가을 햇살을 맞으면서 신나게 자전거를 몰고 가는 아버지. 모퉁이 돌아 나오는 아버지.

언덕길 올라오는 아버지. 개천가를 달리는 아버지. 굴다리 밑을 지나는 것.

마치 아버지 자신이 장가가는 착각이 든다.

S#11 새마을회관 앞

사나이 서성거리고 있다.

시계를 본다.

말쑥하게 이발을 했고 옷은 갈아입었으나 촌티는 여전하다. 담배를 꺼내 피운다. 그의 아내가 나온다. 한복 차림의 역시 촌티가 꾸정물처럼 쩔었다.

아낙네 아직 안 오셨에요?

사나이 …

아낙네 웬일일까요? 식이 시작될 텐데….

사나이 …

아낙네 혹시… 안 오시는 거 아니에요?

사나이 미쳤어? 주례가 안 오시면 어떻게 되는데.

아낙네 누가 아니래요! 모두들 왜 식을 시작 안 하느냐고 재촉인데….

사나이 곧 오실 거야.

아낙네 분명히 오신다고 했죠?

사나이 병신같은 소리만 골라서 하는군! (신경질 내며) 오신다고 약속했으니까 결혼식 올리는 거 아니야? 젠장.

아낙네 그 어른 입장이 난처하니까 주례해주겠다 해놓구서 어디로 숨어버린 것 아니에요? 혹시….

사나이 아니… 이 사람은 어디서 맨날 사기꾼만 보고 살았나? 왜 이렇게 의심이 많지?

아낙네 생각해 보세요. 말이야 바른 말이지 우리 집두 뭣을 보고… 뭣을 내놓을 게 있어서… 더구나 대련님의 그 꼴로… 서 계시는 걸 보신다면.

사나이 듣기 싫어…. 좋은 날에 질질 짜긴 또…. 재수없는 소리 작작하라구!

저만치서 자전거 소리 찌르릉 울린다.

사나이 아… 저기 오신다.

아버지 자전거를 타고 와서 내린다.

아버지 기다렸지?

사나이 아 아니에요.

아버지 글쎄 오다가 다이야가 펑크가 나서…… 헛허… 부인이신가?

사나이 예… 예… 인사드려… 주례 선생님이셔!

아낙네 아이고… 회장님 고맙습니다.

아낙이 구십도 경례를 한다. 그 바람에 치마 뒷문이 열리며 때국이 낀 속바지가 훤히 드러난다. 사나이가 잽싸게 치마를 덮어 준다.

아낙네 아이고.

사나이 헤헤. 주례 선생님 그럼 들어가실까요? 모두들 기다리고 있어서… 예….

아버지 그렇거죠.

사나이가 아버지를 인도한다.

S#12 새마을회관 안

조촐한 결혼식장. 그다지 많지 않은 하객들이 웅성거린다.

사회 그럼 지금으로부터 신랑 김종만 군과 신부 신은님 양의 결혼식을 농회 이사이시며 이 고장의 농촌지도자이신 김윤배 선생님을 주례로 모시고 거행하겠습니다.

사회가 아버지에게 등단하라고 손짓을 한다. 다음 순간 바로 단 아래 신랑이 이미 와 서 있다. 아버지의 표정이 의아해진다.

TAPE 아버지 (마음의 소리) 아니…… 신랑이 먼저 들어와서 기다리는 법도 있나?

사회 신부 입장!

모두들 신부가 들어올 쪽을 본다.
아버지 신랑을 본다. 그러나 신랑은 움직이지 않는다.

아버지 (낮게) 신랑! 신랑 뒤를 돌아다 봐요.

그러나 신랑은 못들은 척

아버지 (당황한 표정)

신부가 한복 차림의 촌로 손을 잡고 입장한다. 신부는 유달리 얼굴을 깊게 수그리고 있어서 얼굴을 알아볼 수가 없다. 신부가 서슴없이 신랑 옆에 와서 선다.

TAPE 아버지 (마음의 소리) 보기보다는 활달한 처녀군.

사회 주례 선생님께서 혼인서약에 이어 주례사를 해주시겠습니다.

아버지가 안경을 꺼내 쓴다. 혼인서약문은 대충 훑어본다.

아버지 혼인 서약이란 사실은 하나님 앞에 나가 두 사람이 마음과 마음으로 하는 것입니다. 따라서 나는 격식을 떠나서 두 사람에게 한꺼번에 묻겠으니 대답하시면 됩니다.

신랑 신부가 고개를 약간 숙인다.

아버지 신랑 김종만 군과 신부 신은님 양은 이제부터 서로 믿고 사랑하고 후회하지 않으면서 일생을 함께 할 각오와 자신이 서 있습니까?

신랑 (낮게) 네….

신부 (크게) 예!

하객석에서 웃음이 터진다.

소리 A 신랑이 지겠어!

소리 B 내 주장하면 안 되지!

일동 핫하…….

아버지 좋습니다! 신부가 씩씩한 목소리로, 그리고 신랑은 겸손한 목소리로 언약을 했으니까요. 이 성경 위에다 손을 포개놓고 이 사람 얘기를 들어주시기 바랍니다.

아버지가 성경을 꺼내 탁자 끝에 놓는다. 두 사람이 손을 포개 놓는다. 신부가 손이 더 크다.

아버지 두 분은 이제 성경에 걸고 맹세했고 또 그 영광을 차지하셨습니다.

S#13 마당

일용네가 바구니 들고 와 앉으면서 마당 평상 위에서 어머니와 며느리 고추를 썰고 있다.

며느리 아버님 주례하시는 걸 저는 한 번도 못 봤어요 어머님!
어머니 네 아버지? 주례 하나는 잘 하신다. 호호호….
며느리 어떻게요?
어머니 주례말씀 잘 하신다고 이 근처에서 소문난 걸!
일용네 우리 일용이 장가갈 때는 회장 어른께서 꼭 주례 서주셔야 해요.
어머니 그럼요. 아마 일용이가 싫다고 해도 나서서 하시겠다고 우기실 거예요! 호호호….
일용네 호호호…. 에그 우리 일용이두 이제 서른 살인데….
어머니 오늘 장가가는 신랑두 서른이래요.
일용네 그래요? 에그 나는 우리 일용이 장가만 보내놓으면 내일 죽어도 한이 없겠어요. 에그….
며느리 손주두 안 보시구요?
일용네 손주? (돌변하며) 암… 그건 봐야지!
며느리 그런데 왜 돌아가신다고 하세요?
일용네 한 번 그래본 거지! 호호….

두 사람이 따라 웃는다.

일용네 사람치구 죽겠다 죽겠다 하면서 막상 죽을 때 되면 더 살고 싶어지는 법이에요…. 그게 사람 욕심이구…. 그러니 돈을 벌수록 더 벌구 싶구 자식두 낳을수록….

어머니 E 그게 잘못이랍니다.

일용네 네?

어머니 옛날 사람들은 생각이 모자라서 자식만 많이 낳으려고 했어요. (며느리에게) 얘 너희들은 아들 하나 딸 하나 둘만 낳아야 한다.

며느리 어머님도 호호….

어머니 웃을 일 아니다. 너희들 오남매 키워낸 일 생각하면 난 어떤 때는 토끼 용궁에 갔다 온 것도 같고… 어떤 때는 심봉사 개천에 빠진 것두 같고…. 에그… 자식 자식하지만 자식 많이 키워본 사람 아니고는 몰라요.

S#14 새마을회관 안

아버지 빚 없는 인생이라야 합니다. 물질적으로나 정신적으로나 남에게 빚 없는 사람 그 사람이 가장 행복한 거예요! 빚 있는 사람은 떳떳치 못해요. 하고 싶은 얘기두 해야 할 행동두 제 소신껏 못하거던…. 왜 상대편의 눈치 보고 비위 맞추려니까. 그러나 빚 없는 사람은 눈치 보고 비위 맞출 필요가 없으니까 떳떳할 수 있지. 소신대로 행동하고 용감하게 살 수가 있어요. 그러니 내가 땀 흘려 번 돈 가지구 그 테두리 안에서 살아가면 되는 거예요! 농사란 바로 그 땀 흘린 만큼 곡식도 거둘 수가 있다! 더도 덜도 안 들어오는 게 근본이지요. 그래서 나는 결혼생활을 흙에서부터 배우라고 늘 우깁니다.

신부가 운다.

아버지 왜냐하면 그 세계는 거짓이 없으니까…. 자연에는 거짓이 없어요! 가식도 허피도 상태가 없는 그저 있는 그대로의 상태가 있을 뿐이지요.

아버지의 말에 열기가 더해 간다.

아버지 나는 두 사람이 어떤 연유로 알게 되었으며 어떻게 살아가려는지 모르겠지만 흙을 상대하면서 살아간다면 절대로 빚은 안 질 거라고 자신합니다.

신랑이 손수건 꺼내준다.
신부가 받아 닦는다. 역력해지는 곰보 얼굴 화장이 엉망이 된다.

아버지 남편이 아내에게 아내가 남편에게 부모가 자식에게 자식이 부모에게 빚 없는 세상! 그게 바로 행복이에요. 그러니 어찌 보면 손에 가진 게 없다는 게 행복일 수도 있는 거예요. 있으면 뭘 해요. 어차피 인생은 벌거벗고 나왔다가 빈손 쥐고 흙으로 돌아가는 게 인생인 겁니다.

아버지의 표정이 절실해진다.

아버지 두 사람 가난하다고 실망 말고 길이 멀다고 낙담 말고 팔다리가 아프다고 투정 말고 둘이서 꼭 붙어서 열심히 살아가 보시오!

여기 저기 박수가 터진다. 아버지가 손수건을 꺼내서 이마의 땀을 닦는다.

사회 이상으로 주례사를 마치고 다음은 신랑 신부가 인생 첫걸음을 내걷는 행진이 있겠습니다! 신랑 신부 퇴장!

이 말이 떨어지기가 바쁘게 신부는 손에 들었던 꽃다발을 신랑에게 건네주더니 신랑을 등에 업는다.
아버지가 깜짝 놀란다.
신부가 신랑을 업고 가는데 그의 두 다리인 의족이 덜렁거린다.
아버지는 자기도 모르게 눈을 감는다.

S#15 Film

코스모스

S#16 안방 (밤)

외상을 받고 있는 아버지. 식구들이 둘러 앉아있다. 어머니가 술잔에 술을 따르고 있다.

아버지 나는 그 순간에 눈앞이 캄캄해지는 것 같더니만 다음 순간 그 신랑을 업고 나가는 신부의 면류관을 쓴 예수 그리스도가 한 줄기 빛을 받고 서 있는 광경이 떠올랐지 뭐겠니… 흠….

어머니 예수요?

아버지 암… 예수님이지. 두 다리가 없는 남편을 업고 일생을 함께 살아나가야 할 그 여자는 예수지.

막녀 여자 예수라! 흠….

아버지 그리고 내가 감동했던 게 또 한 가지 있었다.

첫째 뭔데요?

아버지 내 윗저고리 속에 물건이 들어 있을 거야.

셋째 제가 꺼내올께요.

셋째가 자리에서 일어나 벽에 걸린 저고리 안주머니를 뒤지더니 조그마하고 길다란 상자를 꺼낸다.

셋째 이거예요?

아버지 오냐. 일루 가져와.

막녀 그게 뭐죠?

첫째 은수저는 아닐 거고….

아버지가 그 상자를 들어 보인다.

아버지 내가 돌아오려는데 그 신부가 이걸 내게 주더구나.

어머니 뭔데요 여보?

아버지 셋째 네가 펴 보아라.

셋째 아니 왜요?

아버지 그 신부는 너와 동갑이더구나…. 너는 환경이 좋아서 대학생이고 그 신부는 환경이 나빠서 농촌에서 흙을 파는 평범한 여자가 되었지만 그 생각이 너무 다르다는데 나는 감동했다….

셋째가 포장을 뜯은 다음 알맹이를 꺼낸다. 만년필이다. 아버지가 만년필을 받아 본다.

아버지 뭔가 답례품을 해야겠다고 생각 생각했는데 수중에 돈은 없고… 그러다가 문득 내가 여기 저기 잡지며 신문에다 글을 쓴다는 생각이 떠올라서 이걸로 결정지었다는 거야…. 어때 네 생각은?

막녀 비싼 게 아닌데요?

아버지 그래 몇 천 원도 안 되는 싸구려지. 그렇지만 나는 이제 몇 만 원짜리 외제 만년필보다 더 마음에 든다.

어머니 고마운 마음씨네!

아버지 너희들 듣거라! 특히 큰애도 그리고 앞으로 시집가게 될 셋째, 막녀도.

모두들 약간 긴장한다.

아버지 얼마 전에 신문을 보니까 호화판 결혼식에서는 혼수감도 억대로 장만한다는 기사가 나왔지?

막녀 저도 읽었어요.

어머니 세상에… 돈이 썩어 흘러내리는 집안이겠지… 억대가 뭐니? 쯧쯧….

첫째 부모가 잘못이죠? 허영심 탓이에요….

며느리 자식 결혼시키는 부모 마음은 그렇지 않다고요…. 뭔가 해주고 싶어진다는데….

둘째 나는 해줄 것도 없고… 받을 것도 없으니까… 속 편하지. 허허….

셋째 해줄 수야 있으면야 그게 뭐가 잘못이에요? 자기 능력껏 하는 건데… 누구에게 피해를 입히면서 했다면 얘기는 다르지만…. 저는 그렇게 생각해요.

아버지 그렇게 생각하니?

셋째 아버지도 그러실 걸요? 호호호….

한 잔 마시고 나서

아버지 물론 그건 부모의 책임도 있겠지만… 이건 결국은 젊은이들에게도 책임이 있다고 본다.

자식들이 의외라는 듯 쳐다본다.

둘째 부모가 해주니까 가지고 가는 거 아닐까요?

아버지 그렇다면 자식이 싫다고 거절을 할 수도 있잖아?

셋째 그걸 싫어하고 거절할 쑥맥이가 어디 있어요? 지금 세상에….

아버지 그게 바로 문제점이다!

어머니 (CL) 여보! 국 식어요…. 어서 진지나 드시고 나서….

아버지 여자는 이래서 탈이라니까…. 꼭 결정적인 순간에 와서 찬물을 끼얹거든! 내 참!

어머니 (무안해지며) 그걸 가지고 그렇게 화를 내실 건 또 뭐예요?

아버지 화 안 나게 되었어?

어머니 국 식는데 어서 진지 드시라는 게 불쾌하세요?

아버지 이 답답아! 지금 이 순간에 국 식는 게 문제인가?

어머니 그럼 억대 혼수감이 문제예요? 우리 집엔 그런 돈두 없거니와 그렇게 해달라는 철딱서니도 없으니 염려마세요.

아버지 그걸 당신이 어떻게 알아? 어떻게 애들 마음을 아는가 말이야?

어머니 알고말고요!

아버지 어떻게?

첫째 E 이러시다가 싸움 나겠어요. 허허…….

어머니 글쎄 남의 집에서 자꾸들 혼수감에 일억이 들건 십억이 들었건 무슨 상관이어 글쎄.

아버지 왜 상관없어? 그게 바로 둘째 셋째 막내한테 모두 해당되는 일인데. 아니지, 이 나라 모든 젊은이한테 해당된다구. 이것 봐. 너희들 잘 들어. 둘째야.

둘째 예?

아버지 접대 내 얘기했지? 도장지와 결과지 얘기…….

둘째 예예!

막녀 그건 어디다 쓰는 종이에요?

둘째 종이 헛허…….

막녀 도장지는…… 도장 찍을 때 쓰고 결과지는 결과를 쓸 때 쓰는 종인가?

아버지 아니다! 도장지는 거름도 많고 수분도 넉넉한 환경에서 제멋대로 자라난 곁가지고 결과지는 그 환경이 좋지 않은 가운데서도 키워낸 가지란 말이다.

모두들 납득이 간다는 관심을 모은다.

아버지 오늘날 젊은이들은 얼마나 환경이 좋으니? 그러다 보니까 제멋대로 쭉쭉 뻗어가는 게 얼핏 보기엔 좋은 것 같지만 그게 반드시 좋은 것은 아니다! 박토에서 자라난 과목의 가지를 잘해서 연구하고 노력 끝에 열매를 많이 맺게 하는 게 값진 일이야. 알겠어?

막녀 그럼, 결국 도장지와 이건가요? 쓸모없이 자라난…….

아버지 그게 아니지!

셋째 그럼 잘라버리면 되겠네요.

둘째 E 그게 아니야.

셋째 E 그게 아니라뇨? 작은오빠.

둘째 잘 들어! (아버지의 말투를 그대로 흉내 내며) 나무의 도장지는 톱이나 전정가위로 싹둑 잘라버릴 수도 있고…… 쓸데없이 하늘로만 길러낼 수도 있지만 말이야…… 자식놈은, 그게 안 되거던! 그렇죠? 아버지.

아버지 그래 네 말이 맞다. 헛허…….

어머니 어디서 듣던 얘기 같구나…….

셋째 아버지 이 만년필 저 주세요.

아버지 응!

막녀 싫어. 내꺼야!

셋째 내가 가져야겠어!

아버지 그래! 셋째 네가 가져! 그리구 그 신부의 생각이 무엇일까도 생각해봐!

셋째 예…… 고맙습니다!

셋째가 자리에서 일어나 나간다. 아버지와 어머니는 흐뭇한 표정이다.

S#17 마당 (밤)

불꺼진 방들.

S#18 안방 (어둠)

나란히 자리에 누워있는 아버지와 어머니.

벌레 우는 소리. 달빛이 흘러들고 있다. 가끔 개 짖는 소리.

어머니 여보.

아버지 …

어머니 아직 안 주무세요.

아버지 왜….

어머니 걱정이네….

아버지 뭐가….

어머니 셋째 시집갈 때 혼수감 말이에요.

아버지 혼수감?

어머니 그래도 부모의 마음이 어디 그래요? 이치로는 당신 말이 맞지만요… 그렇다고 씻은 듯이 가난한 처지도 아닌데 어떻게….

아버지 누가 하지 말랬어… 정도에 맞게 해주면 되는 게지….

어머니 그 정도가 문제죠.

아버지 그게 문제가 아니라 부모가 해줘도 그건 자신의 분수에 안 맞는다고 거절할 줄 아는 젊은이들이 나와야 해. 젊은이들은 모든 사회의 잘못을 기성세대에게만 책임을 돌리고 자기들은 아무런 책임이 없는 것처럼 발뺌을 하는데 그게 틀렸다구! 거절할 줄 아는 용기, 거절하는 미덕 그게 있어야 해….

어머니 그런 세상이 올까요?

아버지 오잖구….

어머니 언제쯤… 당신이나 나나 죽기 전에 올까요? 우리 막녀가 시집가고 애기 낳을 때 쯤이면……. 십년 이십년? 아이고… 앞으로 십년이면 당신은 칠십객이고 저는 육십고개 넘고… 이가 빠지고 허리가 굽어서 아들네 집에서 딸네 집으로 이틀씩 번갈아 가면서….

코 고는 소리가 크다. 어머니가 돌아본다. 아버지가 어느덧 잠이 들었다.

어머니 에그… 잘 줄 알았지…. 내 얘기는 꿈나라로 건너가는 징검다리로나 알고서….

다음 순간 어머니는 빙그레 웃음이 떠오른다. 그녀는 조용히 아버지의 두터운 가슴에 손을 얹는다. 벌레가 더 신나게 울어 제친다.

TAPE 어머니 (마음의 소리) 당신 말씀 옳아요. 거절할 줄 알아야 해도 당신의 이 가슴처럼 세상 끝까지 버틸 줄 알아야 해요….

어머니 바로 누우며 잠을 청한다.

편안히 잠든 연륜 짙어 보이는 아버지의 얼굴. 코고는 소리.

(F.O)

제46회

〈처녀 농군〉

9월 29일 방송

· **등장인물**

할머니

아버지

어머니

며느리

둘째

일용

일용네

금동

일순(7세 가량)

양님

양님 부모

아낙 A, B

마을청년

외판원(30대)

수원댁

기타

S#1 시골길

코스모스가 길가에 피어 있다.

30대 여자 외판원이 두 개의 슈트 케이스를 들고 간다. 하나는 화장품이고 다른 하나는 의류가 담겨 있다.

시골 아이가 신기한 사람이라도 만나는 양 졸졸 뒤를 따라간다.

S#2 고구마 밭

둘째, 일용이가 고구마를 캐고 있다. 어머니와 일용네는 그걸 가마니에 담는다.

금동이가 길쭉한 고구마를 한 개 슬쩍 집어 입으로 껍질을 벗겨 뱉으면서 아삭아삭 베어 먹는다.

일　고구마 풍년이로구나 풍년!

둘　풍년이면 뭘해요. 작년에 고구마 농사 지어서 잘난 고구마를 만들어 놓고도 농협에서 제때에 사들이지 않아 애먹었다는 걸요.

소쿠리에 담은 고구마를 부려놓는다.

어머니와 일용네는 그걸 다시 가마니에 넣는다.

일　올해는 전량 매입해주겠지.

둘　한 번 약속한 일은 제때 제때 약속을 지켜줘야지.

일　요즘 세상에 약속지키는 사람 봤어?

둘　그래두 농민들 잘 살게 하려면 약속부터 지켜줘야죠. 서로 믿음이 생겨야 농사 짓는 낙도 생기지.

일네　(날카롭게) 금동아.

금동이가 고구마를 슬쩍 집으려다가 얼른 손을 뗀다.

어　먹게 내버려 둬요.

일네　버릇 잘 가르치시네.

어　금동아 먹어!

금동　예…… 헤헤.

금동이가 전보다 더 크고 긴 놈을 한 개 골라낸다.

금　와 크다! 흐흐.

일네　나하구 나눠먹자.

금　싫어. (등 뒤에 감춘다)

일네　저 녀석이… 아니 그 큰 걸 너 혼자서 날 걸로 다 먹을 테야?

금　구워 먹을래요. (어머니에게) 그럼 되었죠.

어　그래! 형수 보구 아궁이 재 속에다 파묻었다 달라구 해.

금　예.

금동이가 환호성도 노래도 아닌 고함을 지르며 뛰어간다.
둘째가 미소 지으며 바라본다.

일네　가을엔 말이 살찌는 게 아니라 아이들 배가 장구통되는 게지 …… 허허…….

일　저렇게 먹고 마시고 하니까 밤이면 요에다가 오줌 깔리지.

어　그러게 어린애지요 원.

둘　엄니.

어　왜.

둘　금동이도 내년이면 학교에 보내야잖아요?

어　그래, 네 아버지께서두 그럴 작정을 하시더라.

둘　호적을 어떻게 하죠?

어　우리 막내루 입적시키지 뭘…….

일네　막내로요? 세상에….

어　뭐가 잘못되었어요?

일네　막말로 뉘집 아들이요 씨인지도 모르는데 어떻게 그런…….

어　(정색을 하며) 지금 무슨 얘길 하는 거예요.

일네　예?

어　그럼 어느 집 씨인지두 모르니까 내버려 두라 이거예요?

일네　그, 그건 아니지만…….

둘째　이제 와서 그건 말두 안 되죠. 금동이는 영리하고 순진한 걸로 봐서는 그래두 괜찮은 집안의 아이일 거예요.

어　좌우단간에 금동이는 학교에 보내야 해요. 아니면 또 한 사람을 버리게 되는 꼴이지.

어머니가 부산하게 고구마를 소쿠리에 캐서 담는다.
일용네는 언짢은 기분으로 바라본다.
멀리서 염소가 처량하게 운다.

S#3 동리 어구

외판원 마을로 들어간다. 아이들이 땅바닥에서 놀다 호기심에 찬 시선으로 바라본다.

S#4 양님의 집

아낙 A, B가 멍석 위에 말려 놓은 고추를 뒤끼고 있다.

방에서 양님 모가 밥상을 들고 나온다. 개다리 소반에 두어 개의 식기가 댕그라니 놓여 있다.

아낙 A 양님이 좀 어때요?

양모 (한숨) 에그… 모르겠어.

아낙 B 뭣 좀 먹어요? 약을 써봤수?

양모 무슨 놈의 병인지 알아야 약을 쓰고 자시고가 있지… 에그…….

양님 모가 상을 들고 부엌으로 들어간다.

아낙 A 쯧쯧… 꽃같은 나이에 무슨 변이람.

아낙 B 양님이가 올해 스물다섯이죠? 아마…… 우리 영순이보다 두 살 위인데.

양님 모 다시 나온다.

양님모 시집가기는 틀렸다 치더라두 몸이라두 성해야 할 텐데…… 이건…….

외판원 뜰 안에 들어선다.

외판원 구경들 하세요, 아주머니들. 호호…….

아낙 A 지난번에 왔든 그 아주머니인가 봐.

외판 예. 좀 쉬어갑시다.

아낙 B 예.

외판원이 마루 끝에 앉는다.

아낙 A 이번엔 뭘 가져오셨어요?

외판 화장품하고 옷이에요. 보시겠어요.

외판원이 두 개의 수우쓰 케이스를 연다. 형형색색의 화장품이 햇빛 아래 찬란하게 빛난다.

아낙A와 B가 손을 앞치마 자락으로 쓱쓱 문지르며 다가간다.

아낙 A 우리 영순이가 화장품 사야겠더라더니…….

외판 골라보세요.

아낙 B 우리 딸년은 지난 추석 때 옷 안 사줬다고 이틀이나 부어가지구서…… 후후.

외판 그럼요! 아이들은 뭐니 뭐니 해도 의복이죠. 어디 골라들 보세요.

아낙A는 화장품을 아낙B는 의복가지를 골라본다.

양님 모는 저만치서 바가지에다가 콩을 까고 있다.

외판 아주머니도 뭘 하나 골라봐요. 싸게 드릴 테니까…… 예?

양모 에그…… 내가 지금 그런 것에 정신 팔리게 됐어요? 아…….

외판 아니…… 무슨 일이라두.

아낙 A (귀엣말로) 딸이 아퍼서 그런다우.

외판 어머! 지난봄에 왔을 때 나한테서 콜드크림 사시던 그 아가씨?

양모 지난봄만 해두 괜찮았죠. 그런데 초여름부터 시름시름 앓기 시작하더니…….

외판 저런! 어디가 어떻게 아프게요?

아낙 A　에그 그걸 알면 누가 걱정이겠어요.

외판　그럼 병원 의사한테두 안 가보셨어요?

양모　속편한 소릴 다 하는구먼! 농촌에서 병원 의사 찾아갈 여유가 어디 있겠수?

외판　저런… 좀 들여다봐두 되겠어요?

양모　예.

외판원이 방문을 열어본다.

S#5 동 방안

양님이가 벽에 기대어 멍하니 허공을 쳐다보고 있다.

머리는 헝클어지고 얼굴은 부어 보이고 눈의 초점이 흐리다.

외판　색시… 어디가 아파서 그래? 응?

양님은 벙어리처럼 앉아 있을 뿐이다. 외판원이 방으로 들어온다. 바싹 다가앉으며 양님의 얼굴을 들여다본다. 전혀 기력이라고는 찾아볼 수 없는 수분이 메말라 버린 가랑잎 같은 무표정.

외판　어디가 아파서 그러느냐구…… 응?

양님　……

땅이 꺼질 듯한 기나긴 한숨을 쉰다.

외판　얼굴에 부기가 있구먼.

양님　(혼잣소리처럼) 왜 안 죽는지 모르겠어.

외판 응? 그게 무슨 소리오?

양님 (담담하게) 나 같은 목숨…… 있으나마나 한 목숨…… 진작 없어져야 할 목숨…….

외판 그런 소리 말어! 색시만큼 부지런하고 얌전한 색시 같으면 누구나 며느리 삼겠다고… 호호… 내가 아들이 있었던들 난 솔개가 쥐새끼 덮치듯 덥석 채갔을 거예요! 호호….

양님은 새로운 고통이 오는 듯 눈을 지그시 감고 고통을 이기려는 듯 입술을 깨문다.

외판 또 아파오는 가봐….

양님은 그대로 이불 위에 쓰러지듯 엎드린다. 외판원이 고개를 살래살래 흔들며 일어나 마루로 나간다.

S#6 마루

외판원이 나온다.

양님 모가 한숨을 몰아쉰다.

양모 병도 나게 되었지. 제 몸이 무쇠덩어리라도 병이 안 나겠어?

아낙 A 그래요. 양님이처럼 일 잘하는 처녀가 세상천지 어디에 있으려구…….

모 농사는 지어야 하고 일손은 모자라고…… 제 오래비는 장사한다고 부산으로 갔고…… 늙은 부모가 뼈가 굽도록 일하는 걸 보기가 안 되었든지 작년 가을부터는 저도 농사짓겠다고 나서더니…….

S#7 들판

양님이가 작업복 차림에 밀짚모자를 쓰고 꼴을 베고 있다.

S#8 논

양님이가 농약을 뿌리고 있다. 얼굴을 수건으로 가리고 농약을 뿌린다.

S#9 마루

외판 아주머니.

양모 예?

외판 혹시 농약중독이 아닐까 모르겠어요.

양모 농약중독?

아낙 A 응… 그런 얘기 우리도 들었어요. 접때 농업진흥촌에서도 사람이 나와서 농약뿌릴 때 여러 가지 주의사항을 일러주면서 조심하라더니만…….

외판 얘기로만 들어서 잘은 모르겠지만…… 따님 병 증세가 그런 것 같아요.

양모 농약이야 우리 양님이만 뿌렸나요? 이 마을에서 농약 안 뿌리는 사람이 어디 있어서…….

외판 아무튼 의사한테 가보세요. 이런 일은 전문가한테 보이고 나서라야지 저렇게 방안에 눠 있으면 되는가 말이에요.

아낙 B 에그… 병원에 한 번 갔다 하면 5천원은 깨지는데…… 우리 형편에 5천원이면…… 어디다 쓸지 모르겠는 걸…….

외판 그래도 사람 있고 돈 있지 병든 사람 놔두고 보고만 있어야 하겠어요?

양모 그걸 누가 몰라서 그래요? 병을 낫게 하려면 병원에 가야 한다는 걸 누가 모르나요? 그런데 우리 양님이는… 안 가는 걸요.

외판 아무튼 병원에 가보세요. 지금 한창 나이에 시집을 가드라도 …….

양모 누가 아니래요. 나도 언제부터 시집가라고 염불 외우듯 해도 말을 안 들어먹는 거예요. 말을…….

양님 모가 콧물을 훌쩍거린다.

외판 아니 왜요?

아낙 A 왜는 왜… 늙은 부모만 남겨놓고 훌쩍 시집 가버리고 나면…… 누가 농사짓겠는가 싶어 그렇겠지요.

외판 오빠가 있다면서…….

양모 에그…… 요즘 젊은 놈 치고 농촌에 내려와 농사짓겠다는 놈 있습데까? 이마빡에 여드름만 났다 하면 죄다 서울로 빠져나가려는 세상인 걸……. 에그…… 이러다간 농사고 뭐고…….

외판원이 을씨년스러운 양님 모의 얼굴을 바라다본다.

S#10 안방

아버지가 신문을 읽고 있다. 어머니가 옷을 꿰매고 있다. 아버지 안경을 벗으며

아 뭐? 농약중독?

어 예…… 보건소에서 그렇게 말하드래요…… 농약중독증 같다고 …….

아 사람도…… 함부로 말하지 마.

어 예? 아니 제가 뭐 잘못 말했나요?

아　같다는 건 또 뭐요?

어　글쎄 의사가 그렇게 말하드래요. 그러면서 빨리 종합병원에 가서 정밀검사를 해보라고 어젠가 나처럼…….

아　그래?

어　양님이도 벌써 시집을 갔어야 했을 나이인데 농사짓다 보니까 혼기도 놓친데다가 병까지 났으니……. 자식 키우는 부모 마음인들 어떻겠어요…… 에그!

아　농사 걱정은 갔다 했더니만 이번에는 자식 걱정이라…….

어　양님이가 우리 셋째하고 국민학교를 같이 다녔지요……. 나이는 하난가 위였지만…… 어려서부터 애가 말이 없고…… 부지런해서 양님이는 장차 시집가면 잘 살거라고들 했는데……. 여보 농약중독이 되면 어떻게 되나요?

아　어떻게 되긴…… 잘못하면 목숨도 빼앗기는 게지…….

어　어쩐다죠?

아　언젠가 신문에도 났었지! 경상남도 창원에서 한 가족이 집단으로 농약중독을 일으킨 사건도 났었지!

어　저런!

아　그런데 그게 농약만도 아니지……. 이것도 실제 있었던 일인데…… 이화 명충약에 오염된 하천물을 간이상수도 물로 마신 주민이 수십명이나 중태에 빠진 일도 있었지! 아! 그러구 보면 농약에 의한 오염과 해독은 날이 갈수록 심각한 일이지!

어　그럼 어떻게 하면 좋죠? 농사를 지으려면 농약을 써야 하고 농약을 뿌리면 그 지경이니 원…….

아　그러니까 방법은 욕심 많게 함부로 많이 안 쓰는 일이지.

어　그럴까요?

아　우리 농민들이 그런 점에서는 좀 더 신중을 기해서 조심하며 공부를 해야지……. 이건 농약은 많이 뿌리면 되는 줄 아는데 그게 아니에요. 그래서 지난 1973년부터는 농수산부에서 잔류성 농약에 대해서는 사용을 억제토록 하고 있고 1979년에는 그런 농약의 생산과 허가를 전면 취소한 결과 그런 부작용이 차츰 줄어들고 있다잖아!

어　그렇지만 농약을 안 쓸 수는 없잖아요.

아　누가 전혀 쓰지 말라는 건가! 쓰드라두 농약 관리법에 제정한 대로 규칙을 지키라는 게지! 이봐! 앞으로는 농약을 함부로 써도 벌금 물어야 한다고!

어　예?

아　여기 봐!

아버지가 책을 꺼내 펴보인다.

어　그게 뭐예요?

아　작년 12월 31일자로 제정된 농약관리법인데 그 제29조에 뭐라고 나와 있는고 하면 (읽는다)
"농약 안전사용 기준에 위반 사용한 자에게는 백만원 이하의 벌금에 처한다"
백만원 벌금이라구!

어　세상에. 농사 잘 지으려다가 쇠고랑 차게 생겼구먼…….

S#11 양님의 집 마루

양님 부와 모가 멍청하니 앉아있다.

저만치 마루 끝에 양님이 힘없이 앉아있다.

어머니와 일용네가 들어선다. 손에 보자기에 싼 그릇을 들었다.

일용네 안녕들 하세요?

양모 어머나? 김 회장님 댁에서⋯⋯ 아니 웬일로⋯⋯.

양님 모가 맨발로 내려와 반긴다. 양님 부도 일어선다.

어 얼마나 걱정이 되세요?

양부 글쎄⋯⋯ 이게 천벌인지 뭔지 모르겠지만서도⋯⋯ (양님에게) 이것아! 내려와 인사드려⋯⋯.

어 인사는요⋯⋯ 괜찮아⋯⋯.

양님이가 무겁게 몸을 일으켜 말없이 절을 한다.

일 시집 못 가서 병난 게 아니여? 헛허⋯⋯.

어 에그⋯⋯ 그 입 좀⋯⋯.

양모 여기 좀 앉으세요.

걸레로 마루를 훔친다. 양님이가 힘없이 자기 방으로 들어간다. 어머니가 그 뒷모습을 바라본다.

양부 병원에서는 그저 시간이 좀 걸릴지 모르지만 진득히 참고 쉬라고만 하지 약도 별로 없나 봐요.

어 이거⋯⋯ 깨죽을 쑤어왔어요⋯⋯ 양님에게 먹이세요.

어머니가 손에 든 보자기를 양님 모에게 건넨다.

양모 세상에 이런 고마운 일이 또⋯⋯.

어 검은깨도 좀 섞어서 약간 빛깔이 거무스름할지 모르지만 그게 몸에 보가 된다니깐…….

양부 고맙습니다.

일 빨리 먹여요. 깨미음은 오래 두면 물커지니깐…….

양부 이봐 어서 양님이한테 가져가…….

양모 예…… 예…… (크게) 양님아! 양님아! 김 회장님 댁 마나님께서 너 먹으라고 죽 쑤어 오셨다.

양부 방으로 가지고 들어가…… 떠들지 좀 말고…….

양님 모가 무안을 당한 듯 양님 방으로 들어간다.

어 양님이는 우리 셋째하고 국민학교를 같이 다녔지요.

양부 그렇게 되나요?

어 어려서부터 그렇게 야무진 데가 있다고 나는 눈여겨 봐왔는데 어쩌다가…….

양부 재수 없는 놈은 뒤로 넘어져도 코가 깨지고 접시물에도 빠져 죽는다더니만……. 세상에 하고 많은 사람 가운데 왜 하필이면 우리 양님이가 이 꼴이 되었는지 모르겠군요. 아…….

어 아직 젊으니까 곧 좋아지겠죠 뭐…….

양부 글쎄요…… 그런데 도무지 뭘 먹지를 못하니 힘을 탈 수가 없고 힘을 못 타니까 거동도 못하고…… 이러다간 산 송장이 될 것 같군요……. 차라리 어디가 곪았거나 부러졌으면 살을 도려내고 이어줄 수도 있겠지만 이건…….

방 안에서 큰소리가 들려온다. 모두들 그쪽으로 귀를 기울인다.

양모　(소리만) 속 좀 작작 썩혀! 이것아…….

양님　(소리) 못 먹겠다는데 왜 이래요! 귀찮게스리…….

양모　(소리) 마음대로 해! 죽건 살건! 네 마음대로!

냄비가 방바닥에 덜컥 소리내고 동댕이치는 소리.

모두들 의아한 표정이다. 양님 모가 나온다. 벌써 눈물이 글썽거린다.

양부　왜 그래? 무슨 일이여?

양모　망할 것! 누굴 닮아서 고집은 그리도 센지…….

일네　누군 누구…… 아버지 어머니 닮았을 테지 뭐…… 헷헷…….

어머니가 일용네의 옆구리를 쿡 찌른다.

일네　아이구 갈비야!

어　말 좀 헤프게 하지 말라고 했잖아요. 에그…….

양모　죄송해요. 김 회장 댁 마나님…… 이런 꼴을 다 보여드리게 되어서…….

어　괜찮아요…… 나는 양님이가 그런 몹쓸 병에 걸리리라고는 생각도 못했어요.

양부　따지고 보면 부모 잘못 만난 죄일 거예요.

어　예?

양부　부잣집에 태어나 호의호식하며 대학공부 했으면사…… 우리 양님이가 이 꼴이겠습니까? 어쩌다가 부모 잘못 만나 처녀 농군이 되어 농사짓는 바람에…….

양님 부가 벌떡 일어난다.

양부　노시다 가십시오!

어　아니에요. 우리도 곧 가봐야죠.

양부　이봐! 손님 오셨는데 하다 못해 찐 고구마라도 내놔…….

어　아, 아니에요. 내오긴요.

양부　난 가볼 데가 있어서요…….

어　예. 어서 나가보세요.

양부　예. 노시다 가십시오.

양님 부가 인사를 하고는 나간다.

어　걱정되시겠지만 참는 수밖에…….

양모　아주 진절머리가 나요……. 우환이 도둑이 아니라 이건……. 사람 앉은 채로 말라죽이는 형벌이구먼요……. 자식을 두었을 때는 시집 장가 잘 보내서 잘 살라고 바랬는데 이놈의 팔자는 윽윽…….

어머니가 양님 모의 어깨를 툭툭 친다.

어　이러시면 못써요. 누워있는 양님인들 얼마나 마음이 아프겠수…… 이럴수록 옆에 있는 사람들이 마음을 느긋하게 잡수고 환자 마음을 편하게 해줘야지요.

양모　다 키워놓은 딸…… 원삼 쪽두리두 한 번 못 씌워보고…… 윽윽……

일네　그게 무슨 소리요? 다 살아가노라면 인연이 생기고 인연이 생기면 다 그렇고 그렇게 짝 맺어지는 게지……. 우리 일용이도 이제 나이 삼십인데…….

어　　그만 갑시다…….

일네　아니 왜 벌써 가요? 고구마 내온다는데 그거나…….

어　　에그…… (양님 모에게) 그럼 나 이만 가보겠어요.

양모　이거 서운해서 어떻게 합니까?

어　　서운하긴…… 내 또 한 번 나올게요. 그리고 뭐 어려운 일 있으면 말씀하세요.

양모　예예!

두 손을 비비며 고마워한다.

어　　그럼 나 가요.

양모　(방을 향해) 양님아! 양님아! 김 회장 댁 마나님 가신다. 나와서 인사해야지.

어　　에그 별소릴. 환자더러 무슨 인사는. 그럼…….

어머니가 휑 나간다. 일용네도 신을 끌며 따라 나간다. 양님 모가 멍하니 바라본다.

S#12 양님의 방

햇볕도 안 드는 방구석에 천정을 보고 누워있는 양님. 감정도 말라버린 허탈한 표정이 더 측은해 보인다.

S#13 버스 정류장

버스가 멎는다. 수원댁이 일순(7세)과 함께 내린다.

버스가 다시 떠난다. 일순은 색다른 환경에 낯선 듯 두리번거린다. 입에 쭈쭈바를 물었다. 수원댁이 거칠게 다룬다.

수원댁 일순아! 빨랑 가! 뭘 보고 있어…….

일순 엄마 여기가 어디야?

수원댁 어딘 어디야. 오늘부터 네가 살 곳이지. 어서 따라와.

수원댁이 앞장을 선다. 일순은 쭈쭈바를 빨며 따라간다. 저만치서 청년이 자전거를 타고 온다.

청년 수원댁 아니오?

수원 예? 예. 음…….

청년 어디 나들이 갔다 오신가요?

수원 예? 예.

청년 그런데 이 애는 누구요?

수원 …….

청년 예쁘게 생겼군! 너 누구냐?

일순 일순이!

청년 일순이?

일순이 고개만 꿈벅.

청년 아니 그럼.

수원 딸이에요.

청년 예? 언제 이런 딸을…….

수원 (토라지며) 언제는 언제예요. 시집가고 장가가면 자식 낳는 게 이치지……. 일순아…… 빨랑 따라와.

수원댁이 치마에 바람이라도 일듯 휑하니 간다. 일순은 멋모르고 껑충

거리며 따라간다.

청년은 한 대 얻어맞은 듯 멍하니 바라본다.

청년 옳지. 언젠가 서울서 남편이 나타나서 한바탕 전쟁이 일어났다더니…… 음…… 그렇고 그런 속이었군 그래! 유흐…… 일단 재미나게 되었군!

청년이 자전거에 올라타고 간다.

S#14 마루와 뜰

밤이다. 할머니, 아버지, 어머니가 앉아있다. 벌레소리가 비오듯 흘러나온다.

어 여보. 양님이가 병이 더해간다는구먼요.

아 그래?

어 이젠 보행도 어렵다는군요.

할 농약이 그렇게 무서운 건가?

어 그러게 말이에요.

아 원래 약이란 게 제대로 쓰면 약이지만 그렇지 않으면 독이라고 하지 않던가요.

할 옛날에는 농약 없이도 농사 잘 짓고 살았건만 요즘은 옛날에는 듣지도 보지도 못한 것들이 자꾸만 생겨나서 사람 괴롭히니 원 에그. 이 늙은 것도 어서 가야 할 텐데.

아 원 어머니두…….

어 어머님은 더 오래오래 사셔야죠.

할 아냐. 며느리 없는 얘기하지만 사람은 나이먹으면 죽어야 해.

그렇지 않고 오래 살다보면 끔찍스런 일만 보고 살 텐데. 에그, 아까운 젊은 목숨을 쯧쯧…….

어　양님이가 가엾어요. 어머니.

할　응?

어　얘기 듣자니까 그런 가운데서도 시집 갈 준비는 해놨더래요.

할　그래?

어　몇 해 전에 서울 무슨 가발공장에 다닐 때 월급을 몰래 예금까지 하고 있었대요. 그래 집안에 일손이 모자라는 걸 부모들이 애타 하는 걸 보다 못해 농촌으로 되돌아왔거던요.

할　효녀군 그래……. 효녀야.

어　그럼요. 그런데 그 효녀가 제대로 살지도 못하고.

아　그게 어디 양님 한 사람의 죄인가.

어　예?

아　우리 모든 사람이 책임져야 할 문제지. 양님이가 농사를 짓겠다 고 해서 집에 내려온 것까지는 좋았다 치고라도 농사를 지혜롭 게 짓지 못한 건 잘못이잖아.

어　그렇지만 너무 가엾어도 얘기 들어보니깐 그럴 줄 알았더라면 우리 둘째하고나 짝을 지어줬던들…….

아　뭣이?

어　애는 참해요. 공부가 좀 모자라긴 하지만. 말이 바른 말이지 우 리 집 며느리로는 그런 애가 하나쯤 있어야 해요.

S#15 부엌

설거지를 하고 있던 며느리가 일손을 멈추고 흘러나오는 얘기를 엿듣 는다.

어　　(소리) 농사집에 농사 질 줄 아는 며느리 하나쯤 있음직하잖아요.
아　　(소리) 그게 억지로 되는 일인가.
어　　(소리) 우리가 왜 진작 양님이가 있는 걸 몰랐을까.
아　　(소리) 젠장 이거야말로 사또 뜨고 나팔부는 격이군. 흣흐…….
할머　(소리) 큰 며느리도 가르쳐.
어　　(소리) 큰애는 틀렸어요. 그 애는 애초부터 농사지을 생각도 없었거니와 그걸 감당해낼 애도 아니구요…… 에그……. 양님이가 죽으면 어떻거죠? 모두들 처녀 농군을 아까와라 하는데…….

며느리가 부러 거칠게 밥그릇을 설거지통에다 마구 던진다.

S#16 마루와 뜰

어　　(부엌을 향해) 얘야…… 그릇 깨지겠다. 살살 좀 못하겠니?
아　　면장한테 의논해서 약값이라도 모아보도록 해야겠구먼…….
어　　그렇게 했으면 좋겠어요. 꽃같은 나이에 시집도 못가고 그렇게 몸져눕는 꼴…… 정말 못 보겠더군요.

S#17 돈사 앞

둘째가 돼지밥을 나눠주고 있다. 돼지가 꿀꿀대는 소리.

둘　　야…… 저저 좀 비켜…… 네 차례가 아니다 임마! 헛허…….

일용이가 꼴을 내어 지게에 한 짐 지고 들어온다.

일　　얘기 들었어?
둘　　무슨 얘기요?

일용이가 지게를 부려놓는다.

일　　처녀 농군이 오늘내일 한다던데…….

둘　　양님이가?

일　　병원에서 갖다 먹은 약도 별로인가봐!

둘　　음…… 그렇게 되었군요.

일용이가 허리춤에 차고 있던 수건을 풀어 땀을 씻는다.

일　　나…… 실은…….

둘　　예?

일　　양님한테 한때……

둘　　?

일용이가 멋쩍게 웃는다. 담배를 꺼내 피워문다.

둘　　형!

일　　마음을 두었었지…… 그래서 하루는……

S#18 원두막 아래

밤이다. 양님이와 일용이가 앉아있다. 소쩍새가 운다.

일　　시집 안가?

양님　그래.

일　　어째서.

양님　…….

일 내가 마음에 안 들어?

양님 들고 안 들고가 아니래두…….

일 그럼 뭐야? 나는 양님이 네가 좋다면…….

양님 나…… 시집 안 가기로 작정했어. 오빠가 집에 내려오기 전에는 …….

일 뭐라구?

양님이가 풀을 뜯어 입에 문다. 표면상으로는 담담하게 보이나 눈빛은 착잡하다.

양님 우리 아버지 어머니 버리고 갈 수는 없잖아…….

일 뭐?

양님 내라도 있으니까 농사를 짓지 나마저 없으면 우리 집은 말도 안 된다니까.

일 내가 대신 지어주지!

양님 싫어!

일 어째서.

양님 남의 도움 받고 싶잖아.

일 그게 왜 남이니? 결혼을 하면…….

양님 싫어.

일 양님아.

양님 일용이도 농사 지을 생각은 없잖아……. 배 타고 나가기가 소원이라면서……. 난 배운 것도 없지만…… 고향 등지고 사는 사람 별로 안 좋아해! 우리 오빠도 마찬가지야!

일 그렇지만 남자는…….

양님 아니야……. 난 중학교 나온 그 해 서울로 올라가서 6년 동안

가발공장에서 일하면서 행복한 결혼을 꿈꾸었어. 그래서 저축도 하고…… 혼숫감도 마련하고 그렇지만 6년 만에 집이라고 돌아와보니 그게 아닌 걸…… 너무 비참했어. 왜 이렇게밖에 못 사는가 하고……

눈물이 고인 커다란 눈이 어둠 속에서도 역역히 보인다. 양님은 죽어도 우는 소리를 안 하려고 입술을 깨문다.

양님 그래서 마음을 독하게 먹은 거야! 한 톨이라도 더 쌀을 많이 걷어야겠고 한 알이라도 더 수확을 해서 내로라하고 살아보겠다고 말이야. 나는 지금 그 생각 뿐이야. 결혼 같은 거 생각도 못해…….

일 양님아……. 그건 네 마음이고 네 부모님께서는 그게 아니잖아!

양님 지금 우리 집에서는 내가 가장이나 다름없어! 내가 호주라니까! 내 말이라면 부모님은 무조건이야. 그러니까 나더러 또순이니 처녀 농군이니 하잖아. 일용이?

일 응?

양님 일용이 마음은 고맙지만…… 그 얘기는 없었던 걸로 해줘…….

일 양님아…….

양님이가 불쑥 일어난다.

양님 나 가볼래. 늦었어.

일 정말이니?

양님 (빙그레 웃으며) 나 같은 억척스런 여자 데려가면 고생해! 흠…… 잘자…….

양님이가 어둠 속으로 뛰어간다. 일용이가 한숨을 몰아쉰다. 먹다 둔 수박을 발길로 힘껏 차버린다.

S#19 돈사 앞

둘 그런 일이 있었군요.

일 그게 벌써 햇수로 3년 전이야.

둘 아무튼 대단한 여자였나봐요.

일 무쇠 같은 여자지. 그러니 그렇게 될 수밖에…….

둘 그렇게라뇨?

일 강철은 쉬 끊어진다잖아! 단단하긴 하지만…… 흠…….

일용이가 다시 지게를 지고 사라진다. 둘째가 가슴에 와 닿는 생각에 콧등이 시큰해진다.

S#20 수원댁 가게 앞

일순이가 땅바닥에서 백묵으로 그림을 그리고 있다. 길게 선을 그어 나가다가 걸린다. 금동이가 웃으며 서 있다.

일순 저리 비켜…….

금 흥…… 히히…….

일순 비켜.

금 네가 비켜라.

일순 요게…….

일순이가 일어선다. 금동이보다 약간 큰 키다.

일순 너 뭐니?

금 금동이.

일순 누가 네 이름 물었어?

금 넌 누구니?

일순 왜 물어?

금 니네 집 어디니?

일순 (가게를 가리키며) 여기다 왜?

금 (고개를 갸웃거리며) 이상하다.

일 뭐라구?

금 그럴 리가 없는데…….

안에서 수원댁이 부른다.

수원 (소리) 일순아! 일순아!

금 히히…….

일순 뭐가 우습니?

금 네 이름이 일순이니?

일순 어머머.

금 그럼 네 동생이 나오면 이순, 삼순, 사순 허허…….

수원댁이 나온다.

수원 밥 먹어…… 일순아. (금동에게) 어머 너 왔구나!

금 안녕하세요?

금동이가 절을 꾸벅 한다.

수원 오냐.

금 이 아이…… 진짜예요?

수 진짜라니?

금 아주머니가 이 애 어머니시냐구요.

수 응? 응…… 그, 그렇단다.

금 이상하다.

수 뭐가 이상하지?

금 일순이도 나처럼 주워왔나요?

수 뭐?

금 그럼 나하고 친구가 될 수 있겠다. 허허. 그렇죠?

수 그래……. 앞으로 친한 친구가 되어도 좋아. 알겠니?

금 예……. 그렇게 하겠어요. 얘 가서 놀자.

일순 그래.

두 아이가 뛰어간다.

아낙A가 헐레벌떡 들어선다.

아낙 A 수원댁…… 수원댁……

수 어서 와요.

아낙 A 초! 초!

수 무슨 초? 먹는 초, 켜는 초, 피우는 초?

아낙 A 켜는 초!

수 처음부터 그렇게 말해야지. 얼마나?

아낙 A 두 갑.

수 (놀란 듯) 두 갑이나 어디다 쓰게요?

아낙 A 갔어요, 가.

수　　누가?

아낙 A　양님이가 아까 점심 먹고 있는 동안에 (울음이 복받치며) 에그…… 불쌍도 해라.

수　　그렇게 되었군요. 쯧쯧…….

수원댁이 초를 두 갑 내준다. 아낙A가 천원 한 장을 꺼내준다.

수　　초값은 필요없어요.

아낙 A　예?

수　　처녀가 마지막 가는 길 내가 준 촛불로 훤히 밝히세요. 세상에 간다 간다 하더니만 기어코 갔군.

아낙 A　아까운 처녀 농군이 죽었어요.

눈물이 글썽인다.

S#21 양님이의 집 앞

밤이다. 기중이라고 붙어 있다. 그 옆에 네모진 조등이 걸려있다. 아버지가 들어간다.

S#22 양님의 집

마을 사람이 몇 사람 모여있다. 수원댁, 노인, 청년들, 양님 아버지가 말없이 앉아있다. 방에서 곡성이 들려온다.

이총　아이구…… 김 회장님.

그 말에 모두들 자리에서 일어난다. 인사들을 나눈다.

아버지 그대로 앉아들 계세요…… 일어나지 마세요.

양님부 이렇게 나와주시니…….

아버지 얼마나 가슴 아프십니까…….

양님부 아, 아니에요. 잘 갔죠……. (크게) 이봐 김 회장님 오셨어! 이봐…….

본곡성이 멎는다.

아버지 저 방인가요?

양님부 예.

아버지 그럼 잠깐만.

아버지가 건넌방으로 들어간다.

S#23 양님의 방

흰 광목이 드리운 앞. 극히 형식적인 상청이 꾸며있다. 초가 타고 있다. 그 속에 손바닥만한 사진.

양님모 김 회장님…… 흑…… 김 회장님……. 이럴 수가…… 흑…….

양님부 이게 무슨 짓이여…… 저리 가.

아버지가 양님 모의 손을 부드럽게 뿌리치고 사진 앞에 앉는다. 김치 종재기 안에 타오르는 싼 향불. 아버지가 물끄러미 양님의 사진을 바라본다.

양님부 양님아…… 김 회장님께서 널 보러 오셨다…… 양님아…….

아버지 (마음의 소리) 처녀 농군 할 말이 없구먼. 어쩌면 이게 우리 농촌이 안고 있는 슬픔이기도 하지만 말일세. 농사를 짓자니 농약을 써야 하고 농약을 쓰자니 해를 피할 길 없고……. 이건 마치 술래잡기하는 심정일세……. 아니 애당초 사람이 이 세상에 태어날 때부터 그런 문제는 있었지……. 태어났으니 살아야 했고 살자니 먹어야 하고 먹자니 일해야 하고 일하자니 괴롭고 괴로움을 덮자니 잔꾀가 생기고 잔꾀를 쓰다 보니 그 꾀에 넘어가고……. 처녀 농군. 그렇지만 우리는 잘 살아가야 해……. 그 대신 좀 더 지혜롭게 말일세……. 자네의 죽음은 슬프지만 그렇다고 우리가 멈출 수는 없지 않은가? 그게 농사 짓는 사람의 마음이지……. 태풍으로 농사 망쳤다고 내년에 농사 안 질 수 있어? 병충해가 들끓었다고 논에다가 불지를 수도 없지? 안 그려?
(이 대사가 계속되면서 다음 화면 펼쳐진다)

S#24 시골길

달구지에 실려가는 양님의 관. 흰 광목으로 쌌다. 그 옆에 어머니가 앉아서 관을 치며 통곡한다. 그 옆에 아버지가 따라간다. 아낙들도 따라간다.

아버지 (마음소리) 청년 농군. 우리 조상들도 모두 그렇게 살아왔겠지만 우리도 또 그렇게 말없이 견디고 이겨내며 살아가야지. 그게 흙에 사는 사람의 소리이지. 다른 사람들에게는 안 들리는 이 피맺힌 곡성을 우리 농군들은 수 천년 수 만년을 이렇게 들으면서 살았다네……. 처녀 농군. 편히 쉬어. 편히.

-끝

제47회

〈형제〉

10월 6일 방송

· **등장인물**

할머니	정애란
아버지	최불암
어머니	김혜자
첫째	김용건
며느리	고두심
둘째	유인촌
막내	홍성애
금동	양진영
일용	박은수
일용네	김수미
윤순경	윤창우
수원댁	남능미
일순	최문선
애기	

S#1 동물 풍경(소, 돼지)

S#2 마루와 뜰

평상 위에 할머니, 아버지, 첫째가 앉아서 밥상을 기다린다. 아버지는 신문을 읽고 있다.

첫　(부엌을 향해) 여보…… 어서 상 들여. 시장해 못 견디겠어.
며　(소리) 예. 지금 나가요!
할　오늘은 모처럼 삼부자가 한 자리에서 저녁 먹겠구나. 호호.
첫　예. 오늘은 일이 일찍 끝나서 곧장 퇴근해 버렸죠. 허허.
아　그러다가 동료들간에 인심 잃어.
첫　자기 앞 자기가 가려야죠.

어머니가 부엌에서 나온다.

어　용식이 들어왔어?
첫　오겠죠!
어　모처럼 함께 저녁 먹는데 부르지 않고서.
첫　한참 일하는 모양인데 우리 먼저 먹죠 뭐…….
어　그래두 외양간에서 땀 뻘뻘 흘리고 일할 텐데.

어머니 둘째를 부르며 간다.

첫　어머니는 언제까지나 우릴 어린애 취급이셔.

S#3 우사 앞

어　　얘. 웬만하면 그만하고 나와 저녁상 들자.

우사 안에서 둘째가 나온다. 이마에 땀이 흘러내린다. 여기저기 지푸라기가 붙었다. 손발이 오물에 젖어 있다.

어　　에그. 저 땀. 어서 몸 씻고 밥 먹어.
둘　　예. 외양간은 날마다 치워줘도 밤낮 그 모양이니.
어　　어서 와서 밥 먹어.
둘　　예.

S#4 마루와 뜰

부엌에서 며느리가 밥상을 들고 나온다. 등에 애기를 업었다. 첫째가 경망스럽게 코를 킁킁거리며 음식 냄새 맡는다.

할　　여간 시장한 게 아닌가 보구나.
첫　　가을이라서 그런지 식욕이 당기는데요. 아버지 드세요.
아　　오냐…….

읽던 신문을 치우고 안경을 벗는다.

아　　둘째 안 온대?

어머니가 다가온다.

어　　지금 와요. 먼저 드세요.

첫 그래요. 먼저 먹을 사람 먼저 먹고 나중에 먹을 사람 나중에 먹고……. 그런 거죠. 바쁜 세상에……. 할머니 드세요.

할 그래 먹자.

할머니 숟갈을 들어 장을 찍어 입맛을 돋군다. 아버지도 첫째도 밥을 먹기 시작한다.

아 우리도 한 사나흘 있다가 벼를 베어야겠어.

어 올해는 일손이 제대로 나오려는지 모르겠어요. 지난번 모심기 때만도 일당 칠천원 팔천원이었는데…… 오르겠죠.

첫 그럼요. 올랐으면 올랐지 내리지는 않을 거예요.

둘째가 다가온다. 옷이며 얼굴이 더럽혀져 있다.

어 몸 씻고 어서 밥 먹어.

둘 손이나 씻죠. 밥 먹고 나서 마저 해치워야죠.

둘째가 펌프가에서 대강 손을 씻고는 수건에 손을 닦으며 평상으로 와서 첫째 옆에 덜컥 앉는다. 그 서슬에 밥상이 흔들린다.

첫 조용히 좀 앉아. 국 엎질러져.

둘째가 힐끗 쳐다본다. 무슨 얘기를 하려다 말고 잠자코 숟갈을 든다.

첫 (악의 없이) 아이구 이 냄새. 너 외양간 치우다 왔지. 아무리 바쁘더라도 식사할 때는 몸 좀 씻고 먹어! 옆에 사람 생각도 해야지.

어유, 이 냄새!

둘째가 밥숟갈을 입에 대려다 말고 첫째를 돌아본다. 첫째는 맛있게 반찬을 깨문다.

첫 식사란 반찬도 중요하지만 분위기도 좋아야 즐거운 거야. 알었어! 허허…….

어 오늘따라 웬 잔소리가 저리도 많지.

할 시장하다면서 밥이나 어서 먹어.

둘 흥 분위기 좋아하네!

둘째가 불쾌하게 밥숟갈을 입에 처넣는다.

첫 뭣이 어째? 지금 뭐랬니?

둘 (퉁명스레) 못 들었으면 그만둬!

첫 너 요즘 나한테 대하는 태도…… 좋지 않아.

둘 좋지 않으면 어쩔테요!

어 얘!

아 밥이나 먹어!

첫 너 정말 나한테 무슨 감정 있니?

둘 글쎄요.

국을 마구 처넣는다.

첫 (숟갈 들며) 글쎄요라니.

둘 형과 나는 각각 다른 세계에서 살고 있으니까 생각도 다를 게 아니오?

첫째가 국그릇에다가 순갈을 거칠게 놓는다. 그 서슬에 국물이 튕겨 반찬을 집기 위해서 얼굴을 엎드리고 있던 둘째의 뺨에 와 닿는다. 둘째가 그 자리에서 무섭게 노려본다.

아　왜들 이러니? 밥 먹다 말고.
첫　뭘 봐. 보긴.
어　얘들아.
할　아니 전에 없던 버릇을.

둘째가 순갈로 밥그릇 한가운데다 말뚝을 박듯 처박는다. 모든 시선이 둘째에게 쏠린다.

어　왜들 이래. 오늘따라. 응?
첫　아니에요. 엄니 얘 요즘 나한테 대하는 태도가 이상해요.
아　(화를 내며) 정말 이러기냐. 응? 할머니 앞에서 이게 무슨 버릇없는 짓이냐.
첫　글쎄 아까부터.

둘째가 자리에서 일어선다.

둘　형 얘기 좀 합시다.
첫　그래 하자.
어　(첫째를 말리며) 왜들 이래? 어른들 앞에서.
첫　어머니도 보셨잖아요. 아까부터 저 자식이 나한테…….

둘　자식 소리 좀 빼요. 내가 형의 자식이오? 형의 자식은 저기 있잖아요.

저만치 며느리가 애기를 업고 방에서 나온다. 며느리가 무슨 영문인 줄 몰라 어리둥절해 한다.

둘　가요.

첫　좋아.

어　얘들아. 어딜 가. 밥 먹다 말고.

아　내버려둬!

어　여보 그렇지만.

형제가 나간다.

아　하고 싶은 얘기 있으면 털어놔야지. 가슴속에 파묻어두면 도리어 독이 되는 거야……. 내버려둬!

어　무슨 일일까요? 이런 일이라곤 없었는데…….

아　언제고 한번은 터질 줄 알았어. 나는.

어　예?

금동이 따라 나간다. 아버지가 먼 산을 바라본다. 까마귀가 멀리 울고 간다.

S#5 들판

형제가 마주 서 있다. 풀숲에 숨어있는 금동. 서로 적의에 찬 얼굴들이다.

첫　자, 할 말 있으면 여기서 말해봐.

둘　그래요! 나는 못 배워서 분위기두 모르구 거름 냄새두 몰라요…… 왜.

첫　그게 그렇게 마음에 걸렸어?

둘　형은 대학공부 마치고 목에 넥타이 메고 점잖은 직업 차지했지만 나는 땅 파먹구 사는 농사꾼인데 뭘 아는 게 있겠어요.

첫　아니 이제 와서 그게…….

둘　이제 와서가 아니에요! 난 전부터 형의 그 유아독존적인 태도 마음에 안 들었어요.

첫　뭐, 뭐라구?

둘　요컨대 촌사람들을 아랫눈으로 보고 하는 그 태도 좀 버리라 이거예요.

첫　아니 내가 촌사람들 눈 아래로 본 게 뭐가 있니? 그리구 난 촌사람 아니냐?

둘　(정면으로) 그럼 형이 집안일을 위해서 한 일이 뭐예요?

첫　뭐라구?

둘　촌에서 살면서 농사를 지어보기나 했어요. 자전거 타고 하곡수매 독려나 하고…… 비싼 맥주나 들이키고 다니면 제일이에요. 예? 형이 장남으로서 집안에 한 일이 뭔지 말해봐요. 말해보라구!

순간 첫째가 둘째의 빰을 후려친다.

첫　이놈의 자식이 정말.

둘째가 맞은 빰에서 손을 뗀다. 입술이 깨져 피가 흘러내린다.

둘 날 때려요?

첫 못할 게 뭐야! 건방진 자식! 아니 세상에 농사짓는 놈만 장땡이란 법이 어디 있니? 어디 있어?

첫째가 대들자 둘째가 힘껏 밀어붙인다. 첫째가 땅바닥에 나가 떨어진다.

둘 그럼 손에 흙 안 묻히고 먼지 안 먹고 사는 놈이 장땡이야? 장땡이야?

둘째가 엉키어 엎치락뒤치락 한다. 금동이 숨어 있다가 쏜살같이 뛰어간다. 형제는 필사적으로 싸운다.

S#6 첫째의 방 (밤)

첫째가 담배를 피우고 있다. 면상에 상처가 나 있다. 며느리가 토라진 채 애기를 안고 돌아앉아 있다.

며 세상에 속 다르고 겉 다르단 사람이 있다더니 정말…… 아이 기가 막혀. 아니, 당신이 동생한테 뭘 잘못했길래 그래요?

첫째, 담배연기만 내뿜는다.

며 당신 잘못이 뭣인지 그것두 못 따져요? 예?

첫 …….

여전히 담배연기만 내뿜는다.

며 (신경질 내며) 그 담배 좀 작작 피우고 속시원히 말씀하세요. 네?

첫 무슨 말을 하라는 거야?

며 그래 동생한테 매 맞구두…….

첫 (화를 내며) 누가 매를 맞아 맞긴?

며 그게 매 맞은 거지 그럼 벼슬하신 거예요?

첫 속 모르면 잠자코나 있어.

며 나…… 언제구 무슨 일이 터질 거라는 이상한 예감 같은 거 있었다구요. 그러게 제가 뭐랬어요? 작년 겨울에 따로 나가 살자구 했을 때 이 집에서 나갔던들 이런 일들일랑 없었죠. 그런데두 당신은…….

첫 가만히 좀 있지 못해. 응?

S#7 뜰 (밤)

어머니가 마루에 앉아 있다.

며 당신이 분명히 형 노릇을 잘못했으니까 이런 일을 당하죠. 그러길래 얕보인 거 아녜요. 이런 일두 따지고 보면 아버님 어머님에게도 잘못이 있어요.

어 ……?

며 같은 형제지간이라두 당신은 농사지을 사람두 아니고, 지을 수두 없다구 판단하셨으면 미련없이 분가를 시켜야 옳았다구요. 그걸 못하시고 한 지붕 밑에서 벌통에 벌이 우글대듯 함께 살아가자니 이런 변이 생기는 거 아니에요? 장남이라고 꼭 부모를 모셔야 한다는 법 없어요……. 떨어져 있음으로써 더 효심두 우러나오는 법이라구요. 막말로 왜 우리가 이 집에 있어야 합니까? 예? 당신이나 나나 농사지을 사람인가요?

S#8 뜰 (밤)

어머니가 팔짱을 끼고 밤하늘을 쳐다본다.

어　(마음의 소리) 별일 다 보겠다. 그러니까 저애들이 지금까지 겉으로는 아무 일 없었던 것처럼 꾸미고 있었단 말인가? 둘째는 둘째대루 첫째 내외는 그들대루 가슴속에서 부글부글 끓는 게 있으면서두 내색을 안 하구 천연스럽게 부모를…… 아이구…… 그것두 모르면서…….

S#9 할머니 방

할머니

S#10 둘째의 방

방바닥에 금동이가 그림책을 보다가 그대로 잠이 들었다.

둘째가 벽에 기대어 을씨년스럽게 앉아있다.

눈가에 멍이 시퍼렇게 들었다. 그는 벌떡 일어나서 나간다.

S#11 안방

〈Light out 상태〉

아버지와 어머니가 자리에 누워있다. 어머니는 등을 돌리고 있다. 저마다 눈은 말똥말똥. 멀리 다듬이 소리.

어　주무시우?

아　(한숨)

어　어떻게 생각하세요?

아　…….

어 우리가 잘못 생각했나봐요.

아 우리? 우리라니?

어 당신하고 나죠…….

아버지가 어머니 쪽으로 돌아 눕는다. 어머니도 마주본다.

어 큰애들 딴살림 내줄 걸 그랬어요.

아 뭐라구?

어 그애들이 평소에 말을 안 했지만 마음속으로는 그걸 꽁하게 여기고 있었어요.

아 누가 그래?

어 얘기하는 걸 들었어요.

아 음.

어 그리구 둘째도 그렇죠. 한 형제간인데 저 혼자만 뼈가 빠지게 일하고 형은…….

아 그거야 직장이 있잖아.

어 아니죠. 둘째가 대학 가겠다고 우기지 않았더라두 부모가 알아서 해줘야 할 것을 그저 착하고 어질기만 하니까 농업고등학교만 마치고 집에 있게 했던 게.

아 착오였을까?

어 그렇죠.

아 (한숨) 그게 아닌데. 부모 마음은 그게 아닌데.

어 에그. 세상에 부모 마음을 제대로 아는 자식이 있습디까? 우리도 무슨 수를 써야지 이대로 있다가는 우환이 끊일 사이가 없을 거예요.

아버지가 천장을 쳐다보며 다시 한 번 크고 길게 숨을 몰아쉰다. 마음의 소리가 더 맑게 들려온다.

아　　어이 여봐. 나 등 좀 긁어줘.

S#12 수원댁 가게 앞

둘째가 혼자서 막걸리를 마시고 있다. 웬만큼 술이 돌았는지 눈에 초점이 몽롱하다. 수원댁이 나온다.

수　　(걱정스레) 이제 그만 들어가요. 시간이 늦었는데…….

둘　　반만 더 주슈.

둘째가 빈 주전자를 들어 보인다.

수　　괜찮겠어요? 그렇게 마시고?

둘　　아주머니 장사 잘 돼서 좋구 나 기분 좋아서 좋고 누님 좋고 매부 좋고 아닙니까. 허허.

수　　기분 좋은 거 같지도 않은데 무슨 일 있었어요? 응? 그 눈두덩이도…… 이상한데.

둘　　술이나 주세요!

수　　싸웠구먼. 훗훗…… 나도 언젠가 남편한테 눈두덩이 저렇게 시퍼렇게 멍들었을 때…… 그 계란찜질 하니까 쉬이 멍이 가시던데.

둘　　술. 술 주는 거요 안 주는 거요?

수　　예 예.

수원댁이 주전자를 들고 집안으로 들어간다. 둘째가 손으로 무짠지를 집어 오드득 씹는다. 자전거 방울소리를 울리며 윤 순경이 다가온다. 손에 손전등 들었다. 순찰 중인 모양이다.

윤 밤이 늦었는데 웬 술을…….

둘 나오셨어요.

윤 순경이 자전거에서 내린다. 수원댁이 술 주전자를 들고 나온다.

윤 (꾸짖듯) 가게 문 닫을 일이지? 지금 몇 신지나 알아요?

수 그 글쎄 그만 드시라고 해도 손님이 한사코…….

윤 통금시간이 다 되었어요!

수원댁이 어찌할 바를 몰라 쩔쩔 맨다.

둘 윤 순경님! 기왕 내온 막걸리인데요. 허허! 제가 한 잔 올리겠습니다.

잔을 내민다. 그리고 수원댁 손에 들려 있는 술 주전자를 받아 든다.

윤 그만 돌아가. 서울 같으면 통금 위반으로 직결심판에 넘길 거야.

둘 에이…… 여긴 농촌하고도 시골하고도…… 허허.

수 예. 벌써 두 주전자를 혼자서.

윤 그럼 아주머니가 알아서 하셔야지 손님이 달란다고 다 줘요? (둘째에게) 자…… 일어나…… 내가 데려다 줄 테니까…… 응?

둘 술 마저 들고 갈 테니…… 내버려 두세요.

둘째, 술 주전자를 들어 잔에 따라 마신다.

윤　　평소에는 얌전한 사람이 왜 그래? 무슨 일 있었어?

둘　　난 안 들어갈 거예요.

윤　　뭐라구?

수원댁 눈이 접시처럼 확대된다.

S#13 마루와 뜰

아버지가 마루 끝에 쭈그리고 앉아서 담배를 피고 있다. 일어나 둘째 방으로 간다.

S#14 둘째 방

들여다본다. 금동이만 자고 있다.

아　　이 애가 어딜 갔을까? 이런 일이라곤 없었는데……. 자식도 머리통이 굵어지면 다루기가 힘들다고들 하지만 우리 아이들만은 그렇지 않다고 우겼는데 아……. (문득) 정말 이 애가 어디 갔어? 너무 늦는데…….

아버지가 뜰로 내려온다. 풀벌레 소리가 요란하다. 어디서 사람 우는 소리가 난다. 아버지가 두리번거리다가 집 뒤쪽으로 간다.

S#15 집 일각 (밤)

나무 밑에서 둘째가 웅크리고 있다. 아버지가 다가간다. 물결치듯 흐느적거리는 둘째의 양 어깨를 내려다본다.

아 (부드럽게) 임마…… 여기서 뭘 하고 있어? 응?

둘째가 서서히 고개를 들어 아버지를 쳐다본다. 울고 있었나 보다. 아버지의 표정이 심각해진다. 아버지도 쭈그리고 앉는다.

아 임마! 이게 무슨 꼴이냐? 할 얘기가 있으면 아버지한테 해야지 사내 자식이 옹졸하게스리 이게 뭐냐? 응?

둘째, 새로운 슬픔에 입술이 경련을 일으키며

둘 아, 아, 버……지.

아 들어가자.

둘 드릴…… 말씀이.

아 글쎄 오늘 밤은 그냥 자……. 자고 나서…… 내일 아침에 오늘 네가 한 일을 되새겨봐……. 오늘은 얘기할 필요없으니까……. 자 일어나.

아버지가 둘째를 안아 일으키려 하자 둘째가 그대로 아버지 품으로 안긴다. 둘째 울음과 함께

둘 아버지! 아버지! 나 같은 인간…… 나 같은…… 인간…… 윽윽…….

아버지가 어정쩡한 상태에서 둘째의 몸무게를 지탱한다.

둘 저도…… 어떻게 살아야죠……. 언제까지나 이렇게 살라는 법

없잖아요. 예? 젊은 놈이! 이게 뭡니까? 아버지 안 그래요? 예?

아 그래…… 내일 얘기해. 오늘밤은 너 취해서 안 되겠다. 자…….

둘 나 안 취했어요……. 안 취했단 말이에요…….

아 알았어. 알았으니까 바로 서!

둘 (취한 눈으로 본다) (한숨)

둘째가 스톱모션이 된 것처럼 멍하니 쳐다본다.

S#16 들판 (아침 풍경)

S#17 마루와 뜰

아침. 첫째가 방에서 나온다. 며느리도 따라 나온다. 두 사람 모두가 개운치 않은 표정이다. 어머니가 안방에서 나온다. 역시 깨름칙한 표정이다. 첫째와 시선이 마주치자 어머니가 외면한다.

첫째가 무슨 얘길 하려다 말고 서류봉투를 집어들고 내려선다.

첫 (사무적으로) 다녀올게요.

어 얘!

첫째가 돌아본다.

어 (앉으며) 둘째 방 들여다보고 나가거라.

무슨 소리냐는 듯 첫째가 상을 찌푸린다.

어 간밤에 늦도록 술 마시고 와서 돼지간 앞에 쓰러져 있는 걸 네 아버지께서 가까스로 방으로 끌어들였다…….

첫 (외면하며) 그래서요?

어 뭐가 그래서야? 네가 형이니까 형답게 아량을 보여야지. 장남으로서.

첫 장남으로서의 아량이요? 그게 왜 필요하죠?

어 뭐라구?

첫 동생이 잘못했으면 형한테 와서 정식으로 사과할 일이지 어째서 내가…….

어 (엄하게) 그러기에 형 노릇하기가 어려운 게야…….

며 어머니 저 그게 아니고요.

어 넌 가만 있어. (첫째에게) 둘째 마음 나는 알고 있어서 하는 말이다.

첫 제 마음은 몰라주시고요?

어 알아.

첫 그런데 왜 제가 먼저 고개를 숙여야 하죠?

어 그게 고개 숙이는 거니? 응? 어쩜 배웠다는 사람이 그렇게 생각이 좁니? 꼭 지렁이 창자에다 바늘귀 끼는 격이구먼 정말!

첫 그래요…… 나는 소견머리가 좁은 놈이니까 이 나이가 되도록 부모님 말씀에 복종하면서 살아왔어요. 그래요!

어 아니 너 지금…….

첫 어머니는 처음부터 그 편견을 가지고 계신 게 싫어요.

어 편견이라니?

첫 그렇죠! 나는 대학공부했는데 둘째는 못했다! 나는 관청에 취직했는데 둘째는 농사짓는다. 그러니까 둘째가 가엾다 이거 아니에요?

어 아니 이 애가 정말…….

첫 저도 어린애가 아니에요. 평소에도 느낀 점이 한두 가지가 아니었지만 어머니 말씀대로 장남으로서의 아량을 발휘해서 입밖에 안 냈던 것 뿐이에요.

어　뭣이?

첫　아 둘째가 대학 못가고 농사짓게 된 게 그게 제 책임입니까? 예? 저 때문에 그렇게 된 거예요? 따지고 보면 모두 아버지 어머니 책임이잖아요. 그런데 왜! 저더러 이러십니까? 장남이란 게 그런 데만 쓰이는 방패입니까? 저는 못해요. 제놈이 나한테 와서 빌기 전에는요!

첫째가 휑하니 나가 버린다. 까치가 운다. 어머니는 벼락 맞은 사람처럼 입을 반쯤 벌리고 서 있다.

S#18 들길

자전거를 타고 가는 첫째. 가다가 멈추고 집 쪽을 바라본다. 무언가 생각. 쓸쓸한 표정. 그러다 다시 간다.

S#19 마루와 평상

평상 위에 요가 널려 있다. 판에 오줌을 싼 자욱이 지도처럼 남아있다. 할머니와 일용네가 하반신을 벗은 채 서 있는 금동이를 꾸짖고 있다.

할　그러기에 조금씩 먹어야 한다고 했잖아! 한사코 집어먹더만 요에다 저 지경을 만들었지…….

금동은 멋쩍어서 머리를 긁고 있다.

할　또 오줌 쌀테냐 안 쌀테냐?

금 ……

할 대답을 해!

금 그걸 어떻게 대답해요.

할 뭐라고?

일네 이 녀석 말대답하는 거 보세요.

금 누가 싸고 싶어 싸나요? 시원한 개울이 있어서 거기에 눈 것 뿐인데……

할머니가 어이가 없어서 피식 웃음을 터뜨린다.

일네 이게 웃을 일이 아니에요.

할 그럼 어떻게 해?

일네 이 기회에 그 버릇을 고쳐야죠.

할 어떻게 고쳐! 금동이 말대로 자기도 모르게 쌌다는데. 흐흐.

일네 좋은 수가 있어요.

할 응?

일네 옛부터 오줌 싸는 아이는 쌀까부는 키를 씌워서 소금 얻으러 보냈잖아요.

할 그래…… 그런 방법이 있었지.

일네 금동이도 그렇게 시켜야지 안 되겠어요.

금 싫어!

일네 싫어도 해!

금 할머니가 왜 나서요?

일네 이놈아! 네가 오줌 싸면 빨래는 내가 하니까 그렇지! 잠깐 거기 있어!

어머니가 방에서 나온다.

어　　금동이가 왜 저래요?
할　　또 오줌 쌌다잖아!
어　　저런.

일용네가 부엌 쪽에서 키를 가지고 나온다.

어　　웬 키는…….
일　　이 키를 씌워서 소금을 얻으러 보내야지 이 버릇을 고친다구요! 자.

일용네가 금동이 머리에다가 키를 씌운다. 모두들 웃는다.

할　　그래! 그렇게 하고서 네 또래 어린이가 있는 집에 가서 소금을 한 줌 얻어와!
금　　싫어 잉…….
일네　싫어도 별 수 없다! 네 오줌 싸는 버릇 고치려면…… 어서 가!
금　　싫어!
할　　갔다 오라면 와야지! 냉큼 가! (매를 든다)
금　　잉…….

금동이가 낑낑거리면서 나간다. 세 사람이 웃음을 터뜨린다.

S#20 우사 앞

일용이가 열심히 목초를 나르고 있다. 둘째가 저만치서 시들하게 서 있다.

일용 김 회장께서 새달 초순에는 추수를 하시겠다던데…….

둘 일용이형!

일 응?

둘 나…… 바람 좀 쐬고 올까봐요.

일 무슨 얘기야? (다가온다)

둘 마음도 싱숭생숭하고…… 일도 손에 안 잡히고 하니까…… (한숨) 외지 바람이나 쐬면 좀 가라앉을 것 같아서…….

일 헛.

둘 우스워요?

일 "가을바람 솔솔 부니 총각 마음 싱숭생숭"이냐? 허허…… 허긴 말이 있지. 봄바람은 여자를 들뜨게 하고 가을바람은 남자를 못 살게 한다는……. 흐흐…… 어려울 것 있어? 가면 가는 게지…….

둘 한 사나흘…… 바닷가로 나가서…….

일 바다? 가을인데?

둘 조용할 테니까.

일 아서! 그러다가 자살할까 두렵다. 허허…….

둘 (쓴웃음) 나는 그렇게 강하지도 못해요. 자살을 아무나 하나요?

일용이가 담배를 피워 문다.

일 잊어버려.

둘 …….

일 형제싸움…… 그게 뭐가 대단해서…… 풀어버려…….

둘　가슴이 답답한 것 같기도 하고 텅 비어버린 것 같기도 하고…… 나도 모르겠네.

일　정말 너 사람이 좀 변한 것 같구나. 허허…….

둘　글쎄요…… 하루 24시간 일만 해오던 내가 왜 갑자기 이런 생각을 하게 되었는지 나도 정말 모르겠어요. (짚더미에 벌떡 누워서)

자전거를 타고 가는 첫째. 누렇게 익어가는 벼가 오히려 쓸쓸해지는 표정.

S#21 수원댁 가게 앞

금동이가 키를 쓰고 서 있다. 차마 안으로 들어가기가 쑥스러워 망설여지는 눈치 같다. 수원댁이 무심코 나오다가 그것을 보고 기절초풍한다. 금동이가 키를 쳐들고 얼굴을 내민다. 씨익 웃는다.

수　아니 너 금동이 아니야?

금　…….

수　왜 왔어?

금　소금 주세요.

수　소금? 우리 집엔 소금 안 파는데 너 간밤에 요에다가 세계지도 그렸구나. 그렇지?

금　아니에요. 난 그냥 냇가에 놀러갔다가 오줌 누고 왔는데……. 빨리 소금 주시지요! 소금이 없나 봐요. 집에.

수　호호. 그게 세계지도지. 호호. 그래 너희 집에 소금 모아서 김장 담그려나 보다. 옥희야. 금동이 소금 얻으러왔다. 좀 주어라.

금동이가 다시 키를 쓰고 제자리걸음을 한다. 일순이 부엌에서 나온다. 종잿이에 하얀 소금을 담아서 내민다.

옥희 애 소금 여기 있어.

금동이가 키를 쳐들고 얼굴을 든다. 일순의 조롱하는 듯한 표정.

일순 받어!

금 …….

일순 소금 얻으러 왔다면서.

금 싫어.

일순 뭐?

금 까불어?

일순 ……?

금 그런 거 왜 받니? 싫어.

금동이가 옥희의 손에 들려 있는 소금 그릇을 손으로 휙 내리친다. 하얀 소금이 땅바닥에 눈처럼 흩어진다.

일순 엄마!

금동이가 쏜살같이 도망친다. 옥희가 소리내며 운다.

일순 엄마! 엄마!

수원댁이 나온다.

수　　왜 우니?

일순　금동이가…… 소금을.

수　　응?

금동이가 나간 쪽을 바라본다.

수　　제 녀석도 꼴에 사내랍시고. 호호……. 그래 어려도 자존심 하나는 있어야 하느니라. 호호…….

S#22 둘째의 방

둘째가 조그마한 스포츠백에다가 물건을 챙기고 있다. 일용품에 몇 권의 책이다. 방문 창지 위에 어머니의 그림자가 비친다.

어　　(소리) 둘째 있어?

둘　　예. 들어오세요!

둘째는 태연하다. 어머니가 방문을 연다.

어　　들어가도 되겠니?

어머니가 안으로 들어온다. 다음 순간 둘째가 챙기는 물건이 시야에 들어온다.

어　　아니 너…….

둘　　서울에 좀 다녀올까 하구요.

어　　서울은 왜. 응?

둘　그저요. 흠!

둘째 마지막 물건을 담고는 백의 '지퍼'를 신나게 잡아당긴다. 굳은 의지를 나타내는 것 같다.

어　너 혹시 네 형 때문에 그런 거 아니니?
둘　아뇨. 그저 바람 좀 쐬고 올려구요.
어　안 된다.

어머니가 백을 나꾸어채듯 뺏는다.

둘　어머니!
어　그런 법 없어! 세상에 그런 법 없다!
둘　그게 아니라니까요.
어　(결정적으로) 안이고 밖이고 안 된다면 안 돼!

어머니의 단호한 태도에 둘째는 말문이 막힌다.

어　얘기 좀 하자. 벌써 며칠째나 너희 형제가 등을 돌리고 싸우는 꼴 꼭 이 에미한테 꼭 보여주어야 되겠냐? 내가 늘 믿던 형제간 우애가 고작 이것뿐이란 말이냐?

둘째가 고개를 푹 숙인다.

어　네 형은 형대로 너는 너대로 서로가 자기 처지만 고집하면 어떻게 해……. 서로의 처지를 이해할 줄 알아야지. 형제간에 공부

더 하고 적게 하고가 무슨 소용이니?

둘 어머니.

어 글쎄 내 얘기 들어! 네 형이 농촌 생활에 적성이 없다는 건 천하가 다 아는 말 아니냐. 그런 형이 너한테 좀 언짢게 했기로 그게 너를 미워서였겠니? 그게 아니잖아. 아무 생각 없이 한 소리를 네가 고깝게 받아들인 것 뿐이다.

둘 아니에요. 형은 평소부터 그런 게 좀 있었어요.

어 아니다. 그건 아니다.

둘 그렇지 않아요.

방문이 확 열린다. 아버지의 무서운 얼굴이 가득 찬다.

아 그래서.

둘 …….

아 그래서 집을 나가겠다 이거니?

어 여보. (일어선다)

아 나가고 싶으면 나가! 다 나가! 네놈들 없으면 농사 못 짓는다던? 얼마든지 지을 수 있어! 나가. 나가란 말이다!

어 여보! 왜 역정부터 내세요! 제 얘길 들으세요!

아 들을 필요 없어! 절이 싫으면 중이 나가는 법이지! 큰애도 딴살림 내줘! 다 나가고 없으면 손톱이 닳도록 흙을 만지다가 흙에 파묻히면 그만인걸! 두려울 것 없어! 그러니 농촌이 싫은 놈들 다 나가게 내버려둬! 그 대신 편리할 때만 고향이 어떻고 촌이 어떻고 혀끝으로만 달콤한 소리하는 놈들! 앞으로는 내가 이 땅에서 몰아내고 말 테니까! 가! 나가! 지금 당장에 나가!

아버지가 방문을 탕 닫는다.

둘 (흑 쓰러진다)

S#23 마을 어귀

아버지가 천천히 서성이고 있다. 하늘을 쳐다보고 길게 한숨을 뱉는다.

아 (마음의 소리) 농사치고는 자식 농사만큼 어려운 게 없지……. 농작물은 공력을 들이면 들인만큼 거둘 수가 있건만……. 자식은 그게 아니거던……. 두 자식의 가슴속에 그렇게 응어리가 져 있을 줄은 정말 몰랐다. 이대로 두면 안 되지……. 한번 금간 곳은 굳어지기 전에 붙여야지……. 형제인들 살아가면서 왜 다툼이 없겠는가……. 조금 더 배워서 펜대를 쥐고 사는 자식이나 흙에 묻혀 농사지으며 살아갈 자식이나 내겐 똑같이 귀중한 자식들이지…….

큰 길가를 본다.

큰 녀석도 동생이 그렇게 달려들면 마음이 편치 않을 거야…….

S#24 둘째 방

둘째 생각에 잠겨 앉아 있다.

S#25 할머니 방 (밤)

할머니가 염주를 꺼내서 손끝으로 만지고 있다. 며느리가 떡을 접시에 담아 들고 들어온다.

며　할머니 떡 잡수세요.

할　…….

며　영석이네 집에서 가지고 왔대요. 애기 돌 떡이라면서.

할　아범 돌아왔니?

며　아뇨.

할　너 거기 앉거라.

며느리가 불안해지며 앉는다.

할　어떻게 생각하니, 너는?

며　?

할　이래 가지고서 어떻게 숨을 제대로 쉬겠나? 집안이 편하려면 집안 사람들 얼굴이 보살님 웃는 얼굴처럼 편해야 하는 법인데…… 요즘 우리 집 식구는 그게 아니잖더냐…….

며　…….

할　네 남편은 뭐라더냐? 지금도 네 시동생 원망하더냐?

며　아뇨.

할　그럼 아예 꼴도 뵈기 싫으니까 얼굴도 뵈기 싫어서 새벽같이 나가고 밤늦게 들어온다던?

며　그, 그게 아니고 저.

할　네 생각부터 들어보자! 너 네 시동생한테 얘기 걸어봤어?

며느리가 말문이 막혀서 문을 바라본다.

할　보아하니 네 남편보다 네가 한 술 더 뜨는 것 같더라. 내가 보기엔…….

며　예?

할　네가 이 집 장남의 아내요 이 집을 지켜나갈 맏며느리라면 네 남편보다 네가 더 마음을 넓게 가지고 보살펴야 할 텐데 너는 옆에서 굿이나 보자는 그런…….

며　할머니. 그런 말씀마세요. 제가 언제…….

할　아니면 네 남편더러 잘못이라고 말해줬니?

며　…….

할　당신 잘못이니 동생한테 한마디 사과하라고 말했어? (사이) 안 했겠지. 보나마나 네가 덩달아서 화를 내고 투정을 했겠지……. 농사도 못 짓는 사람 데려다 놓고 진돗개처럼 집이나 보게 한다고……. 안 그랬어? 왜 딴살림 나가겠다는데 못 나가게 하는가 하고 시부모 탓만 했겠지.

며　(외면)

며느리가 양심의 가책에서 눈을 번득 든다.

할　나…… 다 안다. 사람이 나이 먹는 것 공연히 먹는 것 아니다. 나이를 먹는 사이에 그만큼 괴로움을 겪고 그 괴로움을 이겨나온 가운데 세상 사는 지혜를 배우는 게지. 그저 헛세상 사는 게 아니다.

며느리가 손등을 내려다본다.

할　긴말 필요없다. 네 남편 돌아오거던 당장에 네 시동생하고 화해하도록 해. 알았니? 그것도 못하겠다면 이 할미도 너희들 편에 안 설테야. 알았지?

며　예에.

S#27 마루와 뜰(밤)

며느리 나오는데 아버지 들어선다. 술이 거나하게 취했다.

아 둘째 안 들어왔니?

며 (둘째 방쪽 본다)

아 이리 좀 나오라고 해라.

며 데련님. 아버님 오셨어요.

첫째가 들어온다. 손에 술병이 들려 있다. 둘째와 시선이 마주친다. 멋쩍어진다.

아 오다가 네 형하고 한잔 했다.

아버지가 평상에 앉는다.

아 여기들 앉아…….

첫째와 둘째가 서먹해진다.

아 우리 한잔 하자. 한잔하면서 얘기하자. (크게) 며늘아이 있어?

어머니가 방에서 나온다.

어 언제 오셨어요?

아 여보. 여기 술안주 가지고 와. 우리 삼부자끼리 한 잔 할 테니까.

어 ……?

아 (첫째에게) 네가 설명해 임마!

첫 어머니. 제가 생각이 모자랐어요. 용서하세요.

어 응? 그럼.

첫 (둘째에게) 미안하게 됐다.

둘 형. 난 말이야…….

아 (심판처럼 손을 번쩍 들며) 됐어! 거기까지 됐어!

어 뭐가 됐어요?

아 글쎄 남자끼리의 약속이니까 참견말아요! 다 얘기가 됐고 뜻이 통했으면 되었지. 그러니 이놈들이 서로 끊겼던 말도 통했잖아. 그렇지?

첫, 둘 (동시에) 예.

모두들 웃는다. 며느리도 마루에서 지켜본다. 할머니도 흐뭇한 표정이다.

객사(客舍)*

· **등장인물**

송판돌	순사 갑, 을
벽순	헌병
대달	유림회원 1, 2, 3
영달	청년 1, 2, 3
소달	이웃아낙들
인달	기타 군중 다수
안목수	
황보관	
홍진사	
유씨부인	
장사공	
강준규(강 선생님)	
교장(사또)	
태조	
백만	
각시	
앵비	

* 〈객사〉는 1984년 3월 한국방송공사 3.1절 특집드라마로, 2부로 나누어 방송되었음.

제1부

S#1 오두막집

깊은 산중에 자리한 납작한 외딴 초가집.

흘러내린 지붕이며 허물어진 벽으로 보아 폐가임이 분명하다.

그러나 봉창문에는 불빛이 희미하다.

멀리서 산짐승 우는 소리.

소쩍새 우는 소리.

S#2 동 방안

피마자 기름심지가 타들어 간다.

최봉익(37세 가량)이 버선을 털어 신고 대님을 맨다.

먼 길을 떠날 모양이다.

그 옆에 벽순(30세 가량)이 말없이 괴나리봇짐을 싸고 있다.

최봉익이 아랫목에 엉겨 붙어서 잠이 든 세 아이를 내려다본다.

미소도 아니오, 슬픈 표정도 아닌 착잡한 얼굴이다.

네 살, 두 살 그리고 갓난아기들이다.

벽순 (담담하게) 꼭 가셔야 합니꺼?

최봉익이 대답대신 허리띠를 맨다.

벽순 인자 그만두시이소. 동학의 시상이 되기는… (사이) 글렀심더.

최봉익이 벽순을 돌아본다.

벽순은 여전히 하던 일을 계속하며 차분히 말을 잇는다.

벽순 조용히 들어 앉으시서. 글을 읽으시면서 시상을 관망하십시더예 (고개를 들며 강조하며) 와 꼭 대역죄를 뒤집어 썰라고 동학에 가담하십니꺼?

봉익의 눈에 빛이 솟는다.
입가에 심한 경련이 인다.

벽순 (고개를 돌리며) 편협한 아녀자의 참견이라고 생각마시고 저 어린 자슥들을 봐서라도… 이젠 들어 앉으시이소.

최봉익이 반사적으로 잠든 아이들을 내려다본다.
천사같은 얼굴이다.

소쩍새가 운다.
최봉익의 손이 벽순의 다섯 손가락을 꼭 쥐어준다.
벽순이 쳐다본다.

최봉익 쪼금만 기다리소.

벽순 …

최봉익 (흥분하지 않으며) 인간으로서 한울님의 정신을 실천하겠다카는 동학이 와 대역죄란 말이오 응? (허공을 보며) 때는 꼭 올끼다… 꼭이다 그라이 그때까지만…

벽순 기다리라 말입니꺼? 그때가 언제입니꺼? 이래 신분을 감추고 산속으로만 피해다니문서… 어느 세상에… 얼라들이 불쌍해서 몬

살겠입니더. (결코 울지 않는다)

최봉익 (낮으나 강하게) 때는 꼭 온다카이까네.

벽순 (길게 숨을 몰아쉬며 체념이라도 하듯) 그럼… 이번에는… 언제쯤… 또 오실랍니꺼?

최봉익 음… (허공을 쳐다보며) 경주, 포항, 대구, 병영, 의흥까지 돌라카문… 내년 가을? 아마 한가위 명절 때는…

밖에서 다급하게 달려오는 발자국 소리와 함께 판돌의 숨 넘어가듯 하는 조급하나 낮은 소리가 들려온다.

판돌 (대달) 나아리…나아리…

최봉익 (긴장하며) 판돌이가?

획 열어 제치는 여닫이문.
그 서슬에 심지불이 두어 번 크게 춤을 춘다.
판돌이가 급히 뛰어든다.
이마에 땀이 흐른다.

판돌 큰일 났입니더, 어서 피하십시오!

벽순 누가 왔나?

판돌 관군입니더. 손에 손에… 관솔불을 들고… 이쪽으로… 나으리! 퍼뜩퍼뜩… 대달, 중달 두 되랜님은 제가 업을테니까네 순달은 마님께서…

판돌이 두 아이를 함께 업고 띠로 묶는다.
벽순이는 갓난 애기를 안고 봉익은 괴나리봇짐을 집고는 일어선다.

봉익이 기름심지를 훅 불어 꺼버린다.

S#3 산 속

어둠 속에 관군들이 들고 오는 관솔불이 여기저기서 나타난다.

흡사 도깨비 불 같다.

S#4 다른 산 속

최봉익, 벽순, 송판돌이가 숲을 헤치며 필사적으로 도망을 치고 있다.

숨이 헐떡인다.

관군들이 발소리를 죽이며 다가온다.

방안의 기색을 살핀다.

여닫이문을 박차고 들어간다.

S#5 동 방안

두 사람이 흙발로 뛰어든다.

관솔불 아래에 들어난 텅 빈 방안.

그러나 꺼진 기름심지에서 아직도 피어오르는 연기.

아직 멀리 가지 못했으리라는 추측을 하는 두 사람.

획 밖으로 나간다.

S#6 숲 속

방향조차 알 수 없는 밀림 속 산새가 둥지에서 푸드득 날아간다.

그 서슬에 벽순이가 질겁을 하고 쓰러진다.

뒤따르던 판돌이가 부축한다.

판돌 (낮게) 마님! 마님!

벽순 (숨이 달막인다) 아… 아…

판돌 그 얼라… 제가 안겠입니더.

벽순 아이다 괘 괜찮다 난… 새기… 주인마님을…

벽순이가 다시 일어난다.

저만치서 최봉익이가 급히 다가와 낮은 소리로 재촉한다.

벽순의 다리가 마음대로 말을 안 듣는다.

봉익 우째 됐노? 어디 다쳤나?

벽순 아 아니라예… 새기 떠나시이소 우리 걱정일랑 말고…

판돌 나아리 마님! 마님은 제가 모실 테니까네 먼저 피하시이소.

봉익 허지만 함께 가야지 우째 나만…

판돌 아니라예… 마님하고 도련님들은 제가 모시고 갈테니까네… 소인에게 맡기시고 퍼뜩가시이소, 예?

판돌이 바라보는 쪽에 관솔불이 보인다.

봉익도 벽순도 당황한다.

판돌 앗? 관군입니더.

봉익 그라모… 판돌이 너만 믿는다이.

판돌 염려마시이소.

봉익 좋은 세상 만나게 되믄 내 늬한티 입은 은혜 꼭 갚을끼다.

판돌 무신 그런 말씸을… 종놈이 상전 모시는기 무슨 은혜입니꺼?

봉익 아이다 동귀일체인기라. 사람에게 무신 층하가 있으며 차별이 있겠노. (벽순의 손을 쥐며) 쪼매만 참는기라 알았제? 잉?

벽순 새기 가시이소. 사람이 옵니더.

봉익 판돌아 부탁한데이.

판돌 예 나아리 마님! 염려 마시이소. 이 판돌이 뼈가 가루가 되더라도.

"동학쟁이 잡아라" 하는 외치는 소리가 차츰 가까워진다.

최봉익이 눈물을 감추며 뛰어간다.

벽순이가 통곡을 터트리려는데 판돌이가 그 입을 틀어막는다.

판돌 안됩니더 소리내면 다 죽십니더.

소리 없이 몸부림치는 벽순이 얼굴, 얼굴, 얼굴

그 위에 타이틀이 소개된다.

S#7 향교

멀리 홍살문을 통하여 바라보이는 향교의 고풍스러운 전경.

그 위에 "1918년"이라는 자막이 떠오른다.

황보관과 송판돌이 층계를 올라서 대문을 밀치고 들어선다.

판돌은 이미 50줄이다.

고색창연한 환경이 위엄마저 풍긴다.

S#8 명륜당 앞

황보관이 여기저기 살피는 동안 판돌은 저 만치서 손을 모아쥐고 명을 기다리는 자세로 서 있다.

까치가 울고 간다.

잘 다듬어지고 손질이 잘 된 주위 환경에 황보관은 자못 만족스럽다.

황보 판돌이 향교엔 그간 별 일 없었제?

판돌　예 나아리. 지난 가실비에 지붕이 센 곳이 있었지만 기와를 깔아 끼웠습니더.

황보　대성전 현판 뒤에 제비가 둥지를 지었다카더니…

판돌　예, 말끔히 치웠습니더 나아리.

황보　음, 잘했구마.

S#9 대성전 앞

황보가 감개무량한 눈길로 현판을 쳐다본다.

황보　빛이 바랬구나 저거는 행교 중건 때 선대조의 친구 분인 판서 영감이 희사하신 글발인기라… 내년 가을에는 내가 다시 칠을 입히야 되겠다.

황보가 경내를 서서히 거닐며 말을 계속한다.

황보　시상이 어지럽다 케싸도 내 정신만 바싹 채리며 사는기라… 안 그렇나?

S#10 언덕 위

해묵은 아람드리 나무 사이로 멀리 숲과 들과 산줄기가 내려다 보인다.

절경이다.

울창한 뒷산을 돌아본다.

황보　뒷산은 매일 살피는감?

판돌　예, 조석으로 빠지지 않고 잘 지키고 있입니더.

황보　음 향교의 생명이 온통 뒷산에 있는기라 자네도 잘 알제?

판돌 잘 알고말고예.

황보 행교지기란 뒷산 명당을 지키는기 기중 중한기라. 행교의 정기뿐이 아니라 전 읍내의 정기와 생명이 거기 있으니까네 그 누구도 범하지 못하도록 잘 막고 살피게.

판돌 와 그걸 모르겠입니꺼 소인이 행교지기가 된지 어언 15년이 되었어예. 그게 모두가 나아리 덕인데 우째 그걸 모르겠입니꺼? 행교는 제 목숨을 걸고 지킬랍니더.

황보관이 아슬히 내려다 보이는 산을 가리킨다.

황보 여기서 보이는 천망대의 언덕빼기와 옥봉 등성이의 용트림 그리고 병풍같은 영봉의 경치는 천하 명당자리인기라…

판돌 예, 명당 중의 명당이라카데예.

황보가 해 묵은 고목의 나무등걸을 어루만지다 말고 돌아본다.
새가 운다.

황보 판돌이. 마님께서는 편안하신감? 오래 뵙지 못했디이 궁금하구마는.

판돌 예, 두루 핀안합니더.

황보 (한숨을 몰아쉬며) 막동이 인달이가 머지 않아 보통학교를 졸업한다카제?

판돌 예.

황보 내 진작부터 인사를 채릴라캤지만도 행핀이 여의치 못해서… (한숨) 옛날 최대감의 은덕을 생각한다면 이래서 안되겠다카면서도… 마님 생각이 어디 보통이라야제.

판돌 그렇지만도 나으리 덕택으로 지금 우리 식구가 죽지 않고 살고 있지 않습니꺼?

황보 그게 우째 내덕인가 말이다 판돌이 자네 덕인기라.

판돌 아, 아니라예 나으리 덕으로 나는 행교지기가 되었고 우리 여섯 식구는 입에 풀칠을 하며 살고 있잖습니꺼?

황보의 시선과 맞부딪치자 판돌은 당황하며 시선을 피한다.

마치 어떤 치부라도 꿰뚫어 보는 황보의 눈이다.

황보 판돌이 듣게. (사이) 자네와 마님은 비록 내외의 정은 아이고 상전과 하인의 입장으로 있으면서도 십여년 간을 한방에서 살아나왔으니… 자네의 그 심정을 와 내가 모르겠나.

판돌이가 쥐구멍이라도 찾을 듯이 외면을 한다.

황보 마님의 뜻을 좇아 내외간으로 가장하믄서 십여 년을 살아나온 자네 심정은 세상이 몰라도 이 황보관은 다 알고 있는기라.

판돌 소인은 그저 마님 곁에서… 얼라들 지키며 살아나오기를 돌아가신 나으리께 맹세하였으니까네 그대로 실천한 것 뿐이라예.

황보 그게 어데 쉬운 일인가 말이다. 이래 세상이 고양이 눈빛 변하듯 하는 세상에… 자네같은…

황보가 새삼 판돌의 모습을 내려다본다.

황보 일간 마님을 만나 꼭 할 이바구가 있으니까네. 그래 알거라.

판돌 예? 예…

S#11 판돌의 움집

인달이가 마루 끝에 앉아서 마른 씨래기를 다듬고 있다.

열여섯 살의 제법 처녀티가 흐르는 자태이다.

벽순이가 함지를 끼고 들어선다.

어언 40고개를 넘은 중노인으로 변했다.

인달 엄마, 인자 오시는기요?

벽순 응아.

함지를 내려놓는다.

그리고 후유하고 숨을 몰아쉰다.

인달 환갑잔치는 잘 차렸든교?

벽순 응. 인달아 이거로 밥이든 죽이든 끓여서 퍼떡 들라라.

벽순이가 함지에서 떡이며 밥이며 나물 생선꼬리 등이 든 바가지를 꺼낸다.

인달 야.

벽순 고깃점과 떡은 따로 골라내거라 늬 아부지랑 오빠들 주게.

인달이가 바가지 안에서 고깃점과 떡을 골라 접시에다 담는다.

방에서 앓는 소리가 난다.

벽순 큰오빠는 좀 어떤노?

인달 아직도 머리가 쑤시는가 봅니더.

벽순 에그… 하필이면 옷 또 그런… 망칙스런 짓으로 매를 맞나 말이다 에그…

벽순이가 방으로 들어간다.

S#12 동 방안

납작하고 음침한 상아방.

한 구석에 다친 머리에 된장을 바르고 호박잎으로 싸맨 대달이 누워있다.

끙끙 앓고 있다.

벽순 큰달아 아프나?

대달 응 응.

벽순 할 일 없으문 집에서 낮잠이나 잘일이지 와 남의 무덤에서 그것도 애장한 무덤의 삿갓을 벗기노?

벽순이가 이마를 짚어본다.

인달이 들어온다.

벽순 불덩이같구마.

인달 큰오빠가 매맞게 된 건 애장한 삿갓을 벗긴 까닭만도 아니라카데에.

벽순 그라모.

인달 큰오빠가 무당인 신씨집에 자주 드나드는 게 유강로 주사 눈밖에 났다카데.

벽순 우야꼬 네 오빠가 그 집에서 소처럼 일해주고 식은 밥덩이 얻어묵은 게 뭐가 잘못인가 말이다.

인달 그렇지만 그게 아니라예. 유강로 주사는 자기 형수집에 젊은 남정네가 드나드는 게 눈에 가시였는기라. 그라이 오빠가 등신 바보인기라…

벽순 인달아 무슨 말버릇이고. 궂으나 좋으나 느그 오래비 아이가.

대달이가 통증이 오는지 다시 끙끙 거린다.

벽순 의원한테라도 가 보여야겠구마.

인달 돈이 어디있는교?

벽순 네 아부지 오시면 물어 보자. 에그 살림은 가난해도 집 안에 우환이라도 없어야제… 에그.

S#13 동 뜨락과 마루

벽순이와 인달이가 방에서 나온다.

소달이가 마루 끝에 풀이 죽어 걸터앉아있다.

벽순 소달아 언제 왔노? 밥 묵었나?

소달 (뾰로통해서) 안 묵을란다.

인달 어데서 뭘 묵었나? 작은오빠.

소달 읍내에서 자형을 만나 육개장 한그럭 사주더라.

벽순 안서방이?

소달 야. 오늘 새로 일거리를 땄다카문서 장터 배파리집으로 데리고 가데예.

인달 그 형부 말을 믿을 수 있나?

벽순 요새 넉살이 쬐매 피인다카디마는 돈을 막 쓰고 댕기나보제.

소달 처남한테 육개장 한그럭 사주는 게 돈 쓰는 겁니꺼? 어무이도 참.

벽순 살림이라카는 건 있을 때 아끼는기라. 영달이 누나가 밤낮 산다 못산다 하잖더나?

인달 (한숨) 아 우린 언제 형편이 필라노. 육남매 중에 그래도 한사람 쯤은 잘 살아야할긴데…

소달 누 말이 옳데이. (방 쪽을 보며) 대달은 저꼴이제… 중달형은 끝머슴으로 있으면서도 소쿠리로 바람잡기제. 큰자형 작은자형 에그… 누구고 나를 쬐매만 밀어주마. 이삼년 후에는 금융조합 서기 한자리 쯤은 딸 수 있는데 그기 이래 어려분기라. 에이… 더러운 세상.

소달이가 자리에서 벌떡 일어난다.

그 서슬에 씨래기가 땅으로 쏟아진다.

인달 씨래기가 무슨 죄고.

소달 다 뵈기 싫은기라.

벽순 소달아 쓸데없는 욕심을 내지 말그라. 그게 사람 잡는기라.

소달 설마설마 하던게 십년 세월 아닌교? 그새 엄마 아부지는 할망고에 영감쟁이 다 됐고 우린 나이만 처먹고 이래서야 언제 집안이 피겠는가 말이제.

벽순 십년 아이라 백년이라케도 안 피는 걸 우짜란 말이고잉? 쬐매만 기다리거라.

소달 기다려에. 손주 환갑 기다려에 헹.

벽순 올 가을에 하마 중달이 새경하고 행교지기 새경으로 장내곡식은 다 값을 끼고… 그리되면 내년에는 늬도 장가보낼 수 있을게다.

소달 누가 장개 가고파서 이라는교? 금융조합 소사생활이 오 년째가 되는게 신물나는기라요. 어무이 내사 마 대처로 나가뿌리면 좋겠다 에이.

소달이가 밖으로 나간다.

벽순의 얼굴에 그늘이 진다.

까마귀가 울고 간다.

S#14 향교 옆길

긴 돌각담길을 인달이가 간다.

아침 햇살이 눈부시다.

손에 책보를 들었다.

S#15 비각 거리

저쪽에서 태조가 오고 있다.

흰옥양목 저고리에 검정 치마 차림이다.

인달 태조 아이가 일찍이 웬일이고?

태조 (힘없이) 오늘 결석 할라카는데 선생님한테 허락을 받아야제.

인달 마님께서 편찮으시나?

태조 사흘 전에 작은 아부지가 다녀갔는데 대판 싸움을 하더이만 야… 우리집은 진짜 잡귀신이 붙은기라 엊저녁부터 엄마는 몬 일어나고… 늬가 우리집에 놀러와도 좋겠지만도 우짜마 좋제?

인달 봐가면서 가께… 걱정 말거라.

태조가 고통을 감추기라도 하려는 듯 앞질러간다.

인달이가 동정의 눈빛으로 바라보다가 뛰어간다.

S#16 보통학교

한옥 벽을 헐고 유리문으로 갈아끼운 자그마한 건물이다.

남학생들이 재기차기를 차고 있다.

S#17 동 내부

십여 개의 의자가 있는 교실에 두어 명의 학생이 책을 읽고 있다.

그 교실을 지나서 교무실이 있다.

인달이 교무실로 들어선다.

S#18 동 교무실

강준규 선생이 교재연구를 하다 말고 고개를 쳐든다.

인달 …강 선생님 안녕하십니껴.

강선생 어서 와요 (새삼스럽게 위아래로 훑어보며) 오? 이제보니 인달 학생도 어른티가 물씬 나는군 헛허.

인달 아이 선생님도…

강선생 그래 웬일로 이렇게 일찍…

인달 태조가 결석을 하겠다카는데에 허락해 주시이소.

강선생 태조가?

S#19 복도

태조가 불안하게 서성거리고 있다.

S#20 교무실 안

강선생 (비밀스럽게) 태조 어머니께서 강신무당이라던데 그게 사실인가?

인달 그 그건 잘 모르겠고예 몸이 많이 편찮으신가봐예… 강 선생님

괜찮겠지예?

강선생 음… 별 수 없지 허나 결석이 너무 잦아도 안 되지.

인달 예. 오늘만 쉰다카이 그래 알리고 오겠어예.

인달이가 나간다.

강준규의 표정이 느긋해진다.

강선생 (마음의 소리) 인달이 같은 학생은 넓은 세상으로 나가야하는데 … 이런 고장에서 썩어선 안되는데…

사또교장이 들어온다.

책을 한 짐 들었다.

준규가 자리에서 일어나 인사를 한다.

강선생 교장선생님.

교장 일찍 나오셨군요 강 선생.

강선생 교장선생님 어제 밤 일은 어떻게 되었습니까? 향교 유림회 간부들을 만나셨던 일은.

교장 모두 만났소.

책을 책상 위에 놓고 숨을 몰아 쉰다.

그리고 안경을 벗어 닦는다.

강선생 반응은 어떻던가요? 향교 측에서 우리 학교를 도와주겠다고 하던가요?

교장 유림회의 지도자급인 장치운, 이행례 두 분은 도와주겠다고 언약을 받았지.

강선생 황보 노인은요?

교장 그 양반은 좀 까다로워서 일단 보류를 했지만… 아무튼 보통학교 교사 신축용 부지는 문제없이 유림회 측에서 양도 받을 수 있겠는데 문제는 실습림이지.

강선생 황보란 씨가 반대할 이유는 없을텐데요. 그 어른의 외아들인 황보영은 동경 유학생이니만큼 신식 교육에 대해서는 이해를 할 분인데요.

교장 그러나 향교의 소유인 사림을 호락호락 내놓을 것 같지가 않아… 아… 아무튼 유림회측의 협력 없이는 학교 운영은 어려운 일이지 음.

S#21 판돌의 집

판돌이가 낫을 갈고 있다.

인달이가 부엌에서 나온다.

저녁을 지을 차비를 한다.

인달 엄마는 어데 갔입니꺼?

판돌 장부자 집에.

인달 장부자 집 엘에? (뾰로통해지며) 그 집에 와 가십니꺼?

판돌 와 장부자 생일 잔치한다고 일해 달라케서 갔제.

판돌이 수건으로 얼굴을 닦으며 돌아선다.

인달이 땔감을 한 묶음 들고 부엌으로 들어간다.

인달 장부자네 아들인 장사공은 그 얼굴만 봐도 징그럽십니더.

판돌　순사주임이라서? 흣흐 죄 안 지으면 되었제 뭐가 징그럽노 헛허.

판돌이 방으로 들어간다.

S#22 동 방안

판돌이 바닥에 앉아 담배를 피운다.

안목수　장인어른 계십니꺼?

판돌이 방문을 연다.

뜰에서 인사하는 안목수.

판돌　안서방 웬일이제.

안목수　사위가 처가에 들른데 무신 이유가 꼭 있어야 합니꺼? 헛허… (기웃거리며) 장모 계신교?

하며 방으로 들어와 앉는다.

판돌　듣자하이 무슨 일감을 땃다면서.

안목수　야 그저.

판돌　자네도 하루 속히 자리를 잡아야제. 우리 영달이 고생도 이제 그만 시키고 잉?

안목수　이때까지 처갓집 신세 많이 져서 얼라에미가 안캐싸도 가슴이 아프구마요. 허지만 장인어른 이번에 읍내거리에 얼렁거린 덕분에 관청 일을 맡기로 했구마 헛허… 태우시이소.

안목수가 궐련을 권한다.

그러나 판돌은 담배에는 마음이 안간다.

판돌 관청 일이라꼬? 그게 무신.

안목수가 담배에 불을 붙인다.

안목수 이 분에 도청의 높은 양반 부탁인데 가구를 몇 불 해돌라캅디더요.

판돌 도청에서 가구를?

안목수 그란데 재목이 있어야이에… 장인어른이요. (대뜸) 오동나무 몇 구루만 주소.

파돌 오동나무라꼬?

안목수 우짜겠능교 향교지기 장인어른 덕 좀 보십시더. 향교림에 쌔고 쌘 게 오동나무 아닌가요?

판돌 이 사람아 오동목은 객사 뒤 말고개에도 수타 있잖은감. (단호히) 향교림은 안된다.

안목수 더듬스럽게 노지마소.

판돌 뭐라꼬?

안목수 향교림에 오동나무가 한두갠교? 저절로 썩어 자빠지는 나무도 있는데 사위가 달라는 게 그래 아까분교?

판돌 유림회나 읍내 사방 관리소가 알면 우째되게.

안목수 솎아서 잘 비마 모릅니더.

판돌 향교안의 오동나무는 안되네. 딴데서 구해 쓰게 누가 뭐라케도 향교 나무는 손 못 대는기라.

판돌이 단호하게 거절을 하고 방문을 열고 나간다.

안목수도 따라 나온다.

S#23 동 마루와 뜰

인달이가 쏘아보고 서 있다.

인달 행부는 겁도 안나고 눈치도 없습니꺼?

안목수 인자 처제까지 나서서 참견이가?

인달 와 향교를 요모조모 도리라 카지예? 향교가 그래 얕뵙니꺼? 그래 썩어뵙니꺼?

안목수 좋구마 여러 말 마소 잘 살아보겠다카는 사위 하나 안 돌아보겠다믄 나도 생각이 있는기라 헹.

안목수가 침을 탁 뱉고 나간다.

인달 (그 뒤를 향하여) 즈그들만 잘 살라고? 까딱하다가는 짚신짝 끌고 객지귀신 되겠네 흥.

판돌 아… 어느 자슥이고 간에 잘 살아야 할 낀데에… 에그…

곰방대에서 담배가 타들어간다.

멀리서 개가 짖는다.

S#24 황보관의 집 전경

달이 밝다.

멀리서 풍악놀음이 들려온다.

S#25 동 방안

황보관과 벽순이가 마주 앉아있다.

서먹한 침묵이 흐른다.

유 씨가 과일이며 약과를 쟁반에 들고 들어선다.

유씨 자 묵게. 명절이라카지만 뭐 차린 것도 없고…

벽순이는 고개를 수그리고 있다.

유씨 따지고 보면 자네와 우리는 이래 살 처지가 아니지만도 세상 눈이…

황보 (부인에게) 내 할 이바구가 있으니까네 부인은 자리 좀…

유씨 예. 그럼 얘기하다가 가게나.

유 씨가 일어나 나간다.

멀리서 처녀들이 부르는 노랫소리.

황보 돌아가신 최대감의 은공을 생각해서라도 나는 힘이 되어줘야겠다고 늘 마음속으로는…

벽순 잘 알고 있어예.

황보 판돌이한테서 무신 얘기 못 들었나?

벽순 인달이 얘기 말입니꺼?

황보 응? (몸을 앞으로 제치며) 우째 생각하노? 인달이도 이제 보통학교 졸업이라카니 동경으로 유학을 시켰으면 하는데 내 아들 용이가 동경에 유학중이니까네 함께 공부 더 시켜서…

벽순 그 이바구는 이무 끝이 났는데예.

황보　응?

벽순　그리 생각해 주시는 건 고맙지만도 사양하겠입니더.

황보　뭐라꼬?

벽순　우리 형편에 유학이 무신… 보통핵교 댕기는 것도 샘들이 많은데… 분수를 살피가면서 살고 싶습니더.

황보　그게 와 분수에 안 맞다 말이가?

벽순　인달이만 자식이 아닙니더… 딴 자슥들 생빙신 천지이라도 인달이만 공부하마 제일인감 싶지마는… 세상인심은 그게 아니라예. 사람을 잃고는 살아도 인심을 잃고는 몬삽니더.

황보　그게 와 인심을 잃는기고? 나는 지난날 최대감의 덕을 입었고… 그래서 그 후손들에게나마…

벽순　지금 우리한테는 허욕입니더. 지는 아무리 가난해게 살아도 내 자슥 공부시키는 일까지 남에게 맡기고 싶지 않고예… 그라고 자식 공부시키고 싶지만도 남의 손꾸락질 받다가 밍대로 못살고 말라죽기도 싫고예… 그 이바구 같으면 이만 없었던 걸로… 해 주시이소 그럼…

벽순은 황보의 말을 듣지도 않고 방을 나선다.

황보의 하얀 수염이 물결친다.

S#26 향교 돌담길

비석이 늘어선 한적한 길.

인달이가 쫓기듯 온다.

바로 뒤를 백만이가 쫓아온다.

여전히 달이 밝다.

백만은 손에 무엇을 싸들었다.

인달 와 이래 거마리처럼 붙어오나 말이다 저리 가그라.

백만 할 이바구가 있다캤잖나.

인달 그럼 퍼뜩하거라.

백만 중달이한테서 무신 이바구 몬들었나?

인달 들었다. 백만이 늬가 할 이바구가 있으니 까내 비각골로 나가라 카더라.

백만 중달이와 나는 장부자댁 머슴이다 아니제 나는 상머슴이고 중달이는 꼴머슴인기라. 난 그동안 소작도 짓고 방아도 찧고 해서 벼 오십 섬을 모았데이 흣흐…

인달 그게 나와 무슨 상관이고?

백만 상관있다마다 수중에 가진 게 있어야 장개고 들게 아이가…

인달 장개?

백만 아모 인달아 이거 받아라.

손에 든 것을 내민다.

인달이 피한다.

백만 받거라 늬줄라꼬 꽃버선 사왔다 설 명절에 줄라캤는데 이래 늦었구마 자…

백만이 억지로 인달의 손에 쥐어 주려하자 인달이 피한다.

인달 그걸 와 내가 받노?

백만 내 눈에는 늬 밖에 안 보이는데 어떻노. 자.

그가 인달을 끌어안으려는데 어둠속에서 손이 나와 백만의 목덜미를 낚아챈다.

백만 으악.

인달 에그.

장사공이 웃으며 서 있다.

눈에 술기운이 있다.

백만이가 질겁을 하며 허리를 굽힌다.

백만 나으리.

장사공 백만이 네놈은 뒤짜야? 어서 돌아가 이놈아… 헛허…

백만은 쥐구멍이라도 찾듯 땅에 떨어진 꽃버선을 집어들고 어둠 속으로 사라진다.

장사공의 정욕에 가득찬 시선을 피하려 인달이가 돌아서려하자 장사공이 잽싸게 인달의 허리를 감아 안는다.

인달 앗 와이카십니꺼.

장사공 뭘 그래? 서로 좋으면 됐지.

인달 이거 놓이소 참말로 와이카…

인달이가 필사적으로 빠져나가려 하나 장사공의 억센 팔이 막는다.

인달이가 그 팔뚝을 사정없이 물어뜯는다.

장사공 으악

그가 조였던 팔을 푸는 순간 인달이가 빠져 나와 쏜살같이 도망친다. 장사공이 아픔을 이기다말고 음탕하게 웃는다.
저만치 비석 뒤에 숨어 엿보는 백만의 이마와 눈 풍악소리는 드높아가고 달빛은 더 밝다.

S#27 판돌의 집 방

벽순이가 저고리 동정을 달고 있다.

S#28 동 집 앞

판돌이가 화가 잔뜩나서 씩씩거리며 들어선다.

판돌 인달아… 소달아… 어디 있노?

방에서 벽순이가 고개를 내민다.

벽순 얼아들 다 나가고 없어예 와 그러십니꺼?
판돌 오동나무를 도둑맞았구마.
벽순 야? 오 오동나무를?

벽순이가 황급히 나온다.

벽순 얼마나예?
판돌 열 댓 구루 그것도 쭉쭉 곧고 굵은 놈만 골라서…
벽순 누가 그랬지예?
판돌 뻔한 일 아이가 안가 그놈의 자슥이제.
벽순 안서방이? 그 그럴 리가…

판돌 나무 벤 자리를 보니까네 예사 솜씨가 아닌기라. 이거 정말 환장하겠구마 향교나 유림회에서 알게되믄… 황보 나으리며 홍진사한테 무슨 면목으로 얼굴을 대하는가 말이다.

판돌은 서성거린다.
주먹을 쥐고 부들부들 떤다.

벽순 (위로하듯) 안서방이 우리하고 무신 원수진 기 있다꼬… 이래 우리를 골탕 먹일 까닭이 뭔교? 그런 말 마소.

판돌 유림회에서 알게 되면 향교지기도 인자 몬해묵게 되었으이… (화가 나서) 그 눔이… 우릴 망치는구마. 이 일을 우짜면 좋노? 잉?

벽순 안서방이 틀림없는교? 혹시 다른…

판돌 어데 가지 말고 여개 있으소 난 가서 도별한 등걸을 처리하고 올테니까네.

판돌이 헛간에서 도끼며 삽을 챙겨 들고 급히 나간다.

벽순 시상에 향교 나무를 베어가는 도둑도 있나… 시상에…

S#29 향교림

판돌이가 베어낸 나무 밑둥치를 파내려고 기를 쓰고 있다.
괭이질을 하다 말고 삽으로 흙을 파낸다.
그리고는 밑둥치를 뽑아내려고 안간힘 쓰나 힘겨웁다.
그의 이마에 땀이 비오듯한다.

S#30 판돌이 집 대달의 방

방이라기보다는 헛간이다.

향교 수리에 필요한 연장이며 판자, 지우산, 기왓장 등 잡동사니가 어지럽게 차있다.

대달이 멍석 위에 요를 깐 채 앉아서 깨진 손거울을 놓고 이마의 상처가 아문 딱지를 떼고 있다.

웃옷을 벗었다.

굵고 살면서도 살찐게 병적이다.

벽순이 얼굴이 거울 속에 나타난다.

대달은 여전히 딱지를 조심스럽게 떼고 있다.

벽순 대달아, 아부지헌테 가보래이.

대달 …

벽순 누가 향교림 오동나무를 베어갔다카잖나 잉?

대달 (들은 척도 안한다)

벽순 (화를 내며) 넌 걱정도 안되나? 네 나이가 지금 몇 살이고…

대달 (남의 얘기하듯) 내가 간다코 오동나무가 새로 돋아난답데까?

벽순 뭐라꼬?

대달 나하고 향교림하고 무신 상관인기요? 난 모르겠다카이.

대달이 벌떡 누우며 이불을 머리까지 뒤집어 쓴다.

벽순 에그… 저… 저…

무슨 애기를 하려다 말고 입술을 깨문다.

S#31 향교림

판돌이가 웃옷을 벗어 버린 채 나무 밑둥을 파고 있다.

등에서 김이 모락모락 피어오른다.

저만치 벽순이가 낫을 들고 온다.

판돌 와 나왔노?

벽순 사방관리소에 안 알려도 괘않겠는교? 도벌 당했다고 신고 안할랍니꺼?

판돌, 일손을 놓고 땀을 씻는다.

먼산을 바라보면서 한숨을 몰아쉰다.

판돌 며칠 동안만 아뭇소리 맙시더. 황보 어른이 아시게 되문 큰벼락이 날끼라 그라고 그 까다로운 홍진사가 알게 되문 당장에 향교 거기 자리 내놓으라 할낀데 아 어떤 놈의 자슥이 이 짓을 했는지…

두 사람은 마른 풀밭에 앉는다.

벽순이 버려진 생나무 가지를 집는다.

벽순 (마음의 소리) 아무리 생각해도 영감 말대로제 누구겠능교? 뻔한 기라요. 그렇다고 증거가 없는 일이니 대놓고 말할 수도 없고예 옳제 이러고 있을게 아니제.

벽순이 벌떡 일어난다.

판돌 와 내려갈라꼬.

벽순 다녀올 데가 있어서예. 일찍 끝내고 오시이소.

벽순이 급히 산을 내려간다.

판돌이 피식 실소를 한다.

판돌 곧 갈라카던 올라오지나 말지 무슨 변덕이고.

S#32 논두렁

벽순이가 무명치마에서 바람소리가 나도록 황급히 가고 있다.

S#33 안목수의 집

안목수가 뜰에서 재목에 대패질을 하고 있다.

한쪽에 재재한 널빤지가 제법 널려있다.

대패에서 대패밥이 나오는 게 무슨 요술처럼 보인다.

안목수가 인기척에 일손을 놓고 고개를 든다.

저만치 벽순이가 서 있다.

안목수가 당황하다 말고 부러 호들갑을 떤다.

안목수 장모가 믄 일로 여기까지 오셨습니꺼? 예? 헛허 가난한 사위살림 보태주실라꼬예? 헛허 자 들어오시이소. (방을 향해) 보레이 장모님 오셨다카이 잉?

벽순이가 널빤지를 눈여겨보며 방문 가까이 오자 방문이 열리며 영달이가 자다가 일어났는지 부스스한 머리며 채 뜨이지 않은 눈이 게으름뱅이 같다.

벽순 영달아.

영달 아이구메야 엄마가 왔네. 우짠일로.

벽순 에미가 딸네집 오면 안되나.

안목수 아모 아모 그래도 딸은 딸이요 사위는 사윈기라 헛허.

안목수가 수건으로 먼지를 털고 저만치 걸린 웃옷을 입는다. 그러나 그의 눈짓은 매우 초조하고 불안하다.

안목수 장모님이요. 내 볼일 있어 퍼뜩 다녀올테니까네 쉬어가시이소.

영달 어딜예?

안목수 (매섭게) 늬가 알건 없다. 장모님 저녁 잡수시고 하룻밤 주무시고 가시이소. 가난한 사위지만 그만한 대접은 할 수 있어예. (영달에게) 퍼뜩 밥 앉히고 닭 한 마리 구해다가 모가지 비틀거레이. 장모님 그럼 댕기오겠구마요.

안목수는 숨을 쫓기는 사람 마냥 씩씩거리며 나간다. 벽순은 아까부터 그 거동을 주시한다.

영달 엄마 방으로 들어갑시더.

벽순 (넌 듯이) 요새 무신 일 없었나.

영달 야?

벽순 안서방 말이다 저래 재목이 많이 있는게 포좀 들어왔나보제. 잉? 들리는 말로는 요새 느그들 행핀이 피인다카길래 마음 속으로는 얼매나 대견한지 모르겠더라. 늬가 맏이니까네 네가 잘 살아야 대달이 순달이 인달이도 잘 될게 아이가? 그체?

벽순의 간곡한 말투에 영달은 어떤 죄책감에 저절로 풀이 죽고 눈길을 내리깐다.

벽순 영달아 너는 알고 있제? 잉? 무신 일이 있었는지… 나는 사실을 알고 싶어 온기라. 내 여개 온 건 느그들한테 욕할라는기 아이다 나는 그런.

영달 엄마.

영달의 눈에 이슬이 고여 있다.

영달 속 많이 상했지? 그랬을끼라 아부지도 여북할라고 내 속이 이래 아픈데…

벽순 그럼? 그게 사실이가? 안서방이 오동나무를?

영달이 고개를 푹 숙인다.

벽순 그래 안서방은 뭐라카드노? 그 많은 나무를 어데다 쓸라고 그랬노.

영달 (변명하듯) 다 쓰려고 벤게 아니고에 몇 개만 쓰고 나머지는 죄다 팔았다 카더라.

벽순 (경악) 팔아? 스물네 그루나?

영달 엄마 내가 대신 빌테니까네 그만 두소.

벽순 너는 가만 있었나.

영달 와 가만 있습니꺼? 허지만 안서방도 못할 짓을 했다고 뉘우치면서도 안할 수 없었는기라. 무신 그런 말 못할 내막이 있는 거 같드라.

벽순 말 못할 내막?

영달 엄마만 알고 있그레이.

벽순 무신 일이고.

영달 오동나무만 베어 주면 소랫골 임야를 대부해 주겠다고 언약한 모양이더라.

벽순 소랫골 임야를? 아니 그래 넓은 임야를 우째 쉽게.

영달 안서방 솜씨가 보통이 아니라서 살림살이 가구를 만들어 달라고 부탁한 모양이라요.

벽순 그게 누구고?

영달 엄마만 알고 있거레이. (나즈막하나 강조해) 군수하고 경찰서장이라 카더라.

벽순 잉?

영달 그라고 지금 큰 일이 벌어지고 있는기라.

벽순 무신 일인데.

영달 군수하고 경찰서장이 자기 공을 내세울라고 읍내 안에다 큼직한 신사를 지은다 카드라.

벽순 신사? 그게 뭔데?

영달 일본 무신 귀신 모시는 사당 아이가? 그라이 신사 짓는 공사를 안서방한테 맡겨 준다는 조건으로.

벽순 오동나무를 뇌물로 바쳤다 이거제?

영달 그 공사만 맡게 되문 우리도 살질은 잡는데 안서방인들 와 탐이 안나겠입니꺼?

벽순 읍내에 신사를 세운다? 신사를?

S#34 향교

판돌이가 비로 마당을 쓸고 있다.

저 아래에서 홍진사 급히 층계를 올라오고 있다.

마음이 뜨끔해진다.

판돌 (마음의 소리) 조피골 홍진사께서 우짠 일로 나오시제 삼십리길을 이 아침에… 무슨 일이꼬.

홍진사가 문묘 안으로 들어선다.

판돌이가 허리를 굽힌다.

비를 치운다.

홍진사의 매서운 눈초리가 판돌이의 등을 내려다본다.

홍진사 자네 요새 무신 소문 못 들었는가.

판돌이 반사적으로 고개를 든다.

홍진사 오동나무 여러 그루가 읍내거리에 나와 있다카던데 여개꺼는 아니제 잉?

판돌 예? 그 그 오동나무는 여개 향교 말고도 객사 쪽에도 있는 것 같십니더 예.

홍진사 객사? 그럼 내가 한번 점검을 해보까 여기에 몇 그루가 있는지 자네는 알고 있겠제?

판돌 예? 예 지난 여름 바람에 넘어진기 몇 개 있십더.

홍진사 그걸 뺀 숫자가 모두 삼백 마흔 싯인걸로 아는데 틀림없나.

판돌 예? 예 아닙니더 삼백서른넷 입니더.

홍진사 그래? 그럼 자네와 함께 가서 세어 볼까?

판돌 예.

홍진사 (태도가 경직되며) 우째된 조화인교? 내가 이미 다 알고서 여기

왔는데 와 능청을 떠는가 말이다. 내 이 일은 황보 어른과 상의하겠네만 이런 일은 만고에 없었던 일 인기라 향교림에 도벌을 당하다니.

판돌 나아리.

홍진사 종내는 황보 어른이 알고 말낀데 그렇게 되믄 천베락만베락이 떨어질 텐데 자네는 우짤라고.

판돌 나아리.

판돌이 땅바닥에 덥석 무릎을 꿇고 용서를 빈다.

판돌 한번만 용서하시이소. 황보 어른과 유림들에게는 제발 이 일을 알리지 마시이소 예?

홍진사 언제고 다 알게 되는기라. 감히 문묘 안의 나무를 찍다니.

판돌 황보 어른께서 아시게 되면 소인은?

홍진사 여러 소리 할 것 없다이. 향교 일에 관해서는 황보 어른이 알아서 처리하실끼니까. 나는 그저 말씀 올리기로만 할기다 에헴.

판돌 나아리 제발…

판돌이 벌떡 일어나 매달리려고 하나 홍진사는 바람을 일으키며 돌층계를 총총히 내려간다.

판돌은 넋 나간 사람처럼 멍하니 서 있다.

머릿속에 떠오르는 환상들.

성화가 난 황보.

윽박지르는 황보.

통곡하는 황보.

다음 순간 판돌이 돌층계를 헛딛고 굴러 떨어진다.

S#35 처형장(회상)

군중들이 모여있다.

그 가운데 포박 당한 죄수들(동학도)이 앉아있다.

망나니가 차례로 죄수의 목을 친다.

그럴 때마다 군중들이 통곡과 도열을 뱉는다.

그 가운데 젊은 날의 판돌과 장옷을 쓴 벽순이 보인다.

망나니가 다음 차례로 간다.

포박 당한 최봉익이다.

이마에서 피가 흘러내린다.

그는 눈을 지그시 감는다.

벽순이가 안타깝게 흐느낀다.

판돌이가 위로하듯 그녀의 어깨를 쥔다.

망나니가 서너 번 돌더니 칼을 내리친다.

벽순이 비명을 지른다.

벽순 으악.

판돌 (절규하듯) 나아리 나아리.

S#36 판돌의 집 안방

잠자리에 있는 판돌이가 악몽에서 깨어나지 못하고 몸부림친다.

인달이가 흔들어 깨운다.

인달 아부지… 아부지 와 이러십니꺼?

판돌 응? 응?

판돌이 눈을 크게 뜬다.

이마에 땀방울이 송글송글 맺혔다.

인달이 수건으로 땀을 씻어 준다.

판돌이 길게 숨을 몰아쉬고는 다시 눈을 지그시 감는다.

눈꼬리에서 눈물이 주르륵 흘러내린다.

인달 큰일 날뻔 했어예. 큰오빠가 마침 지나가다가 쓰러져 있는 아부지를 보고서… 업고 왔으니까네 이만했지…

판돌 엄마는… 어디… 갔나?

인달 미음 쑤고 있어예… 오시락칼까예?

판돌 아 아니다…

판돌이가 새삼스럽게 인달의 얼굴을 뚫어지게 쳐다본다.

인달 와 그래 보십니꺼? 흠… 아부지도 참… 우습데이…

판돌이 인달의 새끼 손가락을 쥔다.

다음에 약손가락을 차례로 꼭 쥔다.

인달은 이상한 느낌이 든다.

인달 아부지?

판돌 엄마한테… 무신 이바구 못 들었나?

인달 야? 무신…

판돌 황보 사또께서 너를 일본 동경으로 유학 시켜주겠다카는…

인달이 빙그레 웃는 게 알고 있는 눈치 같다.

판돌 넌… 엄마가 뭐라케도 곧이 듣지 말거라이… 황보 사또께서 보살펴 주신 다카이 그래 따르는기라… 잉? 너만이라도… 편히 살아야제 안그렇나? (천정을 보며 긴 한숨을 내뿜는다) 이게 사람 사는 꼴인가 말이다.

벽순이가 미음그릇과 순갈을 들고 들어온다.

벽순 사람 사는 게 다 그렇제… 몸 성하면 잘 사는 날 있는기라요… 자 일어나서 미음 좀 드시이소. 차좁쌀이 쪼메 남아있어서 미음 쑤었습니더…

인달 아부지는 너무 허기져서 심이 없어 쓰러진기라…

벽순이가 억지로 판돌을 부축하여 일어나 앉힌다.

인달 그럼 난 학교에 다녀올랍니더 강 선생님이 보자카이…

벽순 그래라.

인달 아부지 어서 일어나셔야지예.

판돌이가 고개만 끄덕거린다.

인달이가 일어나 나간다.

판돌이가 뚫어지라 바라본다.

그리고는 혼자 소리처럼 불쑥 말을 내뿜는다.

판돌 인달… 아가씨가… 우리 인달 아가씨가 억시기 외롭구마요.

벽순 (귀가 번쩍 해서) 뭐라꼬예? 아가씨라니.

판돌 지발 인달 아가씨 한테만은 모든 걸 밝히 주이소.

벽순 지금 무신 이바구를?

판돌 곁에서 이대로 버티고 산다능기 큰 죄를 짓는 기 아이겠입니껴.

벽순 야?

판돌 마님… 이 몹쓸 놈을… 용서하시오. 이때까지 살아온 이 짐승같은 놈의 죄를… 우째야 면할지… 모리겠입니더… 마님… 인자 더는… 그렇게는… 못살겠입니더…

벽순은 눈물을 참으려고 어금니를 작신작신 깨민다.

판돌 천한 종놈이… 우째 마님의… 지아비 노릇을 하며… 아가씨, 도련님의 애비 노릇을… 더 하겠입니꺼? 더는 못하겠심니더… 마님 차라리 소인 보고 혓바닥을 깨밀고 죽어 뿌리라카이소. 죽는게 편하고… 낫심더예… 윽… 윽.

판돌이 머리를 방바닥에 처박고 흐느낀다.
벽순은 필사적으로 울음을 짓이겨 버린다.
무섭게 노려보며 추상같이 말을 던진다.

벽순 시방 그런 이바구를 깨놔서 득이 될게 뭐가 있능교?

판돌 진작 깻뿌야 되는긴데… 마님… 안즉까지도 상놈 상년 행세를 사서 할라캅니껴… 양반은 양반으로 살아가고 상놈은 상놈으로 행세하는게 순리인기라요 마님.

벽순 (누그러지며) 우리는 앞을 보고 살지 울로 보고는 못사누마. 우리 자슥들은 다 지 앞을 보고 잘 살아갈끼구만. (차츰 엄해지며) 그란데 난데없이 양반은 와 찾는가 말이제 양반이 입을 살찌게 합니까? 양반이 사람을 만든다캅데까? 난 마님도 아니고 양반도 아니구마.

판돌 마님.

벽순 영감이 그렇듯이 내 역시 영감하고 한솥의 밥 묵고 서로 의지하고 살피며 살아왔는데 와이카능교? 우린 지난날을 잊어뿌린지 오랜 잇날 아인교? 나는 영달이도 내달이도 내가 낳은 자슥과 꼭 같이 키웠고 그들이 커서 지 앞길을 잘 가고 있는데 새삼스럽게 양반은 뭔기요? 중요한 건 재물도 아니고 벼슬도 아닌기라요. 우리들이 갈치고 키운 정신이구마.

판돌 아닙니더. 마님… 인달 아가씨는 좋은 집안을 택해야 합니더. 소인의 더러분 새끼들 보시이소 영달이넌 하며 대달이 하며 역시 쌍놈은 쌍놈인기라요 그 꼬라지 때문에 마님까지 이래 고생 아닙니껴?

벽순 그 자슥들도 다 우리 자슥놈이 아인기요? 내 자슥도 영감 눈밖에 벗어나는 꼬라지는 매일 반이라요.

판돌 아이라예. 마님은 돌아가신 뒤에도 마님이고 상놈은 황천에 가도 종놈입니더.

벽순 전에는 입도 안 떼던 영감이 요새 와서는 백지 헛말만 하는구마 영감… 잠자코 삽시더… 죽을 때까지 자슥들이 혼란에 안 빠지게 잘 타일러 갈칩시더.

판돌 허지만 인달 아가씨만은 학정골 황보 어른 댁으로 보냅시더.

벽순 뭐라꼬?

판돌 인달 아가씨는 고생질에서 면하도록 합시더.

벽순 (단호하게) 이대로 그양 살면 되는구마?

판돌 아닙니더 마님.

벽순 지금까지 우리는 이웃이나 자슥들 앞에서 내외로 살아왔으이 그대로 사는 기요… 아무런 눈치 안채고 살다보면 보람도 있을끼

라. 자 미음이나 들소.

판돌 마님, 마님.

판돌이 벽순의 치맛자락을 쥐어 짜며 흐느낀다.

지긋이 눈을 감고 있는 벽순의 뺨에 비로소 눈물이 흘러내린다.

S#37 강가

인달이가 뚝길 양지 쪽에 앉아서 편지를 읽고 있다.

수줍음과 가슴 설레임이 역력하다.

처음으로 시선을 돌린다.

사각모를 쓴 황보용의 환상.

S#38 황보관 집 마당

섬돌 위에 많은 신발이 보인다.

S#39 동 방안

황보관과 홍진사를 비롯하여 젊은 유림 회원들이 모여 앉아있다.

자못 심각한 표정들이다.

황보 (한숨) 모든 게 다 기울어가고 있고마 신사가 들어서고… 장안에서는 만세 사건이 터지고…

홍진사 그렇다고 수수방관만 하고 있을 수 있겠습니꺼?

청년 1 그렇십니더. 무슨 일을 해서라도 신사를 못 짓게 해야합니더.

황보 무엇으로 막는가 말이제.

청년 1 들리는 말로는 천망대 명당 자리에다 신사를 짓는다카는데… 우리 유림들이 일어서서 막아야합니더.

청년 2 옳습니더… 온 읍내가 뭉쳐서 안 되는 일 있겠습니껴?

홍진사 내일이라도 유림회 확대회의를 여는 게 어떻겠습니까?

황보 회의를 열어서 막을 수 있는 일이면야 백번도 엽시더. 허지만도 도청이나 경찰이 나서는 마당에 우리가 우째 그걸 막는다 말이오.

홍진사 그라모 사또 어른께서는 가만 앉아서 귀경만 하시겠다 말입니껴?

황보 아… 이 일을 우째하면 좋노.

홍진사 그 향교지기 송서방의 사위인 안목수가 신사 짓는 일 도급을 맡았카이 그게 사실인기요?

황보 나도 소문만 들었지…

청년 3 틀림 없다캅니더. 그 안가놈이 읍내 술집에서 마구 돈을 뿌리고 다닌다카던데예.

청년 1 그 자가 누구 힘을 믿고 그러는지도 모르겠데이.

청년 2 경찰서장한테도 왕래하더라카고… 또 군수집에서 나온 걸 봤다고 하데요.

홍진사 음… 그럼 그 안가놈부터 붙잡아 따져야겠구마.

청년 3 그 자를 만나보기가 힘들가캅데더…

황보 여하턴 유림회를 모아보도록 합시더.

홍진사 예.

S#40 안목수 집 방문 앞

영달이가 부엌에서 물그릇을 들고 나오다가 방에서 흘러나오는 이야기를 엿듣는다.

인달의 흥분된 어조와 유들유들한 안목수의 목소리다.

S#41 동 방안

안 목수는 궐련을 꼬나물고 있다.

술이 거나한지 눈이 몽롱하다.

안목수 큰 죄? 내가 죄를 지이요?

인달 와 죄가 안됩니꺼? 형부는 향교를 우째 봅니꺼 예?

안목수 그기사 공자 맹자님 모시는 문묘가 있는 곳 아닌교?

인달 향교는 누구도 함부로 못 다칩니더.

안목수 돈을 벌라카마 무슨 일인들 못하겠나 향교가 뉘집 후원이 되기나 말기나 위패가 정지간의 도마가 되기나 말기나 내 한몸 잘살마 고만이지 무신 소용 있노? 처제는 그게 뭐가 나쁘다키노? 흐흐.

인달 형부는 참말로 무서운 사람이네요 허지만도 앞으로 향교 물건을 한 쪼개이라도 다친다카마 그때는 칼을 들고 설치겠십니더.

안목수 나한테 칼을? 헛허…

인달 명심하이소 지금 마을 사람들이 우째 벼르고 있는지 아십니껴? 칼침 맞습니데이…

안목수 도대체 내한테 칼침을 놀 까닭이 뭐고? 흥? 어데 누가 이기나 해 볼란교?

인달 해 보입시더.

안목수 참말?

인달 만약에 신사라는거이 향교 기운을 누른다카마 (격해서) 신사에 모가지를 매달아서라도 기어이 막고 말 낍니더.

S#42 동 방문 앞

크게 놀라는 영달의 얼굴.

손에 들고 있는 물대접이 가늘게 물결친다.

인달 (격한 소리) 알겠는교? 신사에 모가지를 매달아서라도 막을낍니더.

인달이가 방문을 열고 나온다.

영달이가 무슨 얘기를 하려는데 그대로 휑 나가버린다.

S#43 산 위

울창한 산줄기가 내려다보이는 곳에 판돌이가 지팡이를 짚고 서 있다.

그는 착잡한 표정으로 산을 내려다보고 있다.

판돌 (마음 소리) 사오백년간 향교와 더불어 이 고장을 지켜온 천망대를 그놈들이 탐내지 말라는 법도 없는기라 향교림 나무를 목재로 쓰지 말라는 법도 없는기라 허지만 참말로 안서방이 천방대 일대를 신사 부지로 정하자고 제안했을까 삼월 초순께 공사가 시작된다카던데 우째 아무 소식이 없는지 모르겠데이 그런데 와 하필이면 천망대로 정했제? 그라고 안서방한테 소랫골 임야를 넘겨준다카는 소리는 또 뭐고 아 뭐가 뭔지 모르겠데이 모르겠데이.

짚고 있던 지팡이로 땅을 쿡쿡 마구 찌른다.

S#44 판돌의 집

판돌이가 힘없이 뜰에 들어선다.

부엌에서 벽순이가 바가지를 들고 나오다가 황급히 다가온다.

벽순 영감 어디 갔다오능기요.

판돌 바람 좀 쏘이려고.

벽순 큰일 났구메이.

판돌 잉?

벽순 아까 경찰서에서 사람이 나왔는디 영감보고 들어오라카데예.

판돌 나를? 경찰서에서? 무신 일로?

벽순 잘은 모르겠고… 무신 일이 벌어진 모양이구마 우짜면 좋은교?

판돌 무신 일이 이곳에서도 일어난 모양이구마.

벽순 무신 일이라카이?

판돌 경성서 만세소동이 터져 야단이라카데.

벽순 그게 영감하고 무신 상관있는기요? 경찰서에서는 갈랑기요?

판돌 음 오라카이 가야제. (허무하게) 우리사 이날 이때까지 오라카믄 가고 가라카문 오고. 그래 살아나왔는기라. 빙신처럼 눌려살고 등심처럼 찢겨살고.

판돌이가 나간다.

벽순 혼자 갈랑기요?

판돌 (씨익 웃으며) 함께 오라고 하던교?

S#45 경찰서 취조실

순사 앞에서 취조를 받고 있는 판돌.

용수를 쓴 죄수가 순사에게 이끌려 나가는 모양을 신기한 듯 판돌이 멍청하게 쳐다보고 있다.

순사가 조서를 꾸미고 있다.

순사 (추궁하듯) 그래서? 어딜 보고 있는게야.

판돌 예? 예.

순사 지금까지 도벌은 몇 번 했어?

판돌 제가 도벌이예? (웃으며) 그런 일 없입니더.

순사 없어?

판돌 향교지기가 우째 도벌을 합니꺼? 없입니더 흠…

순사 늙은 게 아직도 정신이 덜 들었구먼 늙었다고 잘 봐주니까 웃어? 증거가 있고 사방 관리 사무소에서 도벌죄로 고발이 되었는데도 시침을 딱 떼? 넌 당장 감옥소를 보내야 해.

판돌 가, 감옥이에?

순사 그러니 순순히 자백해야 돼. 자 처음부터 다시 말해봐.

순사가 조서를 편다.

이때 서장실 문이 열리며 서너사람이 나온다.

그 가운데 안목수가 끼어있다.

두 사람의 시선이 마주친다.

판돌이가 아는 척 하려다가 주위를 살핀다.

안목수가 다가온다.

안목수 (낮은 소리로) 너무 걱정 마소.

판돌 자네는 어 언제.

안목수가 고개를 흔들며 나간다.

S#46 경찰서 앞

벽순이와 인달이가 불안하게 서성거리고 있다.

정복 차림의 장사공이 자전거에서 내린다.

장사공 (과장하며) 웬일로 여길… 이런 델 오는 게 아닌데…

인달은 외면을 한다.

벽순은 코가 땅에 닿게 절을 한다.

벽순 나으리 우째된 일입니꺼? 우리 영감이 무슨 죄를 지었기에.

장사공 너무 걱정할 것 없어 잘 될 테니까.

벽순 정말 잘 되겠입니꺼?

장사공 길고 짧고는 대봐야 알지 내게 맡겨봐 훗흐.

장사공이 경찰서 안으로 들어간다.

벽순은 더 불안해지고 인달은 모멸감에 분이 터질 지경이다.

S#47 앵비집 앞

초저녁이다.

장사공이 판돌을 데리고 들어간다.

판돌은 어리둥절해진다.

S#48 동 정원과 마루

객실에서 잡가 소리가 흘러나온다.

장사공과 판돌이 들어선다.

안방에서 앵비가 곱게 단장하고 나온다.

깜찍하면서도 요기가 도는 20대 초반의 여인이다.

앵비 (코소리) 웬일이세용? 초저녁부터…

장사공 한낮부터가 아니어서 다행이구나 헛허.

앵비 아이 짓궂어라 홋호.

장사공이 앵비의 엉뎅이를 탁 친다.

앵비 (엄살부리며) 아얏 안아주질 못할망정 앞발질이셔.

장사공 염려말아. (귀에 대고) 오늘밤은 장기질까지 할테니 헛허 손님 모셔야지.

판돌을 눈으로 가리킨다.

앵비 예. (판돌에게) 영감님 올라오셔요. 여기서는 마음 푹 터놓고 마음대로 마시고 노세요 예쁜 아가씨 들어보낼까요?

장사공 술상부터 들여보내야지!

앵비 예 예. (안을 향해) 얘들아 술상 한상 잘 차려라.

S#49 명륜당 앞

밤이다.

젊은 유림회원 십 여명 은밀히 회의를 하고 있다.

그 가운데 홍진사도 보인다.

자못 심각한 표정들이다.

S#50 황보의 집 안방

촛대에 초가 타 들어가고 있다.

황보가 저녁상을 받고 있다.

부인 유 씨가 놋그릇 뚜껑에 술을 따라준다.

황보의 표정은 어둡다.

술을 마시고는 입맛을 쩍쩍 다신다.

황보 (혼자 소리처럼) 그럴 수가… 세상에 그런.

유씨 무신 일인데 그래 근심인교?

황보 하늘처럼 믿었던 인간들이 그래 손바닥 뒤집듯이 변하다니 에잇.

술잔을 내민다.
부인이 또 따른다.

유씨 뉘기 말씀인기요?

황보 (잔을 비우고는) 장치운과 이형래가 변절한기라… 왜놈들한테 매수를 당했는기라.

유씨 예? 왜요?

황보 유림회 확대회의를 열자고 기별을 했는데도 끝내 안 나타났으이 즈그들만 호의호식 할라꼬? 백성은 죽어가고 향교는 무너지고 천망대에 일본 신사가 들어선다카는데도 모르는 척 하는 쓰레기 인간들.

다시 술잔을 내민다.

유씨 그만 두시고 진지나 드시이소.

황보 이럴 때 술 안 마시고 언제…

술잔을 쑥 내민다.
유 씨가 술을 따른다.

황보 만사가 끝이 난기라 말세라 말세.

단숨에 술잔을 기울인다.

하얀 수염이 잔물결 친다.

S#51 앵비집 안방

판돌과 장사공이 술상을 받고 있다.

장사공 옆에 앵비가 비스듬히 앉아있다.

장사공의 한손은 앵비의 치마 밑을 더듬고 있고 한손에는 술잔을 들었다.

장사공 (유들유들하게) 판돌인 고생하고 싶은가? 아니면 이대로 호사를 하고 싶은가?

판돌 ?

장사공 사위 하나는 똑똑한 놈 두었더군.

판돌 예?

장사공 쓸개 빠진 녀석 언제는 자기가 손수 나서서 신사를 건립하겠다고 주장하더니만 갑자기 못하겠다고 발뺌을 하니 누군들 가만있겠어.

판돌 무신 말씀입니꺼? 나으리요?

장사공 뭐 집안 식구들한테 칼침을 맞게 되었다더군. 판돌이 자네가 그랬나?

판돌 어데예.

장사공 자네 같으면 안목수를 그대로 내버려 두겠나 잡아 족치겠나?

앵비 아이 재미없다 이바구는 나중에 하고 술들 드세요 저도 한잔 주시고요.

장사공 앵비야 우리 할 애기가 있으니 자리 좀 비껴줘야겠어.

앵비 제가 있음 안 되는가요?

장사공 나가 있으래두.

앵비 알았어예.

앵비가 뾰로통해서 나간다.

장사공 이것봐 판돌이 난 판돌을 돕겠어 안목수가 대신 자네를 집어 넣었지만 나는 자네 자식이 저지른 짓을 돕겠다 이거야.

판돌 안서방이 나를?

장사공 안목수가 우뚝 나온 성질에 평생 소원이라던 신사를 못짓겠다면서 장소 교섭과 재목 책임을 안 지겠다고 버티다가 실수를 한 게야 일인즉은.

판돌 왜요? 와 못한답니꺼?

장사공 그러니 일은 일대로 몰리고 고생은 고생대로 하고 흥 사람이 왜 그래 우직한지 원, 흣흐.

판돌 나는 뭐가 뭔지 도무지…

술을 마신다.

장사공 내가 왜 자네를 도우려는지 납득이 안가나? 그대신 한 가지 방법이 있네? 자네가 평생 편히 살아갈…

판돌 뭔고?

장사공 풀려 나가는 대로 술집을 해봐 이 앵비집처럼.

판돌 술집이예?

장사공 이 집 한 달 수입이 엄청나지 그게 다 내 덕이거던 흣흐.

판돌 난 못합니더 그런 힘도 없고 욕심도 없고예.

장사공 왜 없어? 인달이가 있잖은가.

판돌 인달?

장사공 개가 장사를 하면 잘 될걸 하루 쌀 한섬 값은 너끈히 올리고도 남지 어때? 그럴 생각 없나.

판돌이가 술잔을 들어 단숨에 마신다.

판돌 (마음의 소리) 네놈이 노린건… 결국 인달이었구나 세상에 죽일놈.

이때 밖에서 함성 소리가 멀리서 들려온다.

차츰 가까워진다.

장사공 이게 무슨 소리냐? 응?

벌떡 일어나 문을 연다.

함성 소리가 만세소리로 변한다.

앵비며 작부들이 우루루 몰려든다.

앵비 만세라카네예.

장사공 음.

소리는 아우성과 난동소리로 변해간다.

S#52 황보의 집 안방

황보와 유 씨가 군중소리에 귀를 기울인다.

S#53 장터

한 무리의 군중들이 만세를 부르며 뛰어간다.

손에는 횃불과 태극기를 들었다.

S#54 판돌의 집 뜰

벽순, 인달, 대달 그리고 이웃들이 모여서 만세소리를 듣고 있다.

벽순 무신소리고?

인달 보통학교 쪽인데예.

대달 나도 가볼란다.

벽순 안 된다. 가지 말기라.

대달 싫다 간다.

대달이 뛰어 나간다.

인달 오빠, 오빠야…

함성이 더 고조되어간다.

S#55 다른 공터

전보다 더 많은 군중이 모여 시위를 하고 있다.

멀리서 총소리가 들리고 호각소리가 들려온다.

S#56 다른 길

기마대가 달려간다.

S#57 황보의 집 사랑

아침햇살이 비껴간다.
황보와 홍진사를 위시하여 유림회원들이 마루까지 미어지게 모여 있다.
흥분과 살기가 감도는 분위기이다.

황보 경성에서 일어난 불길이 기어코 여기까지 밀려왔으이 큰일이구마는… 홍진사 생각은 어떤기요?

홍진사 이대로는 못 참십니더 그냥 눈뜨고 참을 일이 아닙니더.

청년 1 그렇습니더 이래 죽으나 저래 죽으나 매한가지라예.

청년 2 사또어른 맥없이 남사시럽게 사느니 차라리 깨끗하게 죽는기라요.

황보 죽어?

청년 3 그놈들이 향교를 뼈다구 채로 집어 삼키라카는 심사입니더. 신사를 짓는다카는 건 우리 조선 사람을 깔뭉기자키는기 아니고 뭐잉기요?

여기저기서 호응하는 소리가 일어난다.

홍진사 안되겠입니더 모가지가 달아나고 삼족이 멸한다케도 그양 못참겠습니더.

황보 아까부터 매양 같은 소리만 되풀이하고 있구마 실질적으로 무얼 어떻게 하자카는 방안을 말하이소 잉?

장내가 다시 술렁인다.

황보 만세 소리가 우리 고을까지 번졌으이까네 이는 예사일이 아인기라 경찰서며 헌병대가 가만 안 있을테니까네.

홍진사 사또어른, 위선 그 송가놈부터 닦달을 냅시더.

황보 송가라니? 판돌이말인교?

홍진사 네, 그 사위라카는 안목수칸 모구가 한 한속 한짝이라예. 그란데 안목수는 며칠째 코빼기도 안보이니 그 송판돌이부터 닦달을 내고 빈 몽둥이로라도 일본놈들헌테 덤비겠심더요. (장정들에게) 자네들 생각은 어떻노?

일동 그래합시더.

청년 1 빈손으로라도 나가 대항합시다.

모두들 일제히 일어나 나간다.

황보 (당황하며) 아이된다. 그라믄 아이된다카이.

그러나 모두들 밖으로 나간다.

S#58 황보의 집 정원과 소슬대문

장정들이 대문으로 우루루 밀려 가다가는 다시 뒷걸음쳐 물러선다.

이윽고, 긴칼을 찬 순사와 일본헌병이 들어선다.

모두들 겁에 질려 무너진다.

마루 위에 서 있는 황보관과 홍진사를 보자 헌병이 가까이 간다.

마루 끝에 한쪽 구두발을 걸친다.

헌병 마침들 계셨군 흣흐… 함께 좀 가실까?

헌병이 황보의 옷자락을 잡아끈다.

홍진사가 막아선다.

홍진사 무신 무례한 짓들이고?

헌병 말이 많군. (순사들에게) 이 늙은이를 끌어 내지 않고서 뭘 하고 있어?

순사 두 사람이 홍진사의 덜미를 잡아 끌어내자 홍진사는 맨발로 아랫마당까지 끌려온다.

황보가 분노에 부들부들 떤다.

황보 이 무신…

헌병 도장관 각하께서 두 분을 모셔오라는 분부니 함께 갑시다.

헌병은 새삼스럽게 부동자세를 지으며 경례를 붙인다.

그러나 표정은 비양거리는 빛이 역력하다.

황보 도장관이 무신일로…

헌병 가보시면 아실겝니다 자, 가시죠.

황보 (사이) 좋소, 갑시더 나도 따질 이바구가 있으니까네 내 신.

젊은이가 신을 섬돌 위에 놓는다.

군중들이 술렁인다.

유 씨가 뛰어 나온다.

유씨 영감, 무신 일인고? 네?

황보 조용히들 하거레이 그라고 내 돌아올 때까지 꾹 참고 기다리거

래이. (헌병에게) 갑시더.

황보, 헌병, 홍진사, 순사가 대문 밖으로 나간다.

지금까지 움츠리고만 있었던 군중들이 마치 꺼질 뻔 했던 불씨에다 기름을 부은 꼴로 아우성을 친다.

청년 1 여러분, 읍내로 갑시더.

일동 갑시더.

청년 2 송판돌이가 안목수를 안고 돌았다니 송가놈을 쥑입시더.

일동 좋소.

청년 3 우리도 읍내 나가서 만세를 부릅시더 그리고 신사를 못 짓도록 하고 향교를 지킵시더.

일동은 거의 이성을 잃은 듯 함성을 지르며 대문 밖으로 몰려 나간다.

S#59 명륜당 뜰 앞

대달이가 양지 쪽에 앉아 웃저고리를 벗고 이를 잡고 있다.

바깥 분위기와는 전혀 다른 표정이다.

멀리서 바람소리도 같고 파도소리도 같은 만세 소리가 차츰 밀려온다.

대달이가 무심코 소리 나는 쪽을 내려다본다.

(인서트) 아슬히 개미떼처럼 몰려드는 군중들-

대달이 겁먹은 얼굴로 저고리를 뒤집어쓰며 도망친다.

파도처럼 밀려오는 만세소리.

S#60 판돌의 집

청년1이 벽순의 머리채를 휘어잡은 채 방에서 뜰로 끌어낸다.

한편에서는 가재도구를 마구 부순다.

깨진 항아리에서 간장이 콸콸 흘러나온다.

벽순 무신 일들입니꺼? 죄가 있다카마 대지 않고서 이래 하깁니꺼?

청년 1 향교를 팔아묵고 신사를 짓게 한 놈이 누구고?

청년 2 안가놈을 키운 네년에게 죄가 없다카나?

청년 3 안목수도 늬년들 식구로 모두 불에 꾸어 직일게다.

모두들 벽순에게 발길질을 하고 매질을 한다.

벽순은 비명을 지르기에도 힘이 겨워 기절을 한다.

군중들은 판돌의 집을 때려 부순다.

허름한 지붕이 내려앉으며 흙먼지가 가득찬다.

군중들이 "가자!" 하고 나간다.

(사이)

꽉 끼었던 흙먼지가 서서히 가시며 처참한 광경이 인달, 대달, 판돌의 시야에 들어온다.

슬픔이나 분노의 빛은 없다.

다만 허탈 상태에 빠진 판돌의 얼굴.

인달이가 벽순을 안아 일으킨다.

인달 엄마 엄마 이게 우짠 일인기요? 예? 정신 차리이소.

벽순 (간신히) 괜찮다 난 안 죽는다.

인달 인자 어디 가서 살고오 향교에 더는 발도 못 들이게 되었으이 으-으- 아부지요 이 일을 우짜면 좋습니꺼? 예?

판돌은 눈을 감고 돌처럼 서 있다.

꼭 쥔 주먹만 부들부들 떨린다.

S#61 경찰서 유치장

초만원을 이루고 있는 유치장.

고문을 당한 흔적이 역력하다.

처참하다.

S#62 다른 유치장

판돌이가 구석에 쭈그리고 있다.

그 역시 머리가 헝클어지고 옷에 핏자국이 남아 있다.

S#63 신사 공사터

숲 사이로 신사 지붕이 하늘을 찌를 듯이 솟아있다.

일꾼들이 목도질을 하고 있다.

망치 소리 돌 깨는 정 소리.

S#64 객사 전경

S#65 객사의 한 귀퉁이에 있는 판돌의 집

S#66 동 방안

벽순이가 자리에서 일어나 있다.

인달이와 소달이가 승강이를 벌이고 있다.

소달이 신경질적으로 담배를 피운다.

인달 작은오빠만 살아나면 그만인기오? 아부지도 엄마도 동기간에 눈에 없는 기요? 정말 너무합니더.

소달 나도 니 맘 잘 아는 기라.

인달 말로만 알면 무엇압니꺼 그 난리통에 엄마가 저래 매맞고 집은 헐리고 겨우 여 객사 한 귀퉁이에 빈 칸이 있어 궁둥이만 디밀고 사는데 그래 작은오빠는…

소달 나도 자슥이고 부모형제가 있는데 와 혼자만 살라카겠노 우째 하든지 서기 한자리 딸라고 이래 빌 짓 다하고 살았는 기라.

인달 안 되는 일이믄 농사나 짓제?

소달 농사? 치아라 이 판국에 농사를 지어? 중달 형 못 봤나? 땅 빼앗기고 고리채에 깔리어 북간도로 떠나가는 꼴 못 봤나.

인달 그라모 오빠 혼자만 잘 살랑교? 언제 집에다가 좁싸래기 한 알 보탰는가 말이제?

소달 난 보탤 것도 오구릴 것도 없다. (화를 내며) 가시나가 함부러 쥐둥이 놀리기가? 잉?

벽순 그만 두지 못하겠나 무신 놈의 싸움을 만나마 하제? 어서 경찰서에나 가보거라 내 아부지 언제 나오시는지나 알아보거라.

소달 에그 더러버서 집구석이라고 들어와 봐야 궁둥이 붙일 자리도 없으이.

소달이 벌떡 일어선다.

인달 어디가노?

소달 뭐가 우째 되는지 정신도 못차리겠네 에이 시팔거!

소달이 밖으로 나간다.

S#67 밭두렁

객사가 저 만치 바라보이는 길.

각시가 보자기에 물건 싼 것을 안아 들고 오고 있다.

얼핏 보기에도 시골 술집 색시 차림이다.

S#68 객사 귀퉁이

양지쪽에서 낮잠을 자다가 깨어난 대달이가 각시를 보자 후닥닥 일어나 기둥 뒤로 숨는다.

각시가 앞을 지나간다.

대달의 반쯤 내민 눈빛이 이상스럽게 빛난다.

각시가 귀퉁이 집으로 사라질 때까지 그는 지켜보고 있다.

침을 꿀꺽 삼킨다.

S#69 보통학교 교실

강 선생이 책을 마룻바닥에 내던진다.

인달이가 말없이 줍는다.

강선생 이젠 넌덜머리가 났어 이 읍내도 사또고장도 그리고 학교도.

인달 강 선생님예 그럼 정말 여개를 떠나실랍니꺼.

강선생 그럼 무얼 더 바랄게 있다고 여길 지키나?

인달 허지만 조선의 젊은이들은 신념과 용기를 잃어서는 안 된다고 가르쳐주신 건 바로 강 선생님이었어예.

강선생 보통학교도 머지 않아 자연 폐쇄될 거야. 학생 없는 학교 그게 무슨 의미가 있는가 말이야.

인달 정말로 그래 되겠입니꺼?

강 선생이 절망적으로 유리창에다 이마를 대고 눈을 감는다.

인달 우야꼬!

강선생 군청, 경찰서, 면사무소 모든 게 우리를 잘 살게 하려는게 아니라 찢어가고 앗아가고 쥐어짜가니 누가 학교에 자식을 보낼려고 하겠어. 아- 모든 게 끝장이야. 이 땅에서는 이제 되는 거라고는 없어. 교장도 배신자야 교육을 송두리째 팔아치운.

이때 교장이 들어선다.

인달이 일어나 목례를 한다.

교장 무슨 말버릇이 그래?

강선생 몰라서 물어요? 당신은 분명히 이렇게 말했죠? 자신은 일본 사람이지만 식민주의의 획일적인 정책에는 반대한다고 그리고 민족과 조국을 초월한 이상주의적 교육자라고.

교장 그렇지만 현실이 그걸 안 받아들인걸. 내게는 조국이 있다구 해.

강선생 조국?

교장 더 할 말이 없게 되었고 나로서는.

강선생 비겁한 놈!

교장 뭐라고.

강선생 나는 너만은 믿었다. 그래서 고향을 떠나 이곳까지 따라왔는데… 그런데 신사를 짓기 위하여 학교 실습림을 내줘? 그걸 팔아먹고 학교를 등져? 배신자는 안목수가 아니라 바로 네놈이야.

교장 흥.

강선생 학교를 위해서라면 죽어도 좋다던 그 입에서 스스로 학교를 팔아먹은 이중인격자.

이 말이 떨어지기도 전에 교장이 강 선생의 뺨을 때린다.

두 사람이 엉기어 난투극을 벌인다.

책상이 이리 밀리고 저리 넘어진다.

인달 제발 그만 두시이소 강 선생님이요. 이러지들 마시이소.

저만치 교장의 안경이 떨어지며 박살이 난다.

인달이 절규를 한다.

인달 (밖을 향해) 아무도 없는기요!

S#70 객사 판돌의 방

어두운 방.

벽순과 장사공이 이야기를 하고 있다.

장사공은 사복차림에 궐련을 피어물고 있다.

장사공 그러니 딴 생각일랑 말고 내 말대로 하게.

벽순 (침착하려고 애쓰며) 그런 말씀 마시소. 나아리는 엄연히 마님이 기시는데 우째 그런 이바구를 하십니껴?

장사공 그게 다 자네와 자네 집안을 위하는 길이니까 그렇지 이 사람아 영감이 불쌍하지 않은가? 사위 자식 때문에 붙들린 게. 그리고 내가 가운데 안 끼면 판돌이가 나올 것 같아? 두고 봐 최소한 이년 징역일 테니.

벽순 이년예?

장사공 산림법이 얼마나 무서운 줄 모르는구먼 그리고 정 내 말을 안 들으면 안서방도 신상에 해롭게 될 걸 응?

벽순 허지만 와 하필이면 우리 인달이를 (단정적으로) 몬합니더 나는 사람 팔아묵그는 몬 삽니더.

장사공 그게 왜 팔아먹는건가?

벽순 암만 천하게 살아도 사람 구실은 합니더 고만 돌아가시이소 다시는 그런 이바구를 말아주이소.

장사공 그래? 좋을 대로 해 서방 잃고 사위 잃고 그때 가서 후회일랑 말게 헹!

장사공이 방문을 연다.

S#71 동 방문 앞

엿듣고 있던 인달이가 재빨리 기둥 뒤에 숨는다.

장사공이 나와 구두끈을 매고는 다시 한 번 방쪽을 돌아본다.

장사공 이 읍내에 나만한 사람 또 있는가 다시 한 번 찾아보게.

침을 탁 뱉고 나간다.

저만치서 고개를 내미는 인달.

S#72 앵비 집 안방

장사공이 큰 약주 사발을 벌컥벌컥 마시고 있다.

앵비가 편육을 젓가락으로 집어든 채 기다린다.

장고 치는 소리 가늘게 들려온다.

앵비 왠 약주를 그렇게 연거푸 드셔요? 밖에서 무슨 언짢은 일이라도 있으셨수? 여보!

장사공이 편육을 가로채듯 입에 넣고 씹는다.

앵비 에그 뵈기 싫어. 요즘 왜 그렇게 역정만 내시고 그러세요? 제가 싫어졌어요? 이골이 나시냐구요.

장사공 술!

앵비가 뾰로통해지며 술주전자를 들어 술을 따른다.

장사공 듣자니 안가놈이 여길 드나든다며?

앵비 예? 안가라뇨?

장사공 목수질 하는 안가 신사 건축 공사로 돈이 좀 도니까 마구 뿌린다? 흥! 앞으로 오지 말라고 해!

술을 마신다.

앵비가 시들하게 안주를 집었다 놨다 한다.

앵비 글쎄요 맞돈 주고 술 팔아주는 단골 손님더러 왜 오지 말라고 합니까? 나야 어디까지나….

장사공 (무섭게 쏘아보며) 돈이면 다냐? 그 안가놈이 어딜 건방지게끔…

작부(소리) 언니! 앵비 언니요.

앵비 왜그래? 여기 있어.

방문이 열리며 작부가 고개를 내민다.

작부 (의미 있는 눈짓으로) 삼호실 손님 가신다카네요 새기 나와 보소.

앵비 그래 알았다 여보 나 잠깐!

앵비가 일어서는 순간 앵비의 치마 마장이 찍 찢기어 흘러내린다.

앵비 어머.

장사공의 손이 치맛자락을 누르고 있었던가 보다.

앵비 이걸 어째.

장사공 흣흐… 그러고 나가면 가관이겠다. 헛허… 빨리 돌아와.

앵비 에그 뵈기 싫여 지겨워 지겨워.

앵비가 치맛자락을 홱 감으며 신경질을 낸다.

S#73 복도

안목수가 저만치 입에 이쑤시개를 물고 서 있다.

당꼬바지에 잠바차림이 전보다 때를 벗었다.

노랫소리가 들린다.

앵비가 교태를 보이며 다가간다.

앵비 (콧소리로) 아니 왜 벌써 가셔용.

안목수 팔자에 없는 독수 공방은 싫데이 힛히…

그의 한손이 앵비의 가슴을 더듬는다.

앵비 조금만 기다리시면 된다니깐 응? 안주사 이렇게 떠나시면 나는 어떻게 해 엥? 응?

안목수 내일밤 오구마! 쇠털같이 흔한 날인데 오늘만 날이가 잉?

앵비의 입을 쪽 빤다.

안목수 오늘 술값 얼매제?

앵비 예 아마 일원 오십전 쯤….

안목수 오늘은 외상이데이 다음에 이원 더 얹혀 주며 되제? 힛히…

안목수의 한손은 어느새 앵비의 겨드랑이까지 파고 들었다.

몸을 비비 꼬며 교태부린다.

앵비 홋호… 간지러워요 홋호….

저만치서 장사공이 방문 틈으로 엿보고 있다.

질투에 타고 있는 눈-

S#74 경찰서 유치장

판돌이가 흙벽에 기대어 앉아있다.

찰칵하고 철문 열리는 소리.

장사공이 들어와 선다.

판돌이가 힘 없는 눈을 떠 보인다.

장사공 살고싶나 죽고싶나? 응?

장사공이 판돌 바로 코앞에 쭈그리고 앉는다.

장사공 자네 마누라는 나를 찾아와서 제발 남편 좀 살려달라고 빌던데… 자네 이야기 좀 들어볼까?

판돌 살려 달라고요? 아니 누가 나를 죽인다캤입니꺼?

장사공 모녀가 함께 손이 발이 되게 빌던데 자네는 왜 사정을 안 하지?

판돌 그럴 리가 없입니더 인달이가?

장사공 나는 여기 오는 길에 인달이를 만났지 내일부터 앵비집 주인이 된단 말인세.

판돌 뭐라고예?

장사공 그런데 왜 너는 아직도 그 모양으로 고집을 부리나? 응? 늙어서 노망을 했나?

판돌 그럴 리가 없구마.

장사공 미련한 녀석 내가 왜 여기까지 와서 이런 얘기를 하는지 머리가 안 돌아가? 저러니 평생 가야 종놈 신세지.

판돌 이 시상에 짐승만도 못한 (발작하듯) 안된다 인달아 안돼.

판돌이가 벽에다가 사정 없이 이마를 쥐어박는다.
흡사 짐승같아 장사공이 겁에 질려 피한다.

판돌 윽윽.

판돌의 이마에서 피가 흐른다.

장사공 종놈의 새끼 누구 콧대가 센지 겨뤄 볼까?

판돌의 면상을 발길로 찬다.
판돌 뒤로 쿵하고 넘어진다.

장사공 너 같은 놈은 죽는 게 나아. 죽어 죽어.

장사공이 사정없이 짓밟는다.

S#75 안목수의 집 방

잠자리에 서로 등을 돌리고 누워 있는 안목수와 영달.

멀리서 개가 짓는 소리.

영달 당신… 그날 속이고 있지 예?

안목수 무슨 소리고? 하루종일 일하고 온 사람보고 퍼득 잠이나 자자.

영달 아부지는 와 그 꼴로 만들었는고?

안목수 내가 뭘 어쨌다고?

영달 알고보이 당신은 향교하고 읍내만 팔아 묵은 게 아이라 처가까지 팔아 묵은 기라.

안목수가 벌떡 일어나 앉는다.

안목수 뭐라고 했쌌노?

영달 만나는 사람마다 손가락질하지 우리는 언제 죽을지 모리는 목숨이라카데…

안목수 죽어? 누가 죽인다캤노?

영달 읍내사람이 안 죽인다케도 벼락 맞아 죽을 끼구마.

안목수 이년이 그냥…

영달 (노려보며) 나부터 쥑일라고? 쥑이라 쥑여 이래 죽나 저래 죽나.

안목수가 어이가 없어서 홱 돌아눕는다.

그 서슬에 이불이 한쪽으로 몰리며 영달의 속치마가 드러난다.

영달이 흐느낀다.

영달 우째 장인을 그 꼴로 만들어 놓고 살리려 생각도 않고 이제는 기집년에 빠져서 윽… 이래 살 바엔 차라리 죽는 게 낫지.

안목수 죽어라 그래 죽고 싶으면 죽으란 말이다 헹.

영달 (독이 올라) 죽을란다 죽어도 곱게 안 죽을란다 흑흑.

안목수가 머리까지 이불을 뒤집어 쓴다.

S#76 밭두렁

석양 때 소달이가 축 늘어진 판돌을 업고 황급히 오고 있다.

저만치서 벽순이와 인달이가 뛰어온다.

벽순의 한쪽 짚신이 벗겨진다.

인달 아부지.

벽순 밑도 끝도 없이 이게 우째된 일인고?

소달 다 죽게 되었다고 데려가라카잖나.

벽순 누가?

소달 자형이를 만났제.

인달 형부를?

벽순 영감 정신 차리시이소.

인달 어서 집으로 갑시더.

세 사람이 업힌 판돌에 엉겨붙듯 하며 급히 간다.

S#77 객사 각시의 방

대달이가 기웃거리고 있다.

찢어진 창 사이로 각시가 바느질을 하고 있는 모습이 보인다.

어딘지 을씨년스럽다.

대달의 얼굴에 회심의 미소가 감돈다.

좋아서 어찌할 바를 모른다.

S#78 객사 판돌의 집

판돌을 업은 소달이와 벽순, 인달이가 온다.

벽순 (큰소리로) 대달아 대달아 어디갔나?

소달 우선 방에 자리 좀 펴소.

벽순 응야.

방안으로 들어간다.

S#79 동 방안

벽순이가 자리를 편다.

소달이와 인달이가 판돌을 눕힌다.

판돌은 눈을 멀쩡히 뜨고도 축 늘어진게 의식이 몽롱하다.

세 사람은 슬픔보다는 분노가 더 크다.

벽순 영감 영감…

판돌의 몽롱한 동공과 반쯤 열린 입에서 침이 흘러내린다.

인달 엄마 가서 의원을 불러 올랍니더.

벽순 흑 사람을 이래 만들어 놓고 시상에.

인달이가 뛰어나간다.

소달도 주먹으로 방바닥을 친다.

소달 가난이 죄인기라요 가난이 흑…

S#80 판돌의 집

새벽.

인달과 소달이 아랫방에 자고 있다.

판돌, 벽순 그리고 인달이 안방에 잠들었다.

대달만 눈이 말뚱말뚱하다.

공상에 취해 있다.

밖에서 찢어질 듯한 여자 비명소리가 들려온다.

대달이 벌떡 일어난다.

대달 응? 이게 무신 소리고?

귀를 기울이자 다시 비명소리가 난다.

대달이가 소달을 흔들어 깬다.

대달 소달아 소달아.

소달 응? 음.

대달 무신 소리 안 들렸나?

소달 소리는 무슨.

대달 객사 모퉁이집 아이가…

대달이 무슨 예감이 들었는지 일어나 안방을 지나 밖으로 나간다.

벽순 어디가노? 이밤중에.

인달 큰오빠는 겁도 없나?

벽순 무신 소리가 나긴 났제?

인달 예. 여자 목소리 같았어예.

S#81 객사 각시의 방과 토방

어둡다.

멀리 개가 짖는다.

대달이 조심스럽게 다가간다.

문 대신 거적을 걸어둔 걸 제치고 사람 그림자가 빠져 나간다.

대달이 겁에 질려 숨는다.

잠시 후 대달이 각시방으로 다가간다.

방문이 반쯤 열려있다.

조용하다.

그러나 신음소리가 난다.

대달은 겁이 난다.

망설이다가 방문을 연다.

어지러진 방안에 피투성이가 되어 쓰러져 있는 각시.

대달 잉? 각시가?

대달이 방에 뛰어 들어 각시를 업고 나온다.

S#82 객사 앞

대달 (미친 듯이 외친다) 사람 살리소 사람 살리소 사람이 죽었어예.

S#83 판돌의 집

인달 응? 큰오빠 소리 아잉기요?

벽순 무슨 일이제?

대달(소리) 사람이 죽었어예 사람이…

모두들 뛰어나간다.

S#84 객사 앞

대달이가 각시를 업은 채 갈팡질팡이다.

어디로 갈지 판단이 안 선다.

주민들이 서너명 모여든다.

벽순 무슨 일이고?

대달 각시가 각시가.

이웃 1 어서 의원한테 데려가제 여게 있으면 우짜노?

대달 의원? 의원?

이웃 2 남편은 어디 갔노? 문둥이 남편이라카데.

대달 도망치고 없습네다.

이웃 3 도망쳐? 그라모 그 문둥이가 각시를 죽이고? 에그 무서버라.

이웃 1 어서 의원한테 데려가그라.

대달 야 의원이 어디 있노?

이웃 2 나를 따라오그라.

이웃2와 대달이 급히 멀어져가는 화면 위에 다음 대사가 흘러간다.

이웃 1 시상에 아픈 남편 살리라꼬 사흘마다 돈 벌어 오더이만…

이웃 3 술집에 나간다케도 그래 착하고 얌전하더이만 남편이 강짜가 심하다제.

벽순 (의아하며) 그런다고 자기 마누라를 쥑이는 짐승도 있나?

이웃 1 그래 빙신 육갑한다카이… 문둥병이 아이고 피부병으로 밖에도 몬나가는 남편 약값 대랴 쌀값 대랴 혀빠지게 일만 하더이만.

이웃 3 그라잉 여자는 남편 잘 만나야제.

이웃 1 시상에… 각시가 살았으면 좋겠지예 가엾어라.

어둠 속을 각시를 업고 뛰는 대달.

S#85 판돌의 방

손바닥만한 봉창에서 햇볕이 흘러든다.

판돌이가 멍하니 앉아있다.

왼손이 수전증 환자처럼 떨린다.

눈을 감는다.

환상이 떠오른다.

신사 짓는 공사장의 망치 소리며 징소리.

홍진사의 부릅뜬 눈.

장사공의 윽박지르는 얼굴.

밥그릇 하나를 놓고 아귀다툼하는 손들.

판돌은 야수처럼 울음을 터트리며 벌렁 눕는다.

S#86 과수원

화사한 초봄볕이다.

인달이 아낙네들과 어울려 과목에 손질을 하고 있다.

아낙 1 아부지는 뭣 좀 잡수나?

인달 예 죽을 쪼매 드십니더.

아낙 2 벌써 보름이 지났제? 풀려나오신지가.

인달 예.

아낙 2 이제 날이 더 풀리면 대구 큰 병원에나 가서 진찰 받아보래이.

인달 예 엄마도 그래 생각하고 있어예.

아낙 1 아무리 가난해도 몸이라도 성해야제 안 그렇나?

아낙 2 중풍에는 침이 제일인기라.

아낙 2 에고 와 이래 몬사는 사람만 늘어가노.

아낙 1 쌍둥이네는 농사 치아삐리고 만주로 간다카데.

아낙 2 만주 가문 누가 쌀밥 묵여 주나…

멀리서 벽순이가 헐레벌떡 뛰어온다.

벽순 인달아, 인달아이.

인달 엄마.

벽순 새기 오너라 큰일났데이.

인달 큰일?

벽순 아버지가 아버지가 새기 오너라.

벽순과 인달이 뛰어간다.

아낙네들이 불안하게 바라본다.

S#87 판돌의 방

판돌이가 엎드려 쓰러졌다.

선지피가 흥건히 방바닥을 적셔있다.

바로 머리맡에 피 묻은 식칼이 놓여 있다.

방문을 박차고 들어서는 인달과 벽순.

인달은 반사적으로 벽순의 품에 얼굴을 파묻는다.

인달 으악…

벽순 이래 가실라고 이래 가실라거던 차라리 차라리 빙신도 아닌데… (발작적으로) 여보 여보.

벽순이 판돌을 안고 통곡한다.

인달은 문짝에 얼굴을 파묻고 운다.

(F.O)

–끝

〈라디오 드라마〉

가을바다*

· **등장인물**

상혁

아내

영순

영란

* 1978년 10월 1일 「KBS무대」에서 방송.

M 시그널&타이틀

E 방문 여닫고 들어오는

아내 정장하시게요?

상혁 와이셔츠 입구 넥타이 매기가 귀찮지만 그래두 정장이 무난할 거 같잖아?

아내 당신이 직접 주제 발표를 하는 학술회의가 아니라면서요?

상혁 맞아, 그냥 참석만 하는 자리야.

아내 그렇다면 간편 복장이 좋잖아요?

상혁 장소두 속리산 호텔이라 나두 간편 복장이 좋겠다 싶었는데 막상 입을려구 보니 마땅한 옷이 없네.

E 장롱 열고 옷 꺼내는

아내 이거 어때요?

상혁 스웨터잖아? 못 보던 건데?

아내 바지두 이거 입구요.

상혁 그것두 못 보던 바지구.

아내 가을이잖아요. 어때요? 밤색 체크무늬에 베이지색 바지, 가을 냄새 물씬 풍기죠?

상혁 오란 소리 안 해두 때 되면 제 발루 찾아오는 가을 뭐 대수라구, 있는 거 아무거나 걸치면 됐지, 뭐 하러 돈을 써?

아내 아으, 무드라구는, 남편 입성 변변치 못하면 마누라 욕먹는 거 몰라요? 제법 규모가 큰 학술회의라면서 남들 눈에 좋게 봬서 해될 거 없잖우. 아, 뭐 해요? 바꿔 입어요.

상혁 알았어. 밤색 목 티를 받쳐 입으면 제대루 어울리겠구만.

아내 속리산 새벽 등산두 생각하시구 등산화두 챙겨 가세요.

상혁 좋지. 거긴 아마 단풍이 제법 물들었을꺼야.

아내 뉴스에두 그 지역 단풍 소식이 나오드라구요.

상혁 올 단풍이 벌써 중부권까지 내려갔나?

M 브릿지

E 잔잔한 파도, 가끔씩 갈매기

E 모래사장 걷는 사람들의 발소리

영순 선생님 오늘 의상 너무 멋져요.

상혁 멋져?

영순 네, 10년 쯤 젊어 보이시기도 하구요.

상혁 그 소리 참 듣기 괜찮구만.

영순 이렇게 선생님을 뵙다니. 참 뜻밖이네요, 생각지도 못했는데.

상혁 그러게.

영순 선생님 덕분에 힘이 많이 나요, 제가.

상혁 흠, 그렇다니 다행이네.

영순 어렵고 골치 아픈 숙제를 수월하게 풀었거든요.

상혁 영순이를 보면 참 대단하다는 생각이 들어. 때로는 지칠 법도한데.

영순 아니면 어쩌게요. 지칠 틈이라두 있으면 호강이게요. 전, 혼자가 아니잖아요. 산 사람은 어떻게든 살아진다잖아요.

상혁 그래야지.

E 둘, 발걸음 멈추는

상혁　(숨 깊이 들이마시고) 음… 바다냄새!

영순　비릿한 바다냄새가 그렇게두 좋으세요, 선생님은?

상혁　우스갯소리로 누가 그러더군. 가을바다는 유난히 사랑을 느끼게 한다구.

영순　…

상혁　거기다 일상에 찌들어 케케묵은 마음까지 젊구 건강하게 해주구.

영순　…

E 파도소리 높아졌다 작아지는

E 관중들의 박수소리

아내　여보… 여보…!

상혁　(잠에서 깨는) 응?

아내　일어나요…!

상혁　어…? 어…

아내　당신 졸았죠?

상혁　아, 아냐, 졸긴.

아내　그럼 왜 박수도 안치시구…

상혁　어, 쳐야지.

E 혼자 크게 박수치는

아내　됐어요, 가방이나 챙기세요.

상혁　어, 응.

아내　참, 당신 꼭 넋 나간 사람 같구려. 뭘 그렇게 멍 하니…

상혁 원, 실없는 소리를 다.

E 관객들 몰려 나가는

아내 저쪽으로 나가요.

상혁 그러자구.

E 관객 소음 점차 사라지고

아내 여보~ 어디 가서 식사나 하고 들어갑시다.

상혁 식사?

아내 집에 가두 찬이 없어요. 뭘 먹으면 좋을까? 아, 생선회나 먹어요. 네?

상혁 글쎄…

아내 연극도 좋았구 모처럼 함께 나와서 이대로 집으로 직행할 생각이었수? 당신 맥주 생각 안 나세요? 나죠?

상혁 응, 그래.

아내 으이그, 술 얘기만 나오면 정신이 번쩍 드신다. 호호호

M 브릿지
E 호프집 분위기,
맥주 따라주는

상혁 됐어, 됐어. 당신도 한 잔 하지?

아내 어머, 웬일이우? 나한테 술을 다 권하시구?

E 또 한 잔 따르는

상혁 연극도 좋았구, 분위기도 좋았구.

아내 아, 됐어요.

상혁 자~ (마시고) 아 시원~ 하다. 이제 살 것 같구만…

아내 어머나, 마치 지금까지 못 당할 일이라도 당하신 말투셔.

상혁 그런 뜻이 아니라, 하루 종일 강의하랴, 밤에는 연극감상하랴.

아내 당신, 연극 제대로 보시기나 하셨어요?

상혁 그걸 말이라고 해? 그럼 내가 졸기라도 했단 말이요? 한잔 더 따라요.

아내 (따라주며) 말해 봐요. 느낌이 어땠어요? 아까 그 연극?

상혁 좋았어.

아내 맥 빠져. 구체적으루요.

상혁 제목부터 가슴에 오는 거 있잖아. 해마다 가는 신혼여행이라…

아내 희극적이죠?

상혁 비극이지.

아내 정말?

상혁 희비극이라고나 할까?

아내 여보.

상혁 응?

아내 우리도 늙으면 그렇게 될까요?

상혁 아직은 젊다는 뜻인가?

아내 50대면 늙었나요, 그럼?

상혁 글쎄, 이승과 저승의 갈림길이겠지.

아내 (웃고) 전 그 연극 보면서 문득 당신을 생각했어요.

상혁 (놀라서) 응? 날?

아내 어머, 왜 그렇게 놀라세요? 꼭 남몰래 뭘 먹다가 들킨 사람마냥?

상혁 당신, 오늘 밤 평소답지 않게 왜 이렇게 봉사정신이 투철하지?

아내 당신 아내니까요.

상혁 오늘만?

아내 일구월심!

상혁 난데없이 연극표를 구해 와서는 연극구경을 가자하더니만 술까지 권하구.

아내 뭐가 또 부족해요?

상혁 맥주.

둘 (동시에) 하하하~

아내 여보.

상혁 응?

아내 사실 그 연극말이에요.

상혁 해마다 가는 신혼여행?

아내 네. 보면서는 실컷 웃었지만, 역시 비극인가 보죠? 당신 말처럼…?

상혁 글쎄…

아내 브로드웨이에서 2년간 장기공연 했었다니까, 물론 재밌었다는 데는 이의가 없었지만…

상혁 뭐가 그렇게 심각해?

아내 난 그게…

상혁 대체 무슨 얘기를 하려는 거야?

아내 미국사람두 한국사람 하구 사고방식이며 의식 구조가 같은가보죠?

상혁 제법 철학적으로 나오시는군.

아내 농담이 아니에요.

상혁 당신이 그토록 그 연극에 공감했었다면, 우리나라에서도 2년은 못 되더라두 2개월은 가겠구만.

아내 여보, 정말 그렇게 될 수 있을까요?

상혁 뭐가?

아내 30년 동안을 한결 같이 남녀가 같은 장소에서 꼭 같은 날 꼭 같은 시간에 만난다는 일. 약간 과장된 얘기 같지 않아요?

상혁 한국 사람의 의식 구조나 사고방식과 닮았다면서?

아내 그건 그래요.

상혁 뭐가?

아내 그 두 사람이 주고받는 얘기 말에요. 나이를 먹어 가면서 두 사람의 대화가 변해가는 게 재밌지 않아요? 얼핏 생각하기에는 난잡한 남녀의 육체관계가 연상되는데도, 사실은 외롭구 쓸쓸하구 허전한 노년기의 심리 묘사가 더 짙게 풍겨져요. 그래요, 당신 말대로 그건 희극이 아니라, 비극일지도 몰라요.

상혁 왜 이래? 갑자기 연극평론가가 됐나?

아내 보고 느낀 대로에요. 당신 의견도 말씀해보세요. 듣기만 할 게 아니라.

상혁 의견? 그런 거 없어.

아내 시시해.

상혁 (병보고) 벌써 바닥이야. (크게) 여기 맥주!

아내 …

상혁 아니, 왜 남의 얼굴은 그렇게 빤히 바라봐? 왜? 뭐가 이상해?

아내 흐흠, 당신이 그 연극에 대한 논평을 거부하려는 태도.

상혁 뭐라구?

아내 사실은 그 연극에 흠뻑 빨려 들어갔으면서 제가 물으면 부러 무관심했다는 양 딴전을 부리시는 당신의 치기가 우습네요.

상혁 뭐? 치기?

아내 (한숨) 이래서 한국남자는 틀렸어요.

상혁 으응… 점점…

아내 태도가 분명하면 오죽 좋을까. 당신은 원래부터가 그런 성격이었어요.

상혁 어째?

아내 우리 결혼 때 일 생각나세요?

상혁 이젠 묵은 족보까지 뒤지는군. (다가오는 종업원에게) 아, 맥주 거기 놔요.

종업원 네.

E 맥주병 놓고 사라지는

아내 아버지한테 가서 우리들의 결혼을 허락받자고 하니까, 당신은 왜 내가 가야만 되는가 하고 우겼죠? 마치 그게 자존심에 금이라도 가는 것이라고 여기시면서.

상혁 지나간 얘기는 하지 말자구. 술이나 따라요.

E 술 따라주며

아내 오늘 연극을 보고나니까, 공연히 과거의 일이 생각나구. 그래 그런가 자꾸만 얘기하고 싶어지는 걸요?

상혁 어리다 어려, 방년 17살인가? 우리 영란이가 들으면 치기가 있는 건 바로 당신이라고 할 거야.

아내 여보, 정말 남자는 그렇게 될까요?

상혁 응?

아내 아까 그 연극의 남주인공처럼.

상혁 아니 이 사람이 정말 연극평론가가 되려나?

아내 농담이 아니래두요. 이미 결혼을 했구 슬하에 장성한 남매가 있구. 육십 고개를 바라보면서도 첫사랑을 못 잊어한 나머지, 해마다 같은 장소에서 만난다는 얘기… 정말 이 세상에 그런 남자가 있을까요?

상혁 당신 눈에는 부도덕한 인간으로 보인다는 뜻이요?

아내 도덕 이전에 현실성 말에요. 그런 사람이 있을 수 있을까하는.

상혁 …있겠지.

아내 네? 지금 뭐라고 하셨어요?

상혁 …

아내 당신도 그렇게 할 자신이 있다는 뜻인가요?

상혁 나 원… 별 걸 다 묻는군. 여보.

아내 (OL) 대답해 보세요, 네? 당신도 그럴 자신 있으세요?

상혁 이런 경우는 이렇게 대답하는 게 가장 현명하다나.

아내 네?

상혁 유.구.무.언!

아내 얼버무리지 마세요.

상혁 진담이래두. 아내의 그런 질문에 고분고분 대답하는 남편이라면, 벌써 태평양을 건너갔을 걸? 하하하~

M 브리지

E 새소리

영란 그것 보세요 엄마. 아버지한테 틀림없이 무슨 변화가 일어났어요.

아내　글쎄…

영란　직접적인 언급을 회피하시는 것만 봐두 그렇죠.

아내　그렇지만 난 도저히 믿어지질 않아. 니 아버지가 그런…

영란　엄마, 정신 바짝 차리셔야 해요.

아내　정신이야 멀쩡하지.

영란　글쎄, 우리과 친구가 봤다는데두요.

아내　그렇지만 그때 느이 아버지께선 학술회의 관계로 속리산에 가셨어. 너두 알잖아?

영란　그야 저두 믿고 싶죠. 하지만…

아내　하지만…?

영란　학술회의에 참석하신다는 구실로, 해운대로 빠질 수도 있잖아요. 자동차로 달리면 불과 서너 시간 거리인걸요.

아내　그렇지만 느이 아버지가… 그것도 상대방은 중년 부인이었다면서?

영란　그러니까 아버지한테 직접 물어보시라니까.

아내　얜, 그런 걸 어떻게 직접 물어봐 물어보긴.

영란　어머머머! 그게 남의 일이에요?

아내　니 엄만 자존심도 없는 줄 알어?

영란　그렇기야 하지만…

아내　아무리 부부간이라지만, 서로 지켜야 할 예의가 있구 분수라는 게 있는 법이다. 물어볼 일이 따로 있지, 어떻게 그런 말을…

영란　이제 보니 엄마두 헛공부하셨구려?

아내　헛공부?

영란　그래두 명색이 대학교육까지 마치셨다는 이경희 여사께서 그런 고리타분하고 소극적인 태도로 나오시다니.

아내　그게 왜 고리타분이니? 적어도 대학교수라는 직업이나 사회적 체면으로 봐서두…

영란 대학교수는 사람 아니야?

아내 응?

영란 대학교수라고해서 여자교제가 없으라는 법두 없구. 또.

아내 영란아, 니 친구가 혹시 잘못 본 게 아닐까?

영란 그럼 엄마두 그 연극을 보시면서 아버지 표정을 잘못 보신 건 아니구요?

아내 그건… 아니다.

영란 이건 햄릿이 자기 작은 아버지의 죄상을 캐내기 위해서 어릿광대들을 시켜 연극을 꾸민 것과 같은 수법이라구요. 아버지 얼굴에는 분명히 평소와 다른 어떤 동요 같은 게 있었구. 거기다 엄마의 유도심문에도 시종 흐릿하셨다면서요?

아내 그건… 사실이다.

영란 그렇다면 뻔한 거 아니에요?

아내 뻔하다니?

영란 바람!

아내 바람?

영란 늦바람!

아내 느이 아버진 그럴 분이 아니셔!

영란 아, 이다지도 남편을 믿어주시다니. 우리 아버진 얼마나 좋으실까? 흐훗!

아내 얘가 정말?

영란 알아요. 아버지 신의를 굳게 믿고 계신 엄마 마음.

아내 알면서 그런 말을 서슴없이 뱉어?

영란 저 역시도 엄마와 다르지 않아요. 내가 아버지를 얼마나 사랑하는데.

아내 듣기 싫다. 그만해라.

영란 그렇지만 생각은 하셔야 해요.

아내 생각이라니?

영란 아버지가 어느 여인과 해운대 해변가를 거닐고 계셨다는 건 분명하니까요. 정말이에요. 것두 여름 다 지난 쓸쓸하고 호젓한 가을 바닷가를 말이에요. 로맨틱하다는 생각보다는 뭔가 처절한 느낌이에요 저에겐. 엄마, 난 결코 아버지나 엄마를 원망하는 뜻에서가 아니에요. 아시겠수? 다만, 아버지에게 무슨 말 못할 비밀이 있으시다 해두 의당 엄마에게 만큼은 공개하실 정도가 되어야만이…

아내 듣기 싫어!

영란 엄마!

아내 장난두 아니구 그게 무슨 소리냐?

영란 이건 심각한 일이잖우. 긴급 상황.

아내 느이 아버지께서 설령 어떤 여자와 가을바다를 거닐었다고 하자. 그게 대체 어떻다는 거냐?

영란 그럼 아무렇지도 않으세요 엄마는?

아내 그럴 수도 있지.

영란 네?

아내 느이 아버지께선 제자도 많으시니까, 객지에서 우연히 만났을지 누가 알아?

영란 그럼 엄마는 왜 아버지와 함께 연극구경을 가셨죠?

영란 연…극…?

아내 제가 연극표 두 장 드리면서 연극구경 가시라고 했을 때 엄마가 승낙하신 건, 일단 아버지에 대해서 불신감 같은 게 있었던 게 아닐까요? 아니면 혹 엄마는 아버지가 엄마 이외의 어떤 여인과 교제하고 있기를 은근히 바랬을 수도 있죠.

아내 영란아! 너 점점 한다는 소리가…

영란 (무안) 엄마, 그렇다고 저를 이상한 눈으로 보지 마세요. 다만 저는 엄마를 생각하는 마음에서…

아내 그만 둬. 난 니가 그런 얘기를 귀뜸해 줬을 때 가슴이 술렁였던 건 솔직히 사실이다.

영란 근데요?

아내 그러나 연극을 보고 나오면서 난 은근히 겁두 나구, 내 자신이 부끄러워지기까지 했단다.

영란 무슨 뜻이에요?

아내 (한숨) 잠시 동안이나마, 느이 아버지를 의심했었다는 게. (허탈하게) 으흠, 그게 될 뻔한 얘기니? 이십여 년을 교단과 연구실에서 역사책과 씨름하면서 살아오신 느이 아버지에겐 그럴 시간도 없거니와 여유도 없으셔. 그건 누구보다도 내가 잘 안다.

영란 그러니까 그건 뜬소문에 불과하다는 말씀?

아내 애는…말끝마다 그런 식으로 비틀어서 말하지?

E 띵동

아내 어, 아버지다. 어서 나가봐.

E 현관문 열고

영란 아빠세요? (하다가) 어머!

영순 실례합니다. 최상혁 교수님 댁이시죠?

영란 네. 어디서 오셨는데요?

영순　저… 학교로 전화를 드렸더니 일찍 나가셨다길래…

아내　(오프) 누구세요?

영순　사모님이신가요?

아내　네. 그런데…

영순　저는 안영순이라구 옛날 최 교수님께 배웠던…

영란　제자신가 봐.

아내　아, 그래요?

영순　네.

아내　이런, 내가 몰라봤네요. 반가워요.

영순　안녕하세요?

아내　아직 안 들어오셨는데. 괜찮으시면 들어와서 기다리세요.

영순　방해가 안 되실지 모르겠네요.

아내　전혀요. 자 들어오세요.

영순　아, 네.

E 현관문 여닫히고

영순　이거 선생님께서 좋아하실 것 같아 좀 가져왔어요. 생선이에요.

아내　저런… 아우 요즘 생선이 얼마나 귀한데…

영순　아침에 자갈치 시장에서 샀어요. 물이 좋길래 회로 잡수시라구…

(퍼뜩 스치고) 아!

영순　사모님께서도 생선회를 즐기신다고 들었는데…

아내　네? 아니, 그걸 어떻게…

영순　최 선생님께 들었어요.

영란　그럼 부산서 오셨나요?

영순　네. 부산서 좀 떨어진 곳이지만 부산이나 다름없죠.

영란　그럼 해운대 근방이신가 봐요?

영순　어머 잘 아시네요?

영란　아, 아니에요. 그냥… 저 앉으세요. 엄마, 커피 끓여 올게요.

아내　그래. (하고는) 참, 이 생선 냉장고에 넣어둬.

영란　알았어요. (하는데)

영순　아, 지금 비늘을 가슬리구 내장을 긁어내야 덜 상할 텐데요.

아내　뭐하고 섰어? 어서 갖다놓으라니까.

영란　아, 네.

M 브리지

E 새소리

영순　조용하군요. 아파트단지는 시끄러울 줄 알았는데.

아내　지낼만해요.

영순　선생님처럼 책 속에서 생활하시는 분에게는 안성맞춤이겠네요.

아내　서울엔 자주 올라오시나요?

영순　아뇨.

아내　그럼, 최 선생님과는 자주 연락하시고요?

영순　아니에요.

아내　근데 우리집을 어떻게 아시게 됐죠?

영순　가끔 편지를…

아내　편지라! 그랬군요. 답장을 주시던가요?

영순　세 번에 한 번 정도는… 흠, 워낙 바쁘시니까 그러시겠지 싶어 별로 섭섭한 생각은 안 들었어요. 선생님은 학창시절에두 늘 하시는 말씀이 편지쓰기처럼 지겨운 일은 없다면서. (하는데)

아내　그럼에도 불구하고 세 번에 한 번 정도의 답장을 쓰셨다면 대단한 성의를 발휘하신 셈이죠?

영순 그럼요. 그래서 전 항상 최 선생님께 이것저것 의논을 드리곤 했어요. 말하자면 인생 상담역으로.

아내 인생 상담?

영순 죄송합니다. 인생 상담이라는 어휘가 좀 속되게 들리실지 모르지만 전 선생님의 가르침을 늘 소중하게 여기며 살아왔으니까요.

아내 존경… 이상이시겠네요 그럼?

영순 (움찔) 네?

아내 바깥어른도 알고 계시나요?

영순 …

아내 최 선생님께서 인생 상담역을 맡고 계시다면, 바깥어른은 무슨 역을 맡고 계시죠? 옛 은사니까 무조건 복종하는 것도 일리가 있겠지만.

영순 사모님, 제가 찾아온 게 불편하신가 본데…

아내 아니에요.

영순 먼저 말씀드렸어야 옳았을 텐데…

아내 네?

E 다가와 커피잔 내려놓고

영란 커피 드세요. 제 솜씨가 어떨른지.

영순 학생도 같이 드시죠.

영란 아뇨. 저는 여러 잔 마셨는걸요. 어서 드세요.

영순 아, 네…

E 마신다

영순 선생님은 늦으시나 봐요?

아내 네…

영순 저, 이만 실례해야겠어요.

아내 그렇지만 여기까지 와서…

영순 제가 다녀갔다는 것만 아시면 돼요.

아내 하지만, 무슨 용건이 있어서…

영순 그런 거 없어요. 친정집에 볼일 보러 왔던 길에 선생님을 뵙고 가려구… 그럼.

영란 아버지께 뭐라고 전할 말씀이라두…

영순 부산 제자가 다녀갔다고만 하면 아실 거예요. 사모님, 안녕히 계세요.

아내 그래요. 잘 가요.

영란 안녕히 가세요.

E 현관문 여닫히고

아내 뭐하는 여자길래…

영란 엄마, 화났수?

아내 …

영란 뭐래요?

아내 인생 상담역이랜다.

영란 아버지가?

아내 남편 두고 인생 상담역은 무슨… 영란아, 아까 그 얘기 완전취소다.

영란 응? 무슨 얘기?

아내 느이 아버지를 믿었던 엄마가 바보였다.

M 브리지

E 현관문 여닫고

상혁 니 엄마는 어디 나갔니?

영란 글쎄요. 내내 아버지 오시기만 기다리시다가 갑갑하다면서… 아마 연극 보러 가셨나봐요.

상혁 연극?

영란 해마다 가는 신혼여행.

상혁 그거 접때 봤잖아?

영란 재미있으셨으니까 또 보시는 게 아니겠어요?

상혁 그게 무슨 명작 걸작이라고 두 번씩이나 봐 보긴.

영란 아빠, 오늘 손님이 왔었어요.

상혁 손님이라니?

영란 아빠 제자. 부산에서 산다는.

상혁 아, 안영순?

영란 안영순? 그게 그 여자 이름이에요?

상혁 손님이 왔더라면서 누군지 이름도 확인 못했어?

영란 깜빡했네요.

상혁 못난 것 같으니… 그러고도 에티켓이 어떻고 교양이 어떻고 하냐?

영란 아빠, 근데 누구예요?

상혁 제자라고 하더라면서.

영란 누가 그걸 물었어요?

상혁 뭐?

영란 어떤 관계냐구요?

상혁 사제관계지.

영란 순수한?

상혁 얘가 근데 애비 앞에서… 무슨 뜻으로 묻는 거냐?

영란 인생 상담역은 뭐예요?

상혁 누가?

영란 아빠가. 그 여자의.

상혁 그 여자가 뭐냐 그 여자가?

영란 아니, 그 제자분의?

상혁 왜? 그게 잘못이냐?

영란 아니 꼭 그렇다기보다는…

상혁 안영순은 학교시절에도 내가 아끼던 학생이었지만, 결혼 후에도 어려운 일이 있을 때마다 내게 의논해오곤 했지. 난 그럴 때마다 성의있게 대답해 줬구.

영란 그럼 남편은 뭐예요?

상혁 남편?

영란 네. 그 안영순 여사의?

상혁 (푹 꺼지는 한숨) 후우~ 죽었다.

영란 네? 그럼…?

상혁 미망인이지. 정확히 말해서 전쟁 미망인.

영란 어머…

상혁 왜 그러니?

영란 그런데 전혀 그런 눈치가 안 보이던데요?

상혁 눈치라니?

영란 그날 말이에요. 여자는 왜, 그런 그늘이라는 게 있잖아요. 미망인이면 미망인 같은.

상혁 그래서, 니 눈엔 어떻게 보였니?

영란 밝아요. 자신 있고, 안정된.

상혁 그게 바로 안영순의 저력이지.

영란 네?

상혁 깊이가 있다고나 할까. 마치 가을바다같이 말이다.

영란 가을바다?

상혁 여름 내내 온갖 북새통으로 어지럽기만 했던, 철 지난 해수욕장에 가봤니?

영란 당연히 가봤죠.

상혁 사람도 없을 뿐 더러, 그 화려했던 꿈도, 땀내 나는 흔적도 모두 어디로 갔을까 싶지. 바다는 아무 말 없이 하늘을 이고 있구, 햇살이 은비늘처럼 잔물결에 와 부딪는 가을바다 말이다. 그렇게 모든 것을 다 삶아먹기라도 하듯, 아무 말 없는 가을바다에서, 난 안영순의 인생을 보는 듯한 느낌이었다. 예쁘고 재간 있구, 선량했는데도 결코 행복하지 못한 걸 보면서 역시 인생이란 이치만으로는 안되겠다는 세속적인 결론도 나오게 됐어.

영란 …

상혁 영란아.

영란 네?

상혁 그래 엄마랑 무슨 얘기를 하던?

영란 그냥 부산에 사는 제자가 다녀갔다고만 말씀드리라구…

상혁 음, 남편 성묘 왔다가는 길이었을 거야.

영란 성묘라뇨?

상혁 국립묘지에 안치되어 있지. 지난 번 편지에 추석 때 직장일이 바빠서 성묘를 나중에 가기로 했다더니…

영란 직장에 나가나요?

상혁 보험회사에 외무사원으로 5년간 근무했는데, 성적이 좋다보니까 내근으로 돌려주더란다. 뭐 혼자서 1억 가까운 계약 실적을 올렸다니 그게 쉬운 일이니?

영란 어머나!

상혁 삼남매 중 맏이가 벌써 고등학교 입학할 나이라서 애들 장래를 위해서는 아무래도 서울로 올라와야겠는데 힘들다고 하더구나.

영란 아빠, 지난 번 속리산 세미나 끝나시고 해운대에 내려가셨을 때 그 여자하구 함께…

상혁 (흠칫 놀라) 음! (애써 태연하게) 또 그 말투!

영란 그 제자도 함께 갔었나요?

상혁 우연히 기차에서 만나서, 가을바다도 구경하고, 생선회도 먹여주겠다기에 갔었지. 가을바다는 여름이나 겨울과는 다른 그 무엇이 있더구나. 허무라고나 할까. 아니면 인고를 겪은 여자의 고독이라고나 할까.

영란 엄마가 아신다면 어떻게 생각하실까요?

상혁 아니 그런데 너는 그걸 어떻게 알았니?

영란 우연히요. 저는 충분히 이해해요. 그런데 아마 엄만 이해 못하실 거예요. 그러길래 아까 그분이 가져온 생선을 다듬지도 않은 채 냉장고에다가. (하는데)

상혁 생선을 가져왔어?

영란 네.

상혁 그럼 어서 바로 구워. 그 생선 안주로 술이나 한잔하자.

영란 엄마는요?

상혁 아빠를 의심하다 지치면 생선 생각이 나서 들어올게다. 자 어서!

영란 네.

M 브리지

E 기차소리

아내　여보 저기 강변 좀 보세요.

상혁　뭘?

아내　고니 떼들을 좀 봐요.

상혁　이 낙동강 일대는 희귀한 철새가 많이 서식하고 있어서 학계에서도 비상한 관심을 보이고 있지.

아내　철새들은 좋겠어요.

상혁　뭐가 말이요?

아내　철 따라 바다를 건너 마음대로 날아다니는 팔자 아니에요? 그런데 우리는 바다를 한 번 보자면 얼마나 벼르고 벼르다가…

상혁　그러니 철새보다도 못한 인생이라는 말이구만. 하하.

E 달리는 기차 높아졌다 잦아지는

아내　여보, 나 어쩐지 그 제자를 만난다는 게 두려워요.

상혁　두렵긴.

아내　그때 우리 집을 찾아왔을 때 그렇게 푸대접을 했으니, 얼마나 교양 없는 여자라고 생각했겠어요?

상혁　그거야 피장파장이지.

아내　네?

상혁　당신도 안영순을 교양 없는 여자라고 경멸했으니까, 하하.

아내　어머!

상혁　사람이란 간사스러운 거예요.

아내　저 말씀이세요?

상혁　모두, 금방 좋아졌다, 싫어졌다, 미워졌다, 슬퍼졌다, 호들갑떨다, 까무러치다…

아내　무슨 염불이우?

상혁　염불이면 얼마나 좋겠수?

아내　아니면요?

상혁　난 내 반생을 통해서 안영순이란 제자를 음으로 양으로 도와준 사실을 지금껏 당신에게 비밀로 해왔지만, 그걸 불결하다거나 수치스럽다고 생각하지 않았소.

아내　알고 있어요. 뒤늦게 알게 된 제가 허물이 있죠.

상혁　아니야.

아내　알면 됐으니 그만 하슈.

상혁　나도 처음에는 그럴 생각은 없었지만, 한 번 두 번 감추다 보니까 그만 이 일만은 영원히 누구에게도 알리지 말아야겠다는 생각이 들었을 뿐이었소. 그런데 영란이 친구가 그걸 어쩌다가…

아내　알았어요. 당신 기분.

상혁　으흠, 알아줘서 고맙군.

아내　그런데 그 제자가 우릴 초대한 게 난 도리어 두려워요.

상혁　별 뜻은 없을 거야. 그저 좋아하는 생선 대접하고 가을 바닷가를 산책할 기회를 가져보라는 거겠지.

아내　그러고 보니 정말 고맙기 한량없는 제자군요. 여학교 제자는 제자가 아니라던데요. 호홋.

상혁　그것도 다 사람 나름이지. 어, 이제 40분만 있으면 도착하겠어.

아내　소풍 나온 어린애마냥 좋아하시기는. 왜 곧 있으면 부산이니 마음이 들뜨우?

상혁　흐흠, 내가 또 실수했나?

아내　흐흠, 눈이나 좀 붙이세요.

상혁　음.

M 브리지

E 부둣가 분위기 (소음)

아내 아직 안 보이네요.

상혁 왜 안보이나? 틀림없이 마중 나오기로 돼 있는데.

아내 시간을 잘못 알고 있는 거 아니유?

상혁 그럴 리가 없어.

아내 조바심치지 말구 느긋하니 좀 기다려 봅시다. 온다구 했으니 오겠죠.

상혁 그럴게 아니라 출구까지 나가봅시다. 거기서 기다리고 있을지도 모르니까.

아내 그래요 그럼.

E 걷는다.

바닷가 소음 서서히 들어온다.

아내 무슨 일일까요?

상혁 그러게. 벌써 삼십분이 지났는데.

아내 혹시 무슨 일이 일어난 게 아닐까요?

상혁 일?

아내 여기에 올 수 없는 피치 못할 급한 사정이 생겼다든가.

상혁 글쎄…

아내 여보.

상혁 응?

아내 아무래도 못 오는가 봐요, 우리끼리 산책이나 해요. 비릿한 바다 향기가 코끝에… (숨 깊이 들이마시는) 음~

상혁 그러지.

E 둘 걷는

상혁 바람이 차지 않소?

아내 아니요. 좋아요.

상혁 좋아?

아내 네.

상혁 그런데 왜 안 올까?

아내 틀림없이 무슨 사정이 있을 거예요.

상혁 그럼 무슨 연락이라두 줘야지. 사람 궁금한 건 생각 안 해주나?

아내 참, 당신두… 어떻게 연락을 해요? 여기서 지금 우리를 누가 알고 있다구.

상혁 그래두 그게…

아내 왜요? 보고 싶으세요?

상혁 (움찔) 으응?

아내 여보, 난 차라리 잘 됐다 싶어요.

상혁 잘되다니?

아내 여보, 우리 백사장으로 가요.

상혁 응?

아내 신혼여행 때 일을 회상하면서 말예요. 제자는 내일이라도 만나게 되면 만나구.

상혁 그렇지만은…

아내 어차피 우리를 바닷가로 초대하겠다는 뜻은 이루어진 셈이니까 말예요. 네?

상혁 아주 틀린 말두 아니군.

아내 아, 이 갯바람 내음! 여보, 가요. 백사장이 보고 싶다니까요.

상혁 꼭 어린애처럼 보채네. 그래 갑시다, 하하하~